普通の会社員でもできる

日本版 FIRE超入門

Financial Independence,
Retire Early

経済的な独立と
早期リタイアの夢

山崎俊輔

Discover

はじめに

あなたはお金や仕事、そして将来のことでこんな悩みはありませんか。

日々食べていくには困らないが貯金がなく、毎月ギリギリのやりくり
貯金はある程度あるが、子どもの教育費や老後の蓄えなどが足りるか不安
仕事がおもしろくなくて、このまま定年まで働くのが憂うつ
やりがいはあるけれど激務で、何歳まで続けられるのかわからない
今の仕事に満足していないが、転職する自信がないので辞められない

なんとなくの閉塞感。自分の人生がコントロールできないような感覚。誰しも思い当たるのではないでしょうか。

私たちはもっと自由に生きる権利があります。でも、ほとんどの人ができていない。その大きな理由のひとつは、「経済的な自由」がないからです。本書は、そんなあなたに経済的自由をもたらす1冊です。

FIRE（ファイア：Financial Independence, Retire Early）は、経済的独立の獲得による早期リタイアを目指すムーブメントです。十分なお金を得て、その運用益などで30代、40代での早期リタイアを目指すのが一般的です。アメリカで流行しており、今そのトレンドが日本にも上陸しようとしています。

＊＊＊

アメリカで出版されたFIREについての翻訳書は多くありますが、「日本版FIREの教科書」というべき本は、本書が初となるでしょう。

本書の第1の特徴は、きちんと日本の制度にもとづいてまとめていることです。社会保障制度、税制優遇制度、日本の退職金制度や高齢者雇用制度を踏まえつつ、「日本版

ＦＩＲＥ」を考えています。

第2の特徴は「標準的な老後」についても触れていることです。ＦＩＲＥ本の多くが、本来やってくる標準的な老後について触れていなかったのは、40歳代でリタイアした人が自分の話を紹介しているからです。ここではファイナンシャルプランナーの視点でしっかり人生の最後までお金の問題をまとめています。

また、本書のもうひとつの特徴として「誰もが実行可能な投資方法」でＦＩＲＥを目指すことも挙げられます。毎日、株価や為替レートをウォッチし、何度も注文を出す必要はありません。むしろ仕事やプライベートの充実を後回しにせず、しかし年４％程度の運用利回りを簡単に獲得することを紹介します。

＊＊＊

ＦＩＲＥについて本気で考えてみることは、お金の不安から解放されるだけでなく、こんな効果ももたらすはずです。

何歳まで、どのように働きたいのか。自分の目指す働き方がわかる

リタイアして何をするのか。自分の本当にやりたいことがわかる

リタイア前、リタイア後、どんな生活を送りたいのか。自分の理想のライフスタイルがわかる

自分の人生において譲れないもの・ことがわかる

私はファイナンシャルプランナーとして、いろんな媒体にお金のコラムを月10～20本ほど提供し、毎月200万～300万PV（アクセス数）をたたき出しています。本書にはそのノウハウのほとんどを注ぎ込んでみました。

あなたがもしお金や将来の不安から抜け出し、自由になりたいと本気で思っているなら、本書がそのお手伝いをします。

ぜひ、日本版FIREを目指してみてください。

もくじ

第1章 FIREのキホン

第2章 もっと、もっと、もっと、稼ぐ

第3章 1円でも貯蓄額を増やすために節約する

第4章 貯めたお金をできるだけたくさん増やす

第5章 FIREのために絶対必要な知識

第1章

FIREのキホン

1 日本版FIREは米国版と何が違う？

話題のFIRE。でも中身をわかっているか？

「FIRE（ファイア）」という言葉が今流行の兆しをみせています。雑誌が見出しをつければその号の売上がアップし、WEB記事に取り上げればアクセス数は上位になるそうです。私もネットの連載コラムで何度か取り上げていますが、FIREと名前のつくコラムのアクセス数は高く、たしかに手応えがあります。

FIREとは経済的独立を果たし、早期リタイアを実現するための取り組みの総称です。アメリカのFIRE本がいくつか翻訳されたこと、国内でも早期リタイアを実現した個人投資家が実例を紹介する書籍がいくつか発売されたことでブームが広がっているようです。

私はファイナンシャルプランナーとして、特に老後資産形成と資産運用についてアドバイスすることが仕事です。年200本くらいのコラムと40〜50回くらいの講演をしていますが、かつて引退後に向けて経済的に備える重要性を訴えてもほとんどの人が無関心だった頃がウソのようです。

一方で、とにかく仕事の苦しさから逃れたいと感じてFIREを目指していたり、あやしい金融商品のセールストークとして使われるFIREという言葉に踊らされている例も見受けられます。FIREを目指す人の危うさも感じています。

「老後に2000万円」の不安解消につながるFIRE

ところで、2019年に**「老後に2000万円」問題**が話題となりました。これとFIREは結びついている、としたらどうでしょうか。

人生100年時代といわれるようになった昨今、老後の備えは長期で考える必要があり、公的年金では若干不足する老後の生活費を積み上げれば2000万円くらいになると指摘したのが、いわゆる「老後に2000万円」レポートです。

そして、退職金や企業年金をもらいつつも、iDeCo（個人型確定拠出年金）やNISA（少額投資非課税制度）といった制度を活用して個人も資産形成に取り組む必要がある、という整理をしており、これ自体はまっとうな内容です。

しかし、報道のされ方には誤解や曲解が多く見受けられ、ずいぶん炎上しました。たとえば公的年金はつぶれるとか一切もらえないという誤解が多く見られました（公的年金はつぶれないし、むしろ6000万円くらいの老後の収入にはなりうる）。また飲み食いすら年金ではできないから2000万円貯めろというのかという誤解もありました（実際には衣食住に公的年金収入でほぼ足りている。旅行や趣味や娯楽、孫へのお祝いなどのお金は自分で貯めろということ）。

とはいえ、ほとんどの日本人が「自分の老後に備えて資産を蓄えておかなければならない」という、お金の常識を新たに身につけたことはきわめて有意義だったと思っています。

しかし、知っていることと実行していることは別です。実は、**FIREを学び取り組むことが、自分の老後の経済的安心づくりにもつながり、同時に自分の将来の働き方や生き方の見直しにもなる**のです。

FIREを日本の制度にもとづいて解説する

普通にリタイアする人たちのために、経済的な安心をどう準備すべきか話してきた私が、本書を著そうと考えた動機のひとつに、日本の制度にもとづきまとめられた「日本版FIRE」を整理しておきたい、ということがあります。

アメリカのFIRE本の翻訳を見ているとアメリカの401（k）プランやIRAの説明が残っていたり、アメリカの株式市場と投資信託の状況をベースに説明が行われていたりします。日本の読者がそのまま役に立てるのは難しいでしょう。

日本版として考えるならiDeCoやNISAの解説とその有効活用という視点が必要です。

また、国内で書かれた既発のFIRE本は、個別株式投資や不動産投資などのテクニックが中心となって整理されている印象があります。それはそれで大事なことですし、読者の大きな関心事でしょうが、投資スキルだけがFIREではありません。

日本の社会保障制度、特に年金制度についての適切な理解や高齢者雇用制度の実情、そして今後の展望を踏まえてFIREの計画は考える必要もあります。

今後、日本の年金制度を強く否定して不安をあおりつつ、悪質な金融商品のセールスを行う輩がFIREという言葉を悪用する懸念もあります。

多くの人々の関心が高まっている今だからこそ、日本の制度にもとづいた「日本版FI

RE」を考える必要があると思います。

FIREを考えることは、ライフプランニングそのもの

ファイナンシャルプランナー（FP）としてFIRE本に関わる理由には「投資指南」だけがFIREではない、というところにもあります。

FIREを目指すということは、ライフプランニングとリタイアメントプランそのものです。自分の人生を通じた経済的安定を確保する取り組みだからです。

FIREを目指すには、年収を増やし、支出を削り、差分を資産形成に回すという取り組みを進めていくわけですが、これはマネープランそのものです。

また、住宅購入や子どもの学費確保などもあわせて考えておかないとFIREには踏み切れません。投資アドバイスだけではなく、FPの目線で考えてみることで、FIREはより具体的なシミュレーションになってくると思われます。

今こそ「日本版FIRE」を考えるときがやってきたのです。

日本版FIREを考えるときがきた

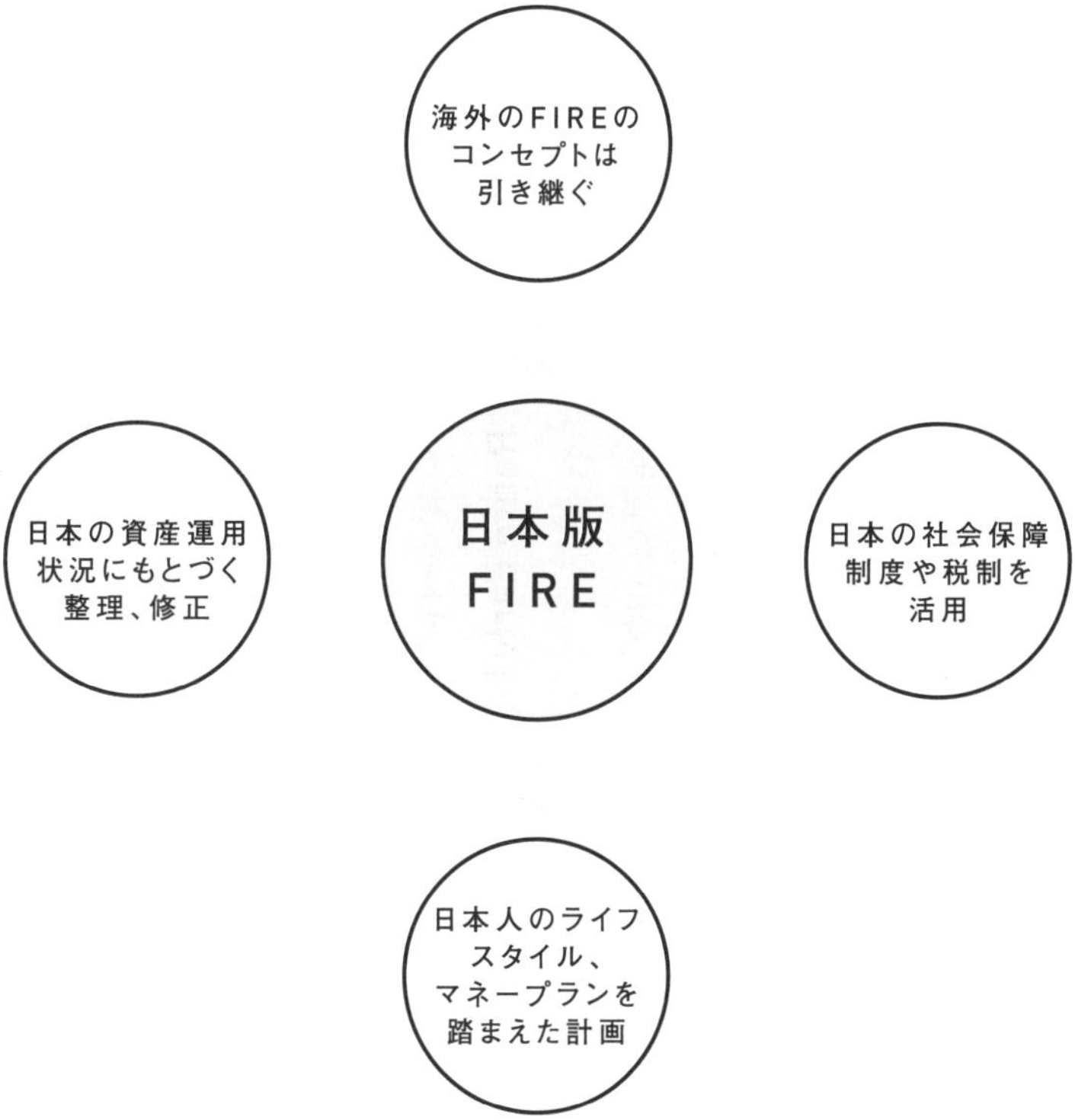
海外のFIREの
コンセプトは
引き継ぐ
日本の資産運用
状況にもとづく
整理、修正
日本版
FIRE
日本の社会保障
制度や税制を
活用
日本人のライフ
スタイル、
マネープランを
踏まえた計画

2

FIREムーブメントとは何か

経済的な独立を実現し早期リタイアを図る

改めて、FIREとは何か、おさらいをしておきます。

FIREとは**「Financial Independence, Retire Early」**の略です。日本語に訳せば、**「経済的な独立と早期退職」**というところでしょうか。

誰もが早期退職の夢を持ちますが、現実は無理だと考えて働いています。経済的安定がないからです。ところが、そんなメソッドが形になったものがFIREなのです。

いくつかのアイデアや記事がまとまり、またインターネットのコミュニティなどを通じて洗練されていったものとされます。

一般的なFIREムーブメントでは「年収の25年分を資産形成する」ことを目標とします。そして、「年4%の収益を得て取り崩す（4%ルール）」ことにより、資産は減らずに、一生涯の経済的安定を確保したリタイア生活が可能になるとします。

日本円で仮に年400万円で暮らすとすれば、1億円を確保すればFIREが達成できる(1億円×4%=400万円)ということになります。

海外、特にアメリカでのトレンドは?

FIREのトレンドはアメリカで広まったとされます。2010年代に特にミレニアル世代(2000年代以降に社会人となった若い世代)に支持されて広がった新しい考え方といわれています。

アメリカでは月払いではなく月2回払いや週払いの給与計算をする会社が少なからずあるそうですが、これのよくない点は「その日暮らし」に家計が陥ってしまうことです。とりあえず1週間暮らせば、また入金がある、というのでは経済的独立は望めません。

クレジットカードのリボ払いの残高が積み上がっていたり、キャッシングやカードローンの返済で首が回らない人もいます。お金のことで両親が夫婦げんかをしていて、子どもが自室に走って逃げ、ベッドに潜り込み耳を塞ぐ、というようなシーンを映画で見たことがある人も多いでしょう。

アメリカのFIRE本の訳書では、貧困生活からスタートする幼少時のエピソードが語られることもあります。そうした親世代を見て育った子どもの世代が社会人になって、経済的不安のない生活を夢見るのは自然な流れかもしれません。

支え合うコミュニティがある地域も

アメリカの社会のおもしろいところは、同じ価値観や悩みを持った人が支え合ったり励まし合ったりするコミュニティがあることです。喫煙習慣やアルコール中毒からの脱出を図っている人がそうしたコミュニティで同じ苦しみを抱えた仲間と話し合います。

これは日本にはなかなかない仕組みです。日本で似たようなものを探すとすれば、ネット上にある「サロン」がそれにあたるかもしれませんが、基本的に著名人が頭となって「1対多」の構図であること、会費制で営まれる仕組みなのとは大きく異なります。

アメリカでは、このようにコミュニティでお互いにエールを送り合いながら、FIREを目指して多くの人が切磋琢磨しているわけです。

一般的なFIREのルール

お金の不安から
解放されたい!

F.I.
Financial Independence
(経済的な独立)

年収25年分の
財産をつくること

一生働き続けるのは
ごめんだ!

R.E.
Retire Early
(早期のリタイア)

年4%の収益を得て
取り崩すこと
(資産は目減りしない)

実はアメリカ人は豊かになっている
私たちも負けてはいられない

FIREの前提は、経済的安定が得られず死ぬまで働き続けることへの恐怖でした。

サム・ライミが監督した「スパイダーマン2」という映画があります。主人公の育ての親（叔母さん叔父さん）は善良な人たちですが経済的には恵まれていません。叔父さんが亡くなったら、叔母さんはダイナー（庶民的なレストラン）で働き始めます（おそらく低賃金で）。そうしないと生きていけないからです。

しかしそうした典型的な老後のイメージは変わりつつあります。

アメリカの高齢者の懐具合は時代を追って改善されています。いわゆる「老後に2000万円」のレポートには、日本の高齢者の資産状況はこの数十年変化がなかったところ、アメリカの高齢者は10年おきに経済的な余裕が増していることが示されています。

日本に暮らす私たちに、同じことができない理由はありません。私たちもFIREを目指すことで、老後の経済的安定を引き寄せることができるのです。

3 FIREを目指す 基本的なお金の流れを知ろう

FIRE実現のための3つの合わせ技

FIRE実現の基本的な流れを確認してみます。実はこれ、マネープランニングの基本を踏まえつつ、資産形成に特化した流れをつくるということです。

私たちの家計は「稼ぐ」→「使う」→「差額を貯める」という流れを繰り返します。FIREを目指していない人であっても、結婚資金、引っ越し資金、住宅購入資金、子の学費資金などのために貯金を続けます。もっと小さなスケールでも「旅行資金を準備する」のような目的のために貯金をします。同じ流れの先にFIREがあるわけです。

そしてその流れをよくしたければ**「年収をもっと増やす」「ムダな支出を減らす」「できるだけ高利回りで増やす」**ということを考えていきます。

そして**この3つは必ず合わせ技で取り組む必要があります**。どれかひとつだけやればいいというわけではありません（ここが普通の人がＦＩＲＥを誤解しているところかもしれません）。

STEP 1 所得をできる限り、とにかくできる限り増やす！

ＦＩＲＥを目指す最初のステップは年収をより多く稼ぐ工夫をすることです。できるだけ早く、できるだけ多く稼ぐための努力をします。

年収を上げる、ということは究極的には自分の価値を高め、時給を高くすることです。何をもって自分の1時間あたりの稼ぎが増やせるかを考えてみます。

今の会社で働き続けて年収を増やす方法をまず考えます。無自覚に昇格昇給を待つ人にＦＩＲＥは訪れません。意識的な取り組みが必要です。

今の会社に居続けても年収が増えない、あるいは時間がかかりすぎるのなら、転職をして年収を増やす方法も考えます。転職はしばしば、年収を早く増やす現実的選択です。

副業を考えるのもアプローチのひとつです。ただし、自分の時間をひたすら削って年収を増やすアプローチは最終的に体力を換金するだけなのでうまくいきません。

夫婦であれば共働きで稼ぎを最大化していく方法もあります。

ときには働きがいと年収アップとを天秤にかける必要もあります。このとき、あなたの働きがいが安く会社に買い叩かれている、つまり搾取されていると考えてみるのがFIREの視点です。**本気でFIREを目指すなら働きがいより年収を取る覚悟も必要です。**

詳しくはこのあと、第2章で考えてみます。

STEP 2

支出をできる限り減らす。とにかくできる限り減らす！

どんなに稼いでも支出が多すぎる家庭はいつまで経ってもお金が貯まりません。**FIREを目指す以上は普通の生活よりもハイペースでの貯蓄を考える必要があります。**

そうすると必要になるのは徹底的な「節約」です。低コストで生活をやりくりして、将来に残す貯蓄額や投資額を極大化していくことを目指します。

とはいえ、生活をすべて犠牲にするというよりは、生活の豊かさはある程度維持しつつ、ムダなものを持たない、買わない、低コストでまかなえるものはそうする、という積み重ねを考えていくのが節約のカギだと思います。そうしなければ継続が困難になるからです。

海外のFIRE本では年収の70％を貯めるような極端なケースもありますが、25％以上の貯蓄率の実現にはそれなりの苦労が伴います。どこまで貯められるか検討していきます。

一方、支出を削るよりも先行して年収を高めることができれば、貯蓄額を増やしやすいという効果もあり、節約だけではなく、稼ぎと支出のバランスで考えることが大切です。
詳しくは第3章で考えてみます。

STEP 3

資産をできる限り増やす。とにかくできる限り増やす!（ただしリスクを勘案しつつ）

最後のステップは収支の差額を蓄え、どこに振り分けるかです。銀行預金のみにするのは、この超々低金利時代にあまり賢い選択ではありません。

資産が増えるペースを高めたいなら、リスクを取って資産運用をする必要があります。

しかしながらリスクを高めすぎると急落時には痛撃をくらってしまいますし、投資方法によっては資産をすべて失うものもあります。リスクとリターンのバランスを意識した投資選択が必要です。

またメンテナンスのためにあまりにもリソースが必要になるなら、これも問題です。米国株だけで勝負するとか、FXや暗号資産（ビットコインなど）の短期トレードで稼ぐようなやり方は検討しますが、本書では推奨しません。その理由も説明します。

お金の流れを意識すると FIREの流れが見えてくる

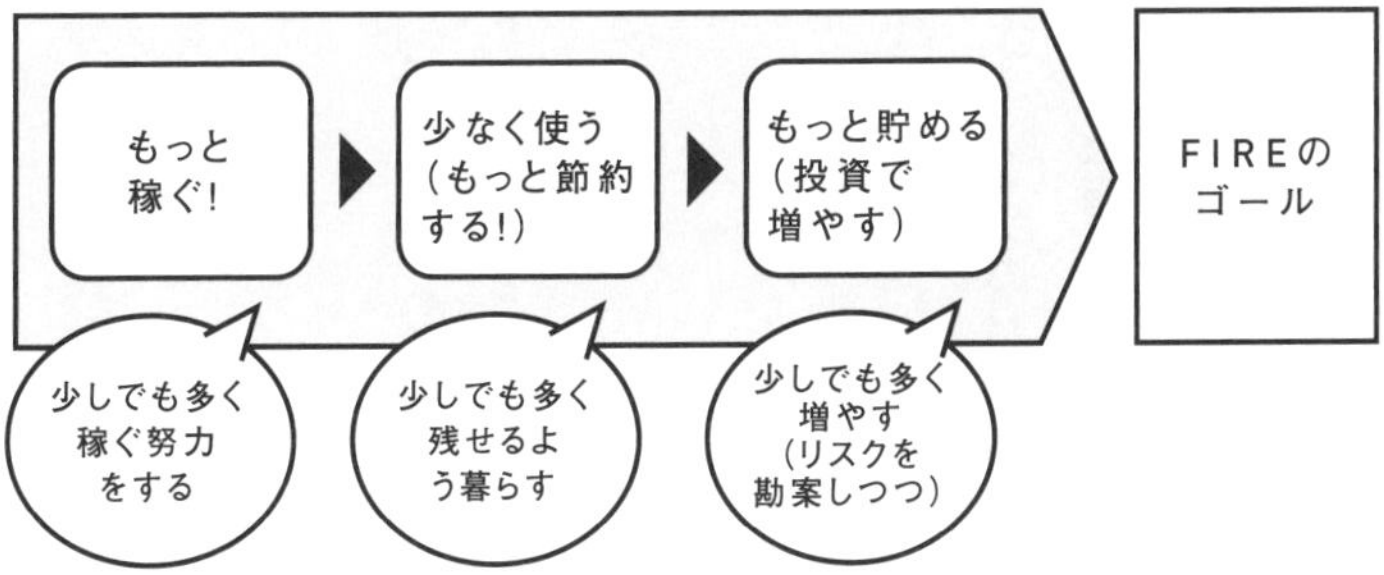

いずれかひとつ欠けてもFIREは成功しない!

本書で紹介するのはまず、iDeCoとNISAという税制優遇のある口座をきちんと活用することです（アセット・ロケーション）。そのうえでインデックス投資を継続的に行うことです（長期・積立・分散投資）。これでも十分に年4％以上の収益確保は可能です。

第4章で投資の方法について考えてみます。

STEP 4

自分の資産状況とリタイア後の生活をシミュレーションしてFIREする

資産形成がはかどってきたら、いつからどのくらいの支出の生活をすればFIREできるかシミュレーションをしてみます。

本書では、運用益に過度に依存しない形での必要額の試算方法も提示してみます。取り崩しを前提とすると、運用収益に依存しなくても早期リタイア生活が可能になり、資産の枯渇するリスクは大きく下げられます。**3つのパターンを検討し、世代別にこの年齢でFIREするならいくら必要か、それぞれ考えてみます。**

日本版FIREとして、日本の年金制度とどう接続して老後につなげていくかも説明していきたいと思います。第6章で検討をしてみます。

4

日本版FIREは何歳で実現可能か

ところで、日本版FIREを考えるとき、「何歳でリタイアするか」という目標をどう設定するべきでしょうか。目標の設定は、そこまでのチャレンジにも大きく影響します。

夢は40歳代での早期リタイアだが、難易度は高い

30歳代後半あるいは40歳代前半、というようなかなり早い時期の引退がFIREに関する書籍ではしばしば取り上げられます。夢がある話ですが、これは本当に実現性があるものでしょうか。社会人になって20年前後で引退する、というのはたしかに憧れます。しかし、普通の社会人が22歳から65歳までとして43年働く時代にその半分だけ働いてリタイアしようとするのはそう簡単ではありません。

さらに、あまりにも早いリタイアは2つの問題があります。

ひとつ目の問題は**「そこから働かないで取り崩した場合、年金受給開始年齢までの間、資産が持つかどうか」**ということです。同じ取り崩しでも、5年の計算と20年以上の計算は、まったく違ってきます。もちろん長期に及ぶほど不安定になります。

またもうひとつは**「社会人人生の前半で2倍稼ぐことはかなり苦しい」**という問題です。普通の人が65歳まで43年間働くとして、22歳から45歳までの収入と、それ以降の収入はどちらが多いでしょうか。それは明らかに後者です。若い頃はビジネススキルを育てる時間でもあり年収は低くなります。キャリアが熟して年収も上がってくる後半に獲得する賃金のほうが大きくなるのは当然です。

だからといって、不可能と決めつける必要はありません。**挑まない人にゴールはやってこないので、自分がどこまでできるか分析しトライしていく**ことが大切です。

50歳代でのFIREは実現可能性はあるが、運用手法が悩み

日本でのFIRE指南本の多くは50歳代でのリタイアを実現した方が書かれているケースが多いようです。多くは運用においてそれなりの苦労や工夫をして、いわゆる「億り人」

になってFIREをした人たちです。

50歳代でのFIREは、まだまだ体力や活力は残しつつ、仕事から離れてやりたいことに邁進できるのが魅力です。かつ、準備期間としては40歳リタイアより10年ほど長く確保でき、お金を取り崩す期間も10年ほど短縮できるため、資金準備の難易度は一気に下がってきます。簡単にいえば「取崩額が4000万円減り（400万円×10年）、準備額が3000万円増える（300万円×10年）」と考えれば、目標金額をクリアする可能性は大きく高まります。50歳代FIREは、それなりの実現性があるパターンといえます。

ただし、運用手法をどうするかについては悩みがあります。「億り人」の多くは高いリスクを取ってきた成功者であって、高い利回り獲得がFIRE実現の主要因となっています。それぞれ、自身の投資スタイルを紹介していますが、リスクが高い投資方法の再現性があるかは保証が難しいところがあります。むしろ投機的手法を選択して失敗した場合、元本の多くを損なう恐れもあります。

私は誰でも取り得るベター（といってもベストに近いベター）な運用の方法を推奨しますが、期待リターンは下がります（といっても年4～6％くらいはねらえますが）。このあたりは、別途解説する章を用意しますので、各自判断してみてください。

実現可能性が高い「プチFIRE」。5年の早期リタイアをまず目指せ

現実的なマネープランニングを考えたとき、「プチFIRE」に落ち着くこともあります。

これは「標準的な引退年齢から5歳早いリタイア」を目指すというものです。

「たった5年？」と思うかもしれませんが、65歳リタイアの現在に60歳で引退をしたとしても、90歳くらいまで生きることを考えれば30年の自由時間があります。

また、多くの人が「経済的な不安が拭えないので、あと5年はしがみつくよ」というような気持ちで会社にとどまり続けているのは、つまらない話です。経済的な心配がなければ、楽しくない仕事、低賃金の仕事ならあっさりと退職ができます。

プチFIREのいいところは、**数年で公的年金をもらい始めることを前提にできるため、資産額の目標を高額なものとしなくてすむ**ことです。極端な話、1年分の生活費を決め、5倍用意できればそれがゴールということになります（公的年金が不足する分については、いわゆる「老後に2000万円」が必要ですが）。

ただ、**プチFIREは目標ではなく、「通過ステップ」**だと考えてみてください。目標を50歳代のFIREに設定し、まずはプチFIREを実現、さらに資金を上積みして50歳

何歳でFIREを実現するか

	40歳代FIRE	50歳代FIRE	プチFIRE（-5年）
難易度	高い	中間	実現性高い
定年前の自由時間	長い（20年程度）	中間（10年程度）	5年
FIREのための準備額	高額（20年分の生活費）	中間（10年分の生活費）	少額（5年分の生活費）
老後への影響	大（公的年金、退職金大幅減）	中（それなりに減）	小（影響は小さい）

まずはプチFIREの達成を目指し、
資産額が増えるごとに目標を拡大

FIREを目指す、という感じで取り組んでみるといいでしょう。

FIRE実現のタイミングは自分で決めていい

ここで大事なことは「FIRE実現のタイミング」は自分が決めるということです。早いリタイアを希望するなら資産形成のピッチをかなり早く行う必要があります。自分がどれくらいの年齢でFIREを目指すか、取り組む早い段階でイメージをつくっておかなければいけません。

また、最後のゴールを決めるのもまた自分です。ある程度資産が貯ったなと思ったら、自分でFIREのタイミングを見極め、決断する必要があります。50歳代後半以降であれば、計算は比較的簡単ですが、40歳代でのFIREであれば、そこまでつくってきた財産で本当に一生やりくりできるのか真剣に考えないといけません。

アーリーリタイアに入ったあと、やはり資金ショートの恐れがあるからと、再就職をして普通に稼ぎ直すのは難しいでしょう。

FIREは40歳で実現するという決まりはないのです。**FIREのよさは、自分で自分の仕事人生の終わらせ方を決める決定権を持つことでもある**わけです。

5 経済的な安定は、精神的な自由につながる

社畜は「経済的」に支配されている状態

よく「社畜」という言葉が使われます。会社の家畜になり下がっているという意味合いですが、社畜には2つの要素があると思います。

ひとつは**精神的に従属している状態**です。会社のいうことを疑いもなく受け入れるようマインドコントロールされている場合などです。

低賃金、長時間労働で、怒鳴られながら仕事をしても、会社に疑問は抱かず、むしろ感謝するように教え込まれているようなケースは、そもそも労働基準法にも反していますし、周囲が手助けをしてなんとか脱出させ、精神的な縛りを解き放つ必要があります。

もうひとつは**経済的に支配されている状態**です。ブラック企業の多くは低賃金でこき使っていますが、問題は「お金がない」から仕事を辞められないということです。

辞表を出して辞めたとき、雇用保険の給付は2カ月+7日もらえないので、そのあいだを生きられなければ辞める自由さえないのです。

そうした社畜状態から抜け出すことは、実はFIREのテーマでもあります。

FIREのチャレンジは目の前の人生も豊かにする

あなたがもしFIREを目指してお金を貯めていて、残高は1000万円を超えていたとします。これは会社に経済的には支配されていないということです。

もしも、会社や上司とトラブルになって辞表を出して仕事を辞めることがあっても経済的な心配は当面ありません。FIREのゴールからはちょっと遠ざかることにはなりますが、ムダなストレスを抱えたまま働き続ける必要はありません。

「いつでも辞める自由」があることの精神的なメリットは、手に入れてみるととても気持ちいいものだということがわかります。会社とあなたは対等な立場にあるからです。

そう考えてみると、FIREのチャレンジは、ゴールにたどりつく前段階でも、あなた

経済的な安定は、精神的な自由につながる

経済的な安定がない人

経済的な安定がある人

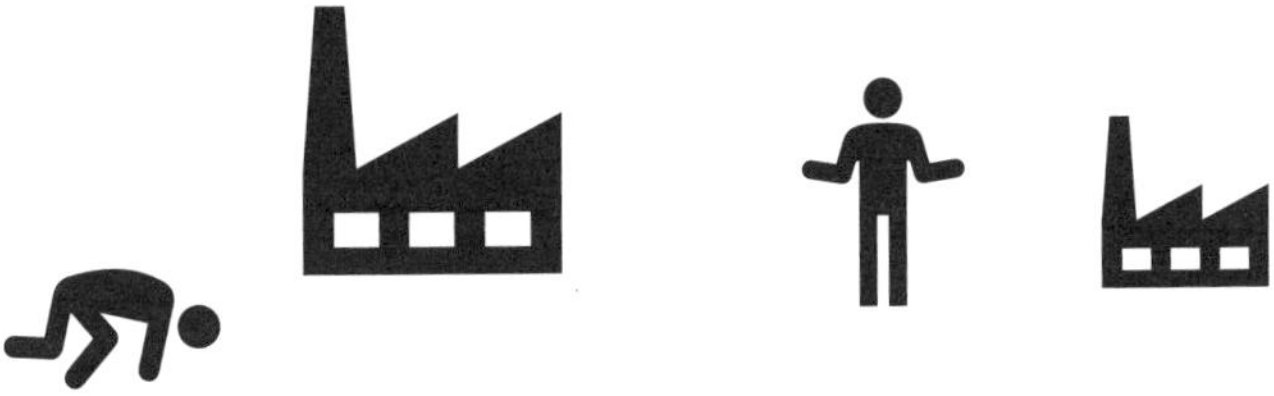

- 会社や仕事がイヤでも生きていけないから辞められない
- 会社に支配されている状態でストレス
- いわゆる社畜から抜け出せないまま働く

- 会社と自分は対等の関係だと考えられる
- いつでも辞めたければ辞められるのでストレスがない状態
- FIRE達成前でも経済的余裕が精神的余裕につながる

に精神的な安定をもたらすことがわかります。

実際にチャレンジをし始めるとわかりますが、貯蓄ゼロから100万円を達成すると（ここまでがかなり大きなステップです）、それだけで自信がつき、行動に余裕が出てきます。

クレジットカードの引き落としにビクビクする生活や、給料振り込み日前に数百円で暮らすような生活から、あなたの人生は一変します。

最初に得られる「自分は貯められている」「いつでも辞められるんだ」という自信が、もしかするとＦＩＲＥにチャレンジする最初の特典なのかもしれません。

仕事を「趣味的」にできるのは最高

本多静六という人をご存知でしょうか。東大教授で林業の専門家です。日比谷公園の設計をしたことなどで有名ですが、もうひとつの顔は「財テクの神様」です。

彼はドイツに留学したとき、指導を受けた教授より、日本が殖産興業に邁進するなら森林の価値が上がることを教わり、森を取得し木を売ったり鉄道株などを買ったりして一大財産を築きました。

またその前提として毎日副業として原稿を書き所得の25％を貯め続けました。

彼の手法はFIRE的です。そして彼は、経済的な心配がなくなったら、仕事を純粋な楽しみとして行えるようになると述べています。

経済的に余裕があれば、仕事を趣味のように位置づけ「やりたいことだけやる」ステージに変えることができます。FIREを目指したらぜひ達してみたい境地のひとつです。

FIREを実現しても経済的安定を得つつ働くこともできる

FIREに十分な資産を得た人が、あえてリタイアせず働き続けることもあります。この場合、お金を稼ぐことにあくせくする必要がなくなります。自分のやりたいことや世の中のためになることを選ぶ余地が生まれます。

「働きがい」というのは人の生きがいの中で意外に大きな要素であり、無視できるものではありません。経済的な安定を獲得し、精神的な自由も手にした先で、純粋に「働きがい」を探せるなら、それもまたFIREのひとつの形といえるでしょう。

6

さあ、FIREを目指してみよう

お金を稼ぐこと、増やすことを堂々とやってみる

FIREについて知ったとき、そのコンセプトの素晴らしさに興奮し、誰かに伝えたくなるかもしれません。しかし、友人や家族に熱く語ることはちょっと待ったほうがいいでしょう。世の中にはお金をガツガツ稼ぐことや、投資でお金を増やそうとすることに否定的な人がいるからです。

常識と違うことをすぐ否定する人もいます。「FIREなんて無理なんだからやめておきなさい」とあなたのやる気を削いできます。

「お金は汚いもの」「投資はズルいもの」といったイメージも根強く残っています。お金が汚いというなら(衛生的には実際、汚いそうですが)、お金を稼いでいる人は全員汚いのでしょうか。そんなことはありません。

株式投資がズルいというなら、上場企業の会社員はズルをする一員となってしまいます。

FIREと向かい合うことは、お金と本気で向かい合うことです。仕事を通じてお金を稼ぎ、お金を賢く使い、資産運用を通じてお金をどう増やしていくかを真剣に考えることであり、決して恥ずかしいことではありません。

ぜひ堂々と、チャレンジしてみてください。

とにかく踏み出す「第一歩」が肝心

そして、あなたのFIREの夢を実現するためにもっとも大事なことは「第一歩」を踏み出すことです。

資産形成において、いちばん重要なことは何か、と聞かれると多くの人が運用収益の高い商品を選ぶことと回答します。

しかしそれは間違いです。どんなにたくさん読書をしても、どんなにたくさん株価の分析をしても、あなたの資産残高が増えることは1円もありません。

それよりも**大事なことは「行動」**です。たとえば、

年収を増やす「行動」

- 転職アプリに登録をしてみる
- 資格給に該当する資格の勉強に手をつける

貯蓄を増やす「行動」

- 家計簿アプリを設定してみる
- 不要な買い物を控える生活を始める
- 不要な自動契約を解約してみる

口座残高を増やす「行動」

- 自動引き落としの貯蓄を設定する
- 証券口座を開設して投資信託を積立購入する
- iDeCoやNISAの口座を開設する

というような具体的な行動があって初めて、あなたのお金は貯まり始めます。

あなたの人生を変えることができるのは、あなた自身が踏み出す第一歩だということを覚えておいてください。

一歩踏み出すと、世界が変わる

FIREへのチャレンジは、実現までのプロセスにおいてもあなたを変えてくれます。

あなたがもし、100万円を貯めることができれば、これは会社と対等な関係に立つ入り口です。

1000万円まで貯めることができたら、いつ辞めても数年はやりくりできる経済的基盤が確立されたことになります。

この頃には、あなた自身の立ち居振る舞いに「自信」がみなぎってきます。周囲からも落ち着いてきたとか余裕があるという評価をもらえるようになるはずです。経済的余裕は、精神的な余裕とほぼ同義なのです。

2000万円を貯めれば、標準的な老後の経済的基盤を得たことになります。いわゆる「老後に2000万円」を確保し、老後の不安は解消されたことになります。

あなたがFIREに向けて一歩踏み出すことができれば、FIRE実現に至らなくても、世界がどんどん広がり、明るく、素晴らしいものになっていくことでしょう。

さあ、FIREを目指して第一歩を踏み出してみましょう！

本書の構成はこんな感じ

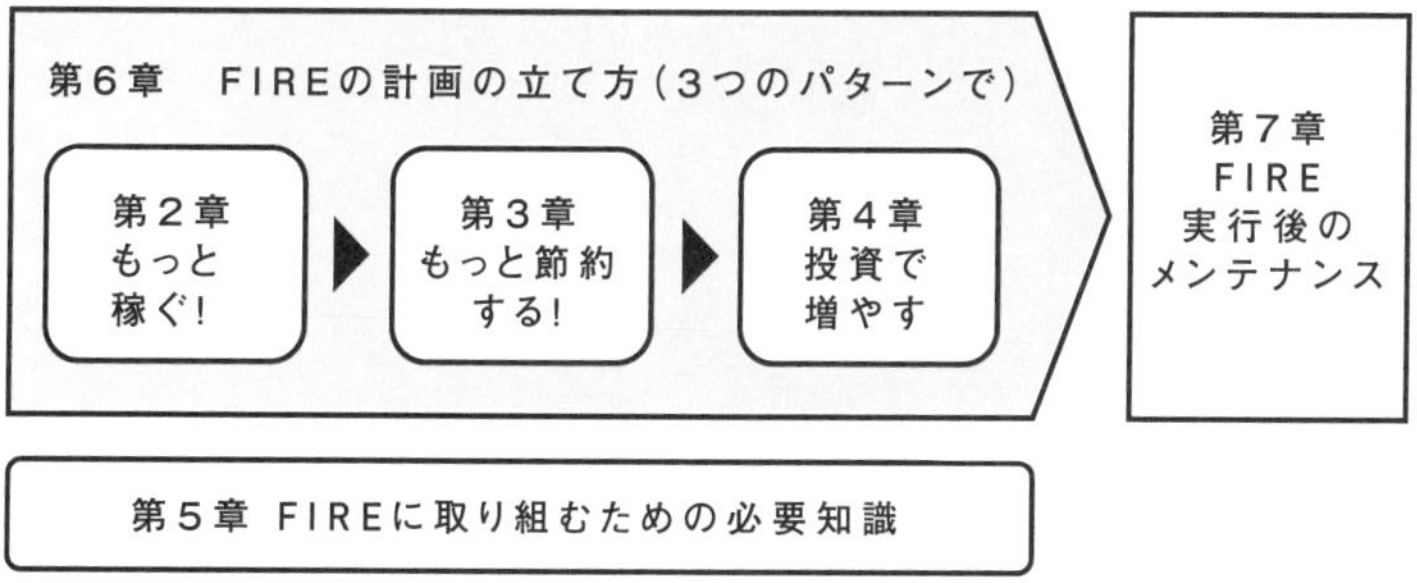

第2章

もっと、もっと、もっと、稼ぐ

1 なぜ「年収アップ」がＦＩＲＥに欠かせないのか

ＦＩＲＥ実現のため欠かせないのは「稼ぎを増やす」こと

あなたの人生における経済的安定を得る方法は、なんといっても資産残高を増やすことです。経済的安定は、精神的安定でもあります。

このとき、資産残高を増やす選択肢は大きく2つあり、**「年収を増やす」**か**「運用収益を増やす」**かになります。前者は仕事で稼ぐお金を増やす方法であり、後者は株式等の投資によって得られる値上がりや配当などを獲得する方法です。

しかし運用収益を増やすための「原資」が必要です。また、定期的に確実に資産を積み上げられる点においても、やはり「年収を増やす」という選択を無視できません。

より多くの年収を獲得することが、ＦＩＲＥを実現する最重要課題のひとつになります。

あなたの生涯獲得収入の「面積」を広げる発想を持つ

年収を早く増やすことの意義を簡単に説明しましょう。それは**「あなたの生涯獲得収入の面積を広げる」**ことです（53ページの図を参照）。

年収400万円のまま、45年働いたとしても、生涯賃金は1億8000万円です。45年ということは22歳から67歳まで働くことになります。FIREどころではありません。これは「細く、長く」稼ぐ考え方になります。

一方で20歳代は400万円だったが、30歳以降は700万円、35歳以降は1000万円稼げるようになったとします。そうして50歳まで働いてFIREしたとすれば、生涯賃金は約2億2000万円となります。リタイアは17年早くても生涯賃金は逆転していることになります。このまま67歳まで働き続ければ生涯賃金は3億円を軽く超えます。退職金を乗せれば4億円に近づくほどです。

FIREを目指すということは早くリタイアすることを目標としています。そうするとあなたの稼ぎの総面積を考えるとき、横軸（時間）は短くなります。面積の計算は「（縦の高さ）×（横の長さ）」という単純な式ですから、横が短いとなると毎年の年収を早く引き上げる必要があります。つまり、縦軸（年あたりの年収）を伸ばすことです。「太く、短く」稼ぐ考え方にする必要があるわけです。

年収を上げるということは「時給を高める」こと

年収を上げる方法は本章でこれから考えていきますが、「時給を高める」と考えてみるとわかりやすいと思います。アルバイトが試用期間が終わると時給が１００円アップしたり、ベテランになってくるとさらに１００円アップするのは、高い能力の反映です。

社会人の仕事でも、バイトと基本的な考え方は同じです。人が働ける時間は有限ですから、**同じ時間働いていて、より多くお金をもらう方法を考えなければなりません。**

だとすると大幅な時給アップを実現する必要があります。月に20日働いて20万円もらうのと、60万円もらうのは「自分の時給を3倍に高める」ということであるからです。

時給１００円アップなら長く働いていれば誰でも獲得できます。しかし、2倍、3倍の時給アップを成し遂げたいと本気で考えたなら自分の能力を高める発想をしっかり持ち、目標実現のために行動することが必要になります。

「稼ぎ」の面積を広げる発想を持つ

普通の働き方のイメージ

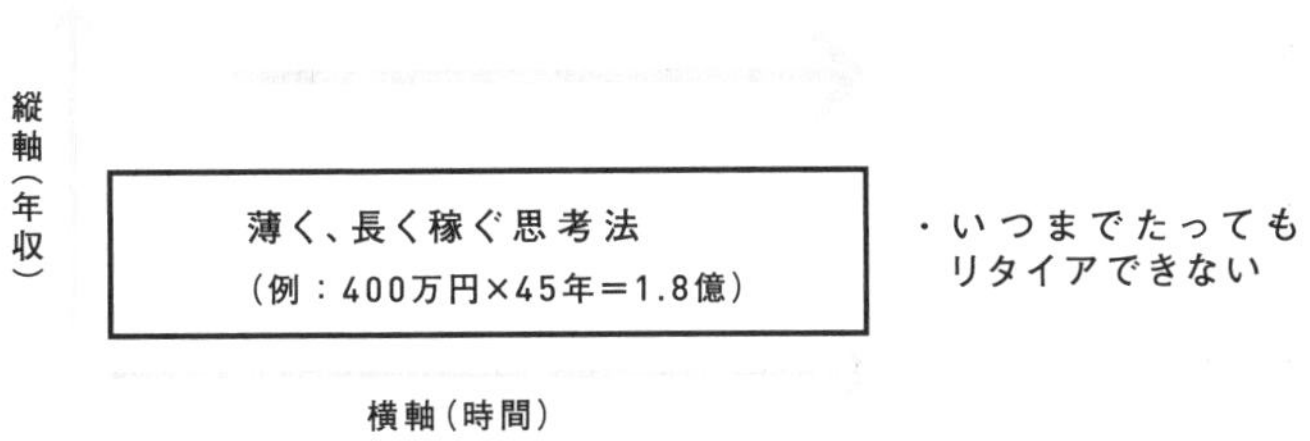
縦軸（年収）
薄く、長く稼ぐ思考法
（例：400万円×45年＝1.8億）
・いつまでたってもリタイアできない
横軸（時間）

FIRE志向の働き方のイメージ

縦軸（年収）
太く、短く稼ぐ思考法
（例：35歳で年収1000万円なら50歳で2億円）
FIREしたら収入がなくなる
・早いリタイアのために、早く、多く、稼ぐ意識を高める必要がある
横軸（時間）

そして、自分の仕事の能力がアップしたら、それに伴ってあなたの時給もアップしたかどうかを考えます。能力が高まっても収入が増えないことはしばしばあるからです。より高く評価してくれるところへの転職を考えることも、時給を高めるためです。

あなたの年収を増やす方法はないか、どん欲に探してみる

「能力があれば、あるいはまじめに働いていれば、周囲が自然に評価してくれる」と思うのは昭和の発想です。年功序列の時代には時間の経過とともにおおむね年収が高まっていきました。平均以下の社員であっても同期入社組とセットで年収が増えていました。

今はそんな楽な時代ではありません。むしろ、あなたの能力が高まっていても、「上がつかえている」とか「下がいない（何年も新規採用していないので）」という理由で現状維持が続くことがある時代です。

自覚的に、かつアクティブにならなければ、年収を増やすチャンスは巡ってきません。

あなたが本気でFIREを目指すなら、のんびり待っている時間はありません。FIRE実現のための最大の敵は「時間」です。**年収を上げるための努力を惜しんではいけないし、時間を何年もムダにしているヒマはない**のです。

2 年収を上げる王道 3つのアプローチ

年収を高めるためには大きく分けて3つのアプローチが考えられます。しかしFIREを目指す皆さんが選ぶべき選択肢は事実上2つです。それぞれ解説してみましょう。

1 長い時間働く……でもこれはあまりうまくいかない

前項で「長く働く」という話を少ししました。これは年齢を重ねても働くという意味で、65歳を過ぎても、あるいは70歳を過ぎても働き続ければ生涯賃金を増やすことは可能です。しかし、FIREを目指すなら、この選択肢はできれば避けたいところです。

もうひとつ「長く働く」があります。それは1日あたり、あるいは1週間あたりで考える長時間労働です。アルバイトが収入を増やしたいと考えるとき、簡単なのはシフトをたくさん入れることです。週10時間ではなく30時間働けばバイト代は3倍になります。

しかし正社員にとっての「長時間労働」には制約があります。基本的な勤務時間があって、残業をするほど残業代が出るわけですが、残業時間には制限があるのが普通ですし、残業を認めない会社も増えています（コロナ禍で残業を制限した結果、時間外手当の支払いが減少しているという統計もあります）。

また、真っ黒なブラック企業でなくても、一定以上の残業時間は認めず、支払ってくれない会社もあります。

完全歩合制で働いていたり、個人事業主であれば、寝る間を惜しんで働き、売上を増やす選択肢もありますが、これは体調を崩してしまうリスクと紙一重です。

1日は24時間と限られており、長く働いて稼ぎを増やすことには限界があるといえます。

2 もうひとつ仕事をする「副業」

次の選択肢は「副業」です。本業の仕事を終えて退社してから、次の出社までのあいだ、あるいは土日などの休日を利用して、もうひとつの仕事をします。

かつては兼業禁止の規定が就業規則に含まれていましたが、近年ではそこまで強制することはできないとされ、就業規則から外れ始めています。

法律的には、本業と競業したり、就業時間内で行わなければ、基本的な問題はありません（プログラマーが私的に開発案件を引き受けて、謝礼を懐に入れるなどが兼業NGの例。もちろん就業時間内にやればどんな副業もアウト）。

副業がいいのは、**本業の仕事とは別ラインでの収入源を手に入れられる**ことです。本業の景気が悪化しボーナスが減少するようなことがあっても、軌道に乗った副業は安定収入となり得ます。また本業の中から生活コストを捻出し、副業の売上はすべて貯蓄する、というすみ分けもしやすいでしょう。

かといって、時間の切り売りには限界があります。会社が休みだからといって週末だけ16時間コンビニバイトをしたところで、月に7万円くらいは得られるものの、体力的な疲弊は大きなものとなってしまいます。

好きな趣味につながるテーマか、ストレスなくできるテーマをベースに副業を考えてみるのがいいでしょう。

ブロガーやYouTuberとなって収入を得る方法もありますが、それなりのコンテンツの積み重ねがないとなかなか収入としては大きなものになってきません。根気と工夫が必要になります。

副業については6項でもう少し詳しく考えてみましょう。

3 時給を高める、つまり専門性を高める

副業が「副」とつくのはメインの仕事よりは収入が少ないからです。やはり日常の生活コストをまかない、かつFIRE資金を貯めていく基盤となるのは「正」の仕事になります。**メインの仕事をおろそかにすることでFIREに近づくことはあり得ません。**

本業でもっと稼ぐということは、シンプルにいえば自分の価値を高め「時給」を高くするということです。同じ労働時間で年収が400万円から600万円に増えるということは、自分の時給が50%アップした、ということです。

本業で時給が上がるということは、なんらかの理由が必要です。あなたの専門性が高まっていることが評価されるか、高品質なアウトプットを行えるか、大きなプロジェクトを管理するなどの大きな責任を負うか、そういった理由があってこそ、年収が上がります。

キャリアアップについて自覚的になることがFIREでは重要です。

今の会社で年収を上げる方法、転職によって年収を上げる方法をそれぞれ考えてみます。

4 もうひとつの選択肢 結婚と共働き

実はもうひとつ、年収を増やす方法があります。それは**「結婚していたら共働きを続ける」**ことです。

女性が専業主婦になったことで、男性の年収がアップすることはありません。かつては扶養手当がもらえることもありましたが、今ではそうした制度は激減しています。

男性がひとりで年収を100万〜200万円押し上げるのはなかなか簡単ではありません。

しかし共働き夫婦であればパートでも年100万円、正社員なら年200万円以上「世帯の合計所得」はアップします。

正社員夫婦であれば、30歳代で「夫600万円＋妻400万円」「夫550万円＋妻450万円」のように合計1000万円に届くことは不可能ではありません。

夫婦で家事や育児をシェアしながら共働きを続けることは、とても重要です。

結婚する場合は、共働きをぜひＦＩＲＥの夢実現のためのパワフルなエンジンにしてみたいものです。

年収を上げる 3＋1のアプローチ

基本的な3つの方法

1. 長時間働く（残業）

- 今の時代、残業で稼ぐ発想は通用しない
- 残業代が支払われないことも

2. もうひとつ仕事をする（副業）

- 兼業が容認される時代に（一定の要件あり）
- 自分のペースで年収増が可能
- 長時間労働で体力疲弊に注意

3. 時給を高める（人的価値を高くする）

- 高い能力、高い責任には高い年収が伴う
- 大企業ほど年収が高い傾向

＋

もうひとつの方法

共働きで稼ぐ（世帯の合計を増やす）

- 正社員で共働きなら合計1000万円を早期に超えることも可能
- 一気にFIREに近づく力にも

3

今の会社でもっと稼ぐ方法
昇格レースの最短ルートを登頂せよ

転職をして年収増をもくろむのは当然考えるべき選択肢のひとつです。しかし好条件の転職がすぐ決まるとは限りません。今の会社のままFIREを目指す可能性をおろそかにしてはいけません。

まずは自分の会社で年収をより多くする方法を模索してみましょう。

会社内昇格レースという「ゲームのマニュアル」を読め

さて、あなたの会社で、昇格はどういった条件で実現し、昇給はどの程度行われるか即答できるでしょうか。そういう人はまれです。

ある程度ちゃんとした会社なら、昇格昇給のルールはどこかに明文化されているはずです。人事制度というのは「公正な評価」を行い、評価にもとづき「公正な処遇」をし、かつ処遇にもとづく「公正な報酬」を支払うためにルールがつくられています。まともな会社は、このサイクルが機能しているか常に気を使ってアップデートを繰り返しています。

ところが社員のほとんどは、自分の年収を決定づけるルールブックに目を通してもいません。**「就業規則」「給与規定」などのルールブックを読まず、社内でキャリアアップを目指すというのは、ゲームのマニュアルを読まずに最短攻略を目指すようなもの**です。

最近のスマホゲームなどはマニュアル抜きで遊べるように配慮されていますが、あなたの会社の昇格昇給ルールのチュートリアルはないと思ってください。そして今の職場で年収を増やす努力を抜かしてFIREに挑むことはあり得ません。

まずは社内の規定をチェックし、自分の年収を増やすルールを知ることが第一歩です。

タダで資格を取って月数万円の資格給を手に入れる

まず最初に、手軽に実行できて、チャンスがあれば確実に昇給を手に入れられる方法があります。それは「資格給」です。

賃金規定をチェックしていると、資格給の項目を見つけることがあります。業務に役立つ特定の資格を取得したら資格給として給与に上乗せされるというものです。国家資格で仕事に必須である場合などは業務上取得するよう強く指導されますし、全社員の取得がノルマとなっている資格はみんなが取得を目指すことになるでしょう。そうした資格はもちろんのこと、「それ以外の資格」にも目をやってみます。

たとえば、金融機関の職員が「ファイナンシャルプランナー(ファイナンシャルプランニング技能士)」を取得しろと指導されたとします。しかしよく見ると2級と1級では資格給が月1万円違っていたり、証券アナリストや簿記など別の資格にも給与アップの規定があったとしたら、資格を取るほど給料がアップすることになります。

さらに規定を読み込んでいると、「受験費用」「受験対策講座の受講やテキスト購入」などの一部ないし全部について助成金が出ることもあります。うまくいけば無料で資格をとって、年収がアップするのですからこれらの制度を使わない手はありません。要件を満たせば雇用保険の教育訓練給付金も受けられます。

資格を取ることは、業務評価にもつながります。人事シートには高度な業務に必要な資格を取得したことを記入できますし、それは高評価にもつながるでしょう。

さらに、資格は転職を考えたときにも使えます。一時期、銀行では海外留学してMBAを取らせた優秀な人材が次々転職するのを見かねて、一定期間転職禁止の書類にサインをさせたそうですが、国内資格の取得で拘束する会社はまずありません。

会社の金で勉強して資格を取り、毎月資格給をもらいつつ、転職時にはその資格を売りにして内定を取ることができれば、これほどおいしい話はありません。

資格は取れば必ずメシの種になるというわけではありません。しかし会社が規定しているものは確実に仕事に役立つものばかりです。

資格取得は専門的知識の第一歩ですし、もしかするとあなたのキャリアを決定づける一生の財産となるかもしれません。

人事評価シートは本気で書く、仕事は本気でやる

社内で年収を増やしたいのなら、人事評価を高くすることが欠かせません。ところがほとんどの人は自分の人事評価を高くする努力を怠っているか軽視しています。

たとえば、人事評価シートのようなものを記入し、自己申告をする会社はたくさんありますが、これを本気で書いている人は多くありません。ある会社では「自分の年収を左右する重要な書類なのだから、仕事に本気になるのと同じくらい、シート記入に本気になる

ように」と被評価者研修を実施していますが、こうした会社はまれです。

あなたが100のアウトプットをしているのに80の評価しかしてもらえないことが、シートの記入の手抜きにあるのならこれほどバカなことはありません。人事シートをまじめに書くことは100の能力を100評価してもらうためにも欠かせないのです。

あなたより仕事で劣っているはずの隣の同僚が、人事シートをまじめに書いたことであなたより高評価を受けたら、どうでしょうか。手抜きシートを提出して「上司は自分を評価できないのか」と憤るのは筋違いというものです。

仕事に本気を出して取り組むことは当たり前のことです。しかし**その仕事を評価してもらうことにも本気を出すことを忘れない**ようにしてください。

あなたの能力の向上を会社は評価するが、あなたも会社を評価する

とはいえ、今の会社で働き続けながら、能力を高めて昇格昇給を目指すことには一定の限界があるかもしれません。それは「社内の昇格ペース」がすでに定まっているからです。

あなたがどんなに能力優秀で成長を続けていても、社内の規定や慣例により「うちの会社は30歳にならないと課長以上はないよ」のような年齢制限があることはしばしばです。

今の会社でもっと稼ぐ2つの方法

昇給ルールを知って戦う

ゲームの攻略時、マニュアルや攻略本を読むのは当然

社内で昇格昇給をしたいのに社内規定を読まない?

今働く会社で、最短コースで年収を高めたいなら
昇格昇給ルールを知ってから戦う

資格給は必ず獲得し役立てる

業務関連の資格取得

資格給で給与アップ

社内の業務評価アップ

資格取得費用を出してもらえることも

転職時に資格が役立つことも

自分の知識を高めかつ評価を高める資格を利用しない手はない

能力主義をうたっている会社でも、こうした制限がないことはまれです（もしあなたの会社が本当に年齢を問わず評価するなら、とことん昇格を目指す価値がある会社といえます）。

会社の規模が邪魔をすることもあります。昇格昇給はさせてもらっても、会社の体力の限界で、あなたに1000万円の高給を支払うことができない、というケースがあります。

「このままでは年収500万〜600万円台を飛び抜けていくことは難しそうだ」ということがわかってきたら、あなたにそれだけの給料を払う体力のある会社に移る必要があります。

自分の能力を高めることは同時に、**「能力の高まった自分を、会社は適切に評価する度量があるか」**を見極めることでもあります。自分の能力が明らかに高まっているのに、会社がそれを評価せず、据え置きを続けるならそんな会社は見切りをつけることを考える必要があります。

つまり会社があなたを人事評価するだけではなく、「あなたも会社を評価していい」ということです。そして、会社への評価には情を交える必要はありません。あなたが変化を期待して何年待っても、会社の風土が大きく変化する可能性は低いからです。だとしたら次に、あなたは転職を考える必要があります。

4

働きがいは搾取される。ドライに判断、より多い年収を取れ

仕事にはお金以外の価値もある…が

私たちが仕事をするのはお金を稼いで生活費を確保したり、資産形成を行う資金を確保するためです。しかしお金のためだけに私たちは働いているわけではありません。

顧客の笑顔や「いつもありがとうね！」のような感謝の言葉を得たとき、私たちは仕事をしていてよかったと感じます。これが「働きがい」です。

上司や社長が時々、「がんばってるな」とねぎらいの言葉をかけてくれたとき、仕事ぶりをちゃんと見ていてくれたのだなと喜びを覚えることもあります。

無感動に業務時間を過ごしている人もいると思いますが、人生の多くの時間を費やす仕事が、お金以外の部分でも自分に影響を及ぼしていることは間違いありません。

しかし、それには危うさもあります。**「働きがいの搾取」**という問題です。

働きがいはしばしば搾取される

まじめに働き、顧客を大切に思うことは大切です。また会社に雇ってもらえたという恩義を感じて忠誠を尽くすのもいいでしょう。

しかし、その忠誠心や働きがいが「搾取」されていないか疑ってかかることも必要です。たとえば「この会社には私を雇ってくれたという恩義がある」と思うあまり、自分の能力に見合う給料をくれない状況を見過ごしている人がいます。何年も給料がアップしない状態などがこれにあたります。

あるいは「あなたの仕事は社会の役に立っている」と強くアピールする会社が、実はサービス残業を強いたり、社員の高い貢献を安く買い叩いていることがあります。ブラック企業です。

教育社会学者の本田由紀教授（東京大学）は、これを「やりがい搾取」と呼んでいます。海外の研究事例でも、「長時間労働や時間外労働などで搾取された労働者は、周囲から『やる気のある人だ』と評価されやすい」という考察をしているそうです。

こうした人たち（多くはまじめないい人です）が、転職サイトでカウンセリングを受けると、

「あなたの経験や資格を考慮すればプラス100万円の転職が可能かもしれません」と言われることがあります。

言い換えればあなたは働きがいややりがいの代わりに「年100万円安くこき使われていた」ということです。実は、会社に恩義を感じる必要はなかったのです。

本気でFIREしたいなら、年収が優先

もし、本気でFIREを実現したいと考えるなら、「働きがい」と「年収」のどちらを優先させるべきでしょうか。FIRE本ではしばしばこのテーマが議論されています。

これは明らかに「年収」を優先するべきです。

そもそも、私たちが元気よく仕事をして稼げる時間は限られています。やりがい搾取に引っかかって毎年何十万円から何百万円も稼ぎ損ねているのは大きな損失です。早くリタイアしたいと願うなら、稼げる年収を確実に、少しでも多く稼ぐことが優先です。

そもそも、**「能力があるのに評価が低い」というのはあなたの能力のムダ遣い**でもあります。稼ぐ能力がある人は、その能力に見合う年収をもらう権利があります。

転職をためらう人の多くが「自分が会社を辞めると迷惑がかかる」というのですが、そ

うならないようにマネジメントするのが経営者の仕事です。転職されなかったとしても、あなたが病気やケガでしばらく働けなくなることもあります。そのとき会社が回らないとしたら、会社の体制のほうに問題があるのです。

会社の心配をしている時点でもう、あなたは「やりがい搾取」をされているのです（そして、これはあまり聞きたくない話かもしれませんが、あなたが辞めても、会社はなんとか仕事を回していくものです。だとしたらなおさら気にする必要なんてないのです）。

「年収が高くて働きがいもある」職場は案外見つかる

「働きがいがあって年収が低い職場」から飛び出すことを恐れている人が気がついていない可能性がひとつあります。それは**「働きがいがあって年収も高い職場」もある**ということです。

年収が高い職場に働きがいがないと決めつける必要はありません。たしかに、「仕事の楽しさを後回しに、とにかく稼ぐ」という選択肢もあります。

しかし、意外に思えるかもしれませんが、年収がアップしたうえに、仕事の世界も大きく広がり、同僚との関係も円満な職場があったりするものです。

「働きがい」より「年収」を重視

年収アップを優先する

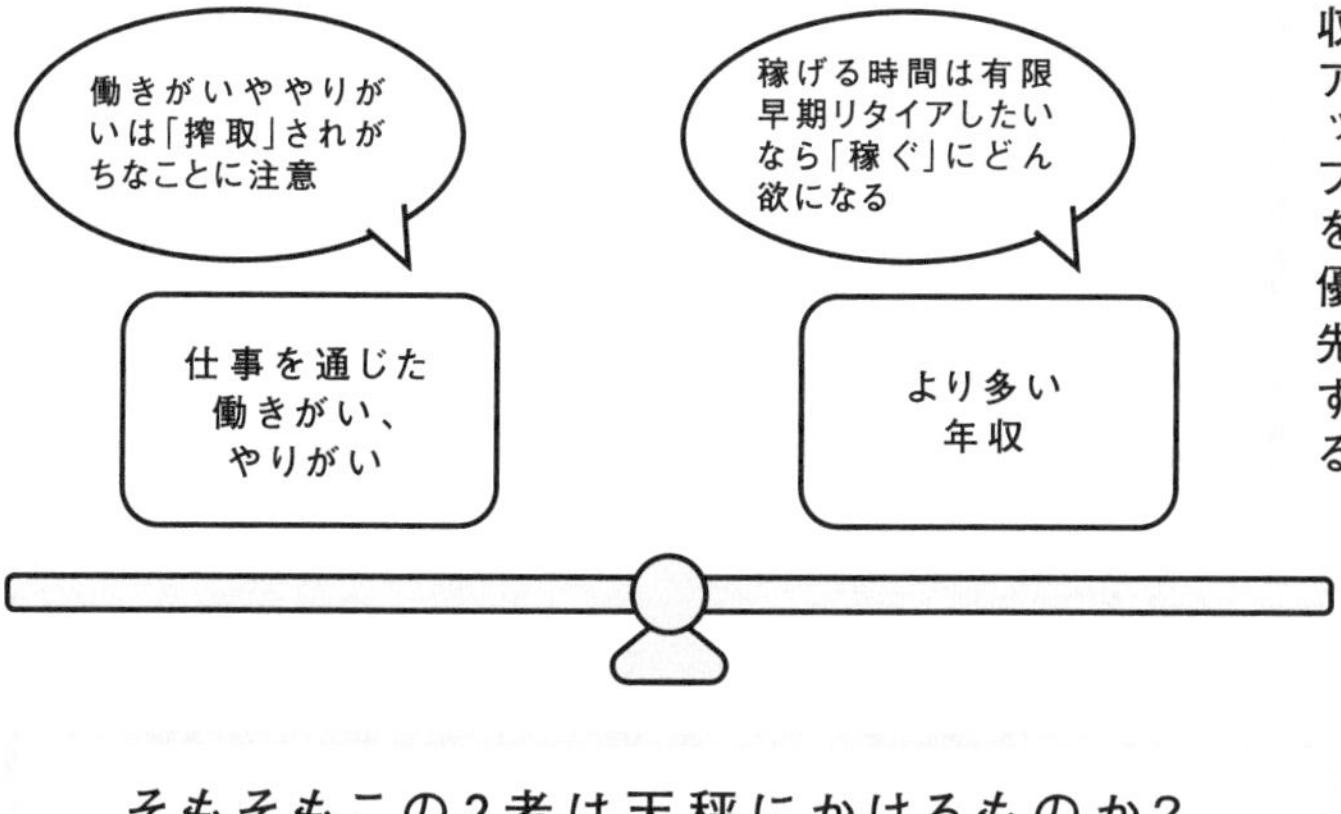
働きがいややりがいは「搾取」されがちなことに注意
稼げる時間は有限
早期リタイアしたいなら「稼ぐ」にどん欲になる
仕事を通じた働きがい、やりがい
より多い年収

そもそもこの2者は天秤にかけるものか？
同時に成り立つことも！

むしろブラックな体質の企業を飛び出したり、中小企業から大企業に転身してみると、そのホワイトさに驚くことがあります。

やはり、目の前の「働きがい」は優先するべきではなく、「年収」を取ってもいいということになります。もちろん、働きがいは低下して年収アップを選ぶこともあり得ます。

しかし、ブラック企業で100時間残業させられるくらいなら、年収アップを得たうえで同じ残業をしたほうが価値があります（将来のFIREにも一歩近づけます）。

「働きがい」か「年収」か、悩んだらまずは「年収」を選ぶことをFIREでは考えてみましょう。

5 転職して稼ぐ。年収を早めに2倍にするには飛び出すしかない

転職は、一気に大きく年収を増やすチャンス

FIREを本気で目指したいなら年収を早く高めていく努力が欠かせません。社内の昇格昇給ルールに従ってキャリアアップを目指すのではスピードが遅すぎる、という人が次に考えるのは「転職」です。

ビジネス誌などが年に数回ほど、各企業の平均年収ランキングを公表しています。その会社の社員の平均年齢なども考える必要があるものの、「うちの会社よりかなり高い！」と思うことがあるはずです。

夏冬のボーナスの妥結状況などがニュースになると、これまた賞与額の多さに驚くことがあります。自分の会社では1カ月分ないし1・5カ月分のところ、3月分＋X万円なん

てニュースに書かれていたりします。そもそも1カ月あたりの給与でも差があるわけですから、ボーナス総額を含めての年収では大差がつきます。

会社の規模や体力を考えると、あなたがどんなに優秀だとしてもこれ以上は払えないという限界があります。これはどうしようもないことで、平均賃金が高い会社に移ることは年収アップのまたとないチャンスになります。

また、一度高い年収で転職をすると、次の転職はその年収をベースに探せるようになります。わらしべ長者みたいなもので、未経験者からすれば信じられないことですが、転職を何度か繰り返して1000万円超えを実現するケースは実際にあります。

今の会社でこのままいても年収の伸びしろはない、あるいはすぐにはやってこない、と思えたなら転職活動をしてみましょう。

ただし、転職はあなたの能力が伴わない限り、簡単に内定が出るものではありません。今の仕事にも集中してスキルアップを図りつつ、良縁があればうまく流れに乗る、という姿勢でチャレンジをしてみてください。

思い立ったら転職情報アプリに登録

今ほど転職が容易になった時代はありません。転職情報誌をコンビニで買って端から端までチェックする必要はありません。アプリかWEBサイトで条件検索が一発で行えます。転職雑誌を会社に持っていくわけにはいきませんから、今まで転職候補のリサーチは帰宅後に限られましたが、これもスマホのアプリなら出勤中に探すことができます。

自分の価値を見極める意味でも、転職アプリをいくつかインストールし、会員登録をしてみましょう。LINEのタイムラインでやりとりできるサービスもあります。

ただし、アプリのアイコンがスマホのすぐ見える画面にあったり、プッシュ通知（アプリだけでなくメールの通知も含む）が不在時にポップアップされて職場バレするリスクがありますので、ステルス設定はきちんとしておきましょう。

いくつか自分の学歴や経歴、資格を登録してみて、マッチングされた案件を確認してみましょう。自分の価値が見えてきます。

もし好条件の提示がないなら、何か年収を上げる切り札はないか考えてみましょう。転職アプリは、自分に足りない価値を見極めるきっかけにもなるのです。

自分の持ち味を見極め勝負。「業種」より「職種」が武器

転職活動において明確にするべきは自分の強みです。強みがはっきりしている人は今の会社で仕事に励む中でもスキルアップが進みますし、面接でも明確に自分をアピールできるので、内定の可能性が高くなります。

会社の「業種」と「職種」の経験が、おそらく転職活動での「売り」でしょう。ただし「業種」だけで勝負することには弱みもあります。どうしても同業他社、つまりライバル社しか選択肢がないため、選択肢が少ないことです。また、業界全体がシュリンクしている場合、どこへ移ってもあまりメリットがないということもあります。

このとき「職種」で自分の強みが見つけられると、そうした壁を打破して転職活動が可能になります。

「営業」「経理」「総務」「人事」「経営企画」など自分がやってきた仕事のうち、職種で強みを訴えられると、業種に関係なくいろんな会社にチャレンジできます。伸びしろが大き

く、高年収が期待できる成長業種に飛び込むことも可能です。実は、面接する側にとっても評価しやすい人材だったりします。

面接を受けてみるとわかりますが、**結局のところ「今の会社でやってきたこと」が次の会社への売り**になっていきます。仕事をしっかりやってきた人ほど、チャンスが転がっているのです。

転職の作法は「堂々と、コッソリ」

転職活動はまず「コッソリ」やることが大切です。同僚にも話すべきではありません（同僚も、あなたが転職活動中であることを知らされたら対応に困ります）。SNSで面接先の近くのランチの写真をアップするような愚も犯してはいけません。

しかし「堂々」とやってください。悪びれる必要はありません。**能力があるはずのあなたに、適切なギャラを提示できない今の会社が悪い**のです。

有給を取得して面接に行くのも、病気だと堂々とウソをつけばいいでしょう。そうでもしないと有給をくれない会社が悪いのですから気にする必要はありません。

そして、内定を取ってから退職届を提出します。ここでも「迷惑をかけるのだから、まず辞めて、そこから転職活動」なんて考える必要はまったくありません。むしろ無職になってから次を探すと、うまく見つからないとき苦労します。雇用保険の残りの給付日数を意識しながら微妙な条件の内定に返事をするほどもったいないことはありません。また、自己都合退職では2カ月と1週間しないと給付開始になりませんので、その分お金も消えていきます。

今の会社で働きつつも、年収が大幅アップする良縁が見つかったら勇気を持って踏み出してみることをおすすめします。おそらく慰留はされるでしょうが、新しい会社がくれる年収や肩書きを今のあなたにくれない会社に、申し訳ないと思う必要もありません。

大きく夢を描いたFIREに向けてがんばるのなら、感傷的にならず、新しいチャレンジに踏み出してみましょう。

年収を大きく増やすための転職

能力、経験を売り込む

資格の保有

業務経験

職種で自己PR

今の会社でキャリアアップの努力も頭打ちが見えた

・年功序列の人事
・企業規模の限界
・ぬるま湯の職場

転職活動に踏み切る

一気に年収増となる転職を勝ち取る

・先に辞めてから就活はNG
・好条件のチャンスに食らいつく

アプリを活用

同僚にも内緒で

ためらわず有給で面接

堂々と「コッソリ」と

6

副業で年100万円以上稼ぐ。ただし道は厳しい

副業で年100万円以上の稼ぎを目指す

転職にはまだ自分の能力開発が十分ではないと考えるか、今のキャリアを維持しつつもうひとつの収入源を確保したいと考えるなら、副業を検討することになります。

副業をすることで、今の会社には勤めて生活費をまかなう収入を得つつ、別途収入を確保し資産形成への原資を確保することができます。

FIREを目指して副業をする人は、目の前の生活が成り立たないわけではありませんから副業収入のすべてを貯蓄に回すことができ、資産をどんどん増やすことができます。

副業の前提は、本業を邪魔しないことです。そもそも本業の仕事の時間に食い込んで副業をしてバレればNGです。しかし、副業については会社の社内規定に設けられていた兼

業禁止の規定が削除の傾向にあります。また、本業と異なる仕事であればまず兼業禁止とはなりません。

なんとかFIREへの足がかりをつかむため、副業で年100万円以上稼げる方法はないか考えてみましょう。

「体力や時間」ではなく「好き」や「専門性」で稼ぎたい

前項でも少し説明しましたが、副業においてあまりおすすめできないのは「体力(と時間)」を換金する考え方です。仕事が終わってからコンビニに直行して朝までバイトするようなパターンは、とりあえず年収を100万円増やすところまでは近道ですが、継続性と発展性に難があります。

まずその生活では早晩どこかで倒れてしまいます。一時的に無理をするのはいいのですが、10年続けられないやり方はFIREを目指すアプローチとしては好ましくありません。年収をそれ以上広げる余地もありません。時給1000円のバイトがベテランとなって1250円になってもせいぜいそれくらいが限界でしょう。

それよりは、**「好きで続けられるテーマ」「自分の専門性を高い時給で売れるテーマ」**を考えてみてください。

好き、については、たとえばブロガーやYouTuberを目指すとして、週3本（スタートしたては毎日1本）、1年くらい記事投稿を継続できるテーマがなければ、続けることはできないでしょう。

専門性については、週末だけ不動産屋で重要事項説明のバイトをしたり（宅建資格が必要）、オンラインで語学等の講師をするなど、専門知識があれば、効率的に稼ぐ副業が成り立ちます。


副業本を何冊か読んでみると、いろんな副業のバリエーションが紹介されていますから、一度目を通してみることをおすすめします。意外な稼ぎ方が見つかるかもしれません。

投資は副業ではない

ところで、副業に関するアンケート調査などを見ていると「投資」とか「FX」が回答の一定割合を占めていることがあります。投資を副業と考えている人が少なからずいることがうかがえます（設問側もそう考えている節があります）。大家としてのアパート経営を副業と表現することもあります。

しかし、投資は副業と考えるべきではないと思います。**投資は貯蓄と同列に考える資産管理の手法のひとつであり、自分自身が働いているわけではありません。**厳密にいえば、FXトレードなどはあなた自身が多くの部分で汗をかくので「副業的」ではありますが、同列にしないほうがいいでしょう。

また不確実性が伴うことも投資を副業とみなすべきではない理由のひとつです。1時間あたり1000円くらい稼げるとか、そういう見込みが立たないものは副業には位置づけないほうがいいでしょう。それに、マイナスになる可能性も無視できません。

投資は投資で行っていきます。それを副業に位置づけるのではなく、何か自分にできる副業はあるか考えてみてください。

あえて副業をしないことも選択肢

ところで、副業をあえてせず、本業の時給を高めるところに時間を割くのもひとつの選択肢です。

本業の仕事で獲得できる自分の年収をより高めるために、限られた時間を活用するほうが長期的に得であるという判断があれば、副業をしないほうが合理的なこともあります。

専門知識の獲得、資格取得のための対策、語学スキルの習得などにはそれなりの時間が必要となります。業務時間内の余裕時間を使っても足りない部分は、業務時間外で勉強することになります（自分の年収アップ、キャリアアップに資するなら、業務時間外であっても学ぶ価値はあります）。

あるいは週末の休息が、本業の仕事に集中するために欠かせないと判断され、副業がその妨げとなるなら無理をする必要はありません。家族との時間を確保してリフレッシュに使いたいと考えることもあるでしょう。

副業をやらなければＦＩＲＥできないというわけではありません。状況に応じて判断をしてみてください。

副業の課税チェックは厳しくなる傾向

副業については、ある程度軌道に乗ってきた場合「納税」の問題が生じます。基本的に副業であろうと収入（売上から経費を除くことは可能）について税金を払う必要があります。個人の雑所得として確定申告する方法と、個人事業主として登録をし（あるいは法人をつく

副業で年100万円以上稼ぐ。ただし道は厳しい

社会的には副業容認へ

- 兼業禁止規定削除の動き
- ただし時間内の兼業は絶対に不可、顧客の横取りもNG

時間を提供する副業	専門知識を提供する副業
即効性あり（すぐ稼げる）	軌道に乗るまで時間を要す場合も（ケース次第）
時給は低め	時給は高め
疲弊するおそれ（休息時間の減）	時間を使いすぎなければ本業との両立も可能
仕事の楽しみも低め	仕事を楽しめれば長続きする

って）確定申告をする方法とが考えられます（青色申告すれば節税になるが、提出書類は増える）。売上から経費を引いた分が利益ですが、最低限度の帳簿なども必要です。

ちなみに**雑所得は年20万円を超えたら確定申告が必須**ですから、月2万円以上の利益を出すようになってきたら税金問題は避けられないと考えてください。

副業に対する社会の容認が進むのと同時に、課税のチェックは厳しくなる傾向があります。古本をメルカリなどで転売する「事実上の古本屋」などが税務調査を受けたような話がニュースなどで漏れ伝えられています。

会計事務についてはクラウドサービスが便利です。きちんと手続きをして、追徴課税など受けないようにしてください。

7 共働きは正社員が基本

共働きというダブルエンジンをフル活用する

結婚しているなら共働きで合計所得を増やすことがＦＩＲＥへの近道となります。これは間違いありません。

結婚していて、２人が健康であるなら、２つのエンジンを持っているのにわざわざ片翼飛行をする必要はありません。２つのエンジンを最大限に活用して、ＦＩＲＥを目指すべきです。

若い人はもう気がついていると思いますが、男性と女性は同じ教育を受け、社会に飛び出します。女性の大学生の就職率も男性と遜色ありません。

社会が女性に不公平な仕組みであったことも、数十年をかけて解消されてきました。たしかに未だに男女不平等は職場に残っているものの、「そうではない職場」が増えていることも事実です。ダメな会社はさっさと飛び出して、まともな会社で働くことをおすすめします。それが結果としてダメな会社に引導を渡すことにもなります。

それぞれが働いていて、出会い、結婚をしたとき、「働き続けること」を選ぶことは目の前の経済的豊かさを獲得するだけではなく、将来の豊かさを得る力にもなります。

「子どもが高校入学したのでパート」は間違った共働き

FIREを目指す人はおそらくこの類いの失敗をしないと思いますが、共働きのもっとも効率の悪いパターンは「子どもが高校に入ったし、そろそろパートで共働きを再開するか」というものです。

子育てがなかなか大変であったため、いったん会社を辞めて、落ち着いてからまた仕事をと考える人がいます。この場合、マズいのはキャリアの断絶が大きく、修復不能になるリスクです。高校生ということは最大で15年、あなたのビジネスキャリアをストップさせるわけです。これでは過去の経験はほとんど役に立ちません。結果としてパート等の年収の低い選択肢しかなくなります。

それに今年必要な支出増を今年の収入増でやりくりするという発想自体、計画性のなさの証明です。FIREを目指す人がこのような愚かな資金繰りにハマる必要はありません。働き続け、稼ぎ続け、そこから貯め続けることと、共働きはセットです。

共働きでスタートした夫婦は辞めてはいけない

ちょっと前まで女性の働き方については「M字カーブ問題」が指摘されていました。これは結婚や出産で離職する人が多く、Mの文字の中央のように働いている割合がぐっと下がるというものです。今は産休・育休を経て復職することが普通になったので、「几」のような形になりました。

ところが「正社員で働いている割合」でいうと「L字カーブ」が生じています。90度右回転させたLのごとく、女性が正社員で働く割合は下がり続けるというものです。働いている人の割合は減らないが、正社員で働く割合が減る、つまり正社員から非正規へのシフトが起きているということです。

結婚をするとき寿退職をする、あるいは子どもが生まれるので退職をすることは経済的にはまったくおすすめできません。

正社員の「座」は降りるのは簡単ですが、すぐ次を見つけないと、そこに戻ってくるの

が難しいという構図があります。手放さないことが大切です。時短勤務や半日あるいは時間単位での有休取得などを活用しつつ、なんとか仕事と子育ての両立を目指しましょう。

もし子育てとの両立がしんどいのであれば、それは女性の問題ではなく男性の協力不足の問題だと考えてください。夫の有給が20日フルに残っていて、妻が有給残1日で子どもの風邪引きにおびえている状態で、FIREを目指すなんてそもそもおかしいのです。

パートから抜け出す努力はする価値あり

もし今パートやアルバイトの立場で働いているなら、そこからの脱出を考える必要があります。これは派遣会社の社員でも同様です。

非正規雇用についてはまず失職のリスクが高いことがあります。正社員が解雇しにくい分、雇用の調整弁として使われがちだからです。クビにならなくても勤務日数を減らされることがあります。これまた苦しいことで、「週3日勤務でお願いしたい」といわれればそれだけで月収が40％下がります。

昇格昇給のチャンスが低いこともあります。統計的に非正規雇用は年齢と賃金の関係が

共働きは正社員が基本

パート 契約社員等 非正規雇用	正社員
賃金低め	賃金高め
昇給少なめか なし	昇格昇給に 期待できる
社会保険ない場合も	社会保険あり
賞与や退職金 ないか少ない	賞与や退職金あり
雇用は不安定	雇用が安定

生涯給付で 2億円の差が つくこともある	一度正社員を 辞めると なかなか戻りにくい

ほとんどありません。30歳も40歳も同じ時給設定になりがちです。

もうひとつ、退職金や厚生年金などの待遇格差もあります。同一労働同一賃金の取り組みで解消の方向にはあるものの、それでもまだ退職金が非正規にはないのが一般的です（派遣社員には一定の手当を上乗せする取り組みが始まっています）。


今はパートや派遣で働きつつも、正社員で働くチャンスを目指し、就職活動をしてください。あまりおすすめできないのは、社内登用制度です。何年も待たされたうえに正社員になれる確約がされないので、時間を大きくロスしてしまいます。

パートや派遣をしながら正社員採用の面接を受けることは、時間的にも大変だと思いますが、チャレンジをしてみましょう。資格ひとつでチャンスが増えるならまずは獲得してみるのも手です。

いちばんもったいないのは「正社員と同じような仕事をしているのに給料は低い」ということです。自分の能力を安売りしていることに他なりませんし、まさに働きがい（お客様の笑顔や上司からの労い）を搾取されています。

いったん正社員の座をつかめば、そこからしばらくは精神的にも身分的にも安定します。ぜひあきらめずに挑戦をしてみてください。

8

夫婦合計で年収1000万円超は、早期実現も可能

早期にたどりつきたい「年収1000万円超」秘策は共働き

FIREを目指すとき、できれば年収800万～1000万円の水準に早く到達したいところです。ここまで到達できると、高い貯蓄率を設定することが可能になってきます（年収の多少にかかわらず最低限度の生活コストはどうしてもかかります）。同時に貯蓄額がぐんと上がってきます。同じ30％の貯蓄率でも年収400万円で取り組むより年収800万円なら2倍のハイペースの資産形成となり、大きな差がつきます。

共働きカップルが結婚してそのまま働き続けると、思った以上の経済的豊かさを手にすることがあります。これは年収400万円同士であっても合計800万円となり、豊かな生活が実現できるからです。旅行に行ったり、ディナーやお酒を楽しむ余裕もできます。

ＦＩＲＥを目指す以上は目の前の豊かさではなく将来の豊かさのためにこの「合計所得」を活かしたいところです。結婚をすると、ＦＩＲＥから遠ざかるような印象がありますが、実はひとりでキャリアアップするより、共働きでともに目指すＦＩＲＥのほうが夢へ近づく距離は短くなるかもしれません。

2人で働くなら組み合わせは多様

夫婦で「合計1000万円」を目標に掲げたとき、共働きの組み合わせのパターンが多様になるのも共働きのメリットです。たとえば、次のようなパターンです。

年収600万円＋年収400万円

夫婦の片方がキャリアアップが先行し、もう片方は標準的なキャリアアップを進めるイメージ。子育て中で片方が時短勤務をしている場合もこうした差がつくことがある。理由が子育てにある場合は、家事育児をシェアして年収の回復を目指したい。

年収500万円＋年収500万円

夫婦ともにキャリアアップが進んでいるとき、合計で1000万円に到達するイメージ。うまくいけば、アラサーで到達することも。夫婦ともに今後もキャリアアップができれば、合計で1500万円以上を目指せる可能性もある。

年収800万円＋年収200万円

夫婦の片方のキャリアアップが先行している一方で、もう片方はパートや非正規雇用などにとどまっているイメージ。子育てなどの理由があるかもしれないが、このまま片方のキャリアだけを伸ばすのか、全体としての所得増を目指すのかは家庭内の役割分担について、一度議論が必要。

「年収1000万円」というと相当のエリートなイメージがありますが、実はちょっとがんばれば手が届く世界でもあるのです。ぜひ目指してみてください。

共働きは「異業種」でリスクヘッジを

もうひとつ、共働きが目指したいのは「異業種」での勤務です。職場結婚をした場合などは、どちらかが急いで転職をすべきだと考えます。

理由は「仕事のリスクヘッジ」が共働きにより可能であるからです。投資なら世界中の株式会社をすべて投資対象にして1社あたりの失策リスクを下げることができますが、個人が年収のほとんどを稼ぐ仕事そのものにリスク分散ができない弱みがあります。私たちはあまり実感していないかもしれませんが、仕事にも「リスク」があるのです。

同じ業種に勤めていると、同じ時期に業績がダウンするリスクがあります。近年でいえば航空、旅客業などの落ち込みは厳しいものがあります。ボーナスゼロ、リストラなどをしている業界に夫婦がダブルで勤めていると家計へのダメージは深刻なものになります。

これがもし、他業種に夫婦が勤めていたら、どちらかの会社は影響が低いか、好業績になっていることもあります。夫婦の職場がもし「JALと任天堂」なら……と考えてみればどうでしょうか。片方はボーナスが減り、片方はボーナスが増えれば全体としてリスクヘッジできたことになります。もちろん、立場が逆転することもあります。

キャリアについて、「職種」で強みが発揮できれば「業種」はあまり気にせず横断することも可能だと話をしましたが、夫婦が意識的に異なる業種に働くのは重要なポイントです。

同様に、起業したり個人事務所を開業して年収の大幅アップを狙うチャレンジでも、夫婦が一緒に開業する必要はありません。ひとりはそのまま会社員として働き続け、全体としてはリスクヘッジをするべきでしょう。

転職のチャレンジはお互い調整しながら

ただし、転職を伴うキャリアアップのチャレンジを行うときは、お互いのタイミングをちょっとずらしたほうがいいかもしれません。

内定を受けてから辞表の提出、最終出社日まではそれなりにストレスのある日々ですし、新しい会社に慣れるまでの期間、少なくとも数カ月くらいはなかなか精神的に落ち着かないものです。

イライラして家族に当たってしまうこともあるでしょうし、ストレス発散を上手にする必要もあります。このとき、夫婦が同時に転職をして不穏の種を2つ蒔く必要はありません。できれば転職のタイミングはずらして、お互い支え合うようにしたいものです。

どちらかが働いている会社でのキャリアや人間関係がうまくいかない、会社の業績の雲行きがあやしくなってきた、なんて場合は、状況の改善が最優先ですから、これまた転職活動の順番を譲ってあげたいものです。

あるいは、片方は転職を想定しないという選択肢もあります。公務員であったり大企業の安定した職場であるなら転職は控え、ひとりだけがキャリアアップを繰り返すことで全体としての安定と所得増を目指す感じです。

FIREを目指すキャリアアップは時間の勝負というところがありますが、家庭内でバランスを取ることは考えてみてください。

なお、転職に成功して大幅な年収増が実現した場合は、しっかりとその分を将来のFIRE原資として積み立てていくことはお忘れなく。お互いの年収についても話し合い、情報共有することは共働きFIREの大前提です。

夫婦合計で
年収1000万円を目指す

ひとりで稼ぐ
1000万円

ひとりで稼ぐのは
難易度が高め
生活コストも割高

2人で稼ぐ
1000万円

600万
+
400万

500万
+
500万

800万
+
200万

2人の合計なら
早期に1000万円
達成も可能
組み合わせも多様

第3章

1円でも貯蓄額を増やすために節約する

1 FIRE実現に節約が欠かせない理由

年収だけどんなに増やしても意味がない！

第1章でFIRE実現に向けた基本的な流れを「年収増」→「節約（貯蓄増）」→「投資」の3つで示しましたが、節約のパートを甘く見ている人がいます。年収を増やすことが何より重要である、あるいは投資で利回りを高めることが最優先である、というように考えるわけです。

たしかに年収を増やす努力はとても大切です。このあとでも指摘しますが貯蓄率をどんなに高めても、年収が低いままでは貯蓄できる金額を増やすには限界があります。やはり年収を増やすことが欠かせません。

投資をしっかり行うこともまた大切です。定期預金に塩漬けしておいても今では年0・001％くらいしか増えず、下手をすると物価上昇にすら負けてしまいます。運用利回りを年3～5％くらいまで高めるだけで、資産の成長ペースは一気に上がっていきます。これもまたFIREに向けて欠かせない要素です。

しかし、それでも、やはり節約は重要です。

年収増はおおむね支出増である

年収を増やすことは、支出を増やすこととほぼセットであることに注意してください。手取り20万円でなんとかやりくりして暮らしていた人がキャリアアップに成功して手取り30万円になったとします。理屈上は「毎月10万円貯金できる力」を手にしたことになるわけですが、実際に10万円貯められる人はまずいません。

まずは生活の余裕を上乗せするためにお金を回してしまいます。ちょっといいご飯を食べ、我慢していたゲームを買ったりアプリに課金をします。古い部屋を出て引っ越しすれば家賃も高くなります。

普通にキャリアアップをすると、年収増のほとんどはそうした支出増に消えていきます。今まで実現できなかった生活水準をキャリアアップによって実現できるようになるわけですから、まったくお金を使わないというのは難しいことです。

それでは、「10万円は無理でも毎月5万円相当は貯蓄する」となるかというとこれもまた容易ではありません。職場の同僚と一緒に食事をしたり、スーツのグレードを合わせたり、としているだけでなぜかほとんどが消えてしまうのです。

これはＦＩＲＥに限らず、キャリアアップ時に誰もがハマるトラップです。よほど意識を強く持っておかないと、「10万円の手取り増＝10万円の貯蓄増」とはならないのです。「年収が増えたら貯める」という発想がうまくいかないのも同じ理由です。今は苦しいから年収が増えてからＦＩＲＥ計画をスタートさせるのではなく、今できる範囲ですぐに貯め始めないと、どんなに年収が増えてもお金は貯まりません。

貯蓄率により、資産形成のペースがまったく違ってくる

稼いで、貯めて、投資で増やすという一連の流れはいずれが欠けてもうまくいきません。三位一体なのだと考える必要があります。

ＦＩＲＥ（炎）だけに熱効率で例えてみるなら、**「仕事で稼ぐ」という熱エネルギーを、できるだけ減らさずに熱いままで「投資で増やす」に引き渡すのが、生活の中で行う節約だといえる**かもしれません。

「ほとんどお金を使わないなんて、燃費のいい生活だね」といわれると、皮肉が混じっているかもしれませんが、むしろFIREを目指す人にとっては褒め言葉なのです。

そして、収支差をとにかく大きくすることがFIRE実現へのペースをまったく違うものとします。たとえば20歳代でうまく年収500万〜600万円台に乗れたとします。このとき、「年100万円貯まるペース」なのか「年200万円貯まるペース」なのかで10年後の資産形成は2倍違うことになります。実際には運用収益の拡大があるので差は2倍を上回ります。

ゴール設定を考えるときにもこの貯蓄率によってゴールが一気に近づくことがあります。生活を維持しながら、FIREを実現させていく舵取り役が節約の役目です。

何割貯められるか、自分の限界を試行錯誤してみよう

一般的にはどれくらい貯められるものでしょうか。金融広報中央委員会の調査によれば、単身者の貯蓄割合は手取りの13％だそうです（金融資産保有世帯）。

しかしながら、10％程度の貯蓄率ではFIREに近づけるとはいえません。この割合で実現できるのは、普通に暮らしていくにあたって必要となるお金の準備にとどまります。

先ほどの例で年収600万円の人が年200万円を貯めるということは、33％の貯蓄率であり、税金や社会保険料を引いたあとの手取りでいえば5割を貯めるイメージになるでしょう。

もちろん、年齢や家族構成などによっても実現可能な貯蓄率は変わってきます。すでに子どもが高校や大学に進学していると貯蓄する余裕はほとんどなくなります。住宅購入を控えて頭金を貯めている場合は貯蓄率が上がり、背伸びして住宅ローンを組んだ人は貯蓄率がダウンします。

FIREを目指すシミュレーションを行う中で、ひとりひとりのライフプランや家計管理を通じて、どこまで貯蓄率を高めることができるか、考えていくことになります。

もちろん、前提となるのはしっかり生活をしていきながらお金を貯めるという、消費生活のデザインになります。

FIRE実現に節約が欠かせない

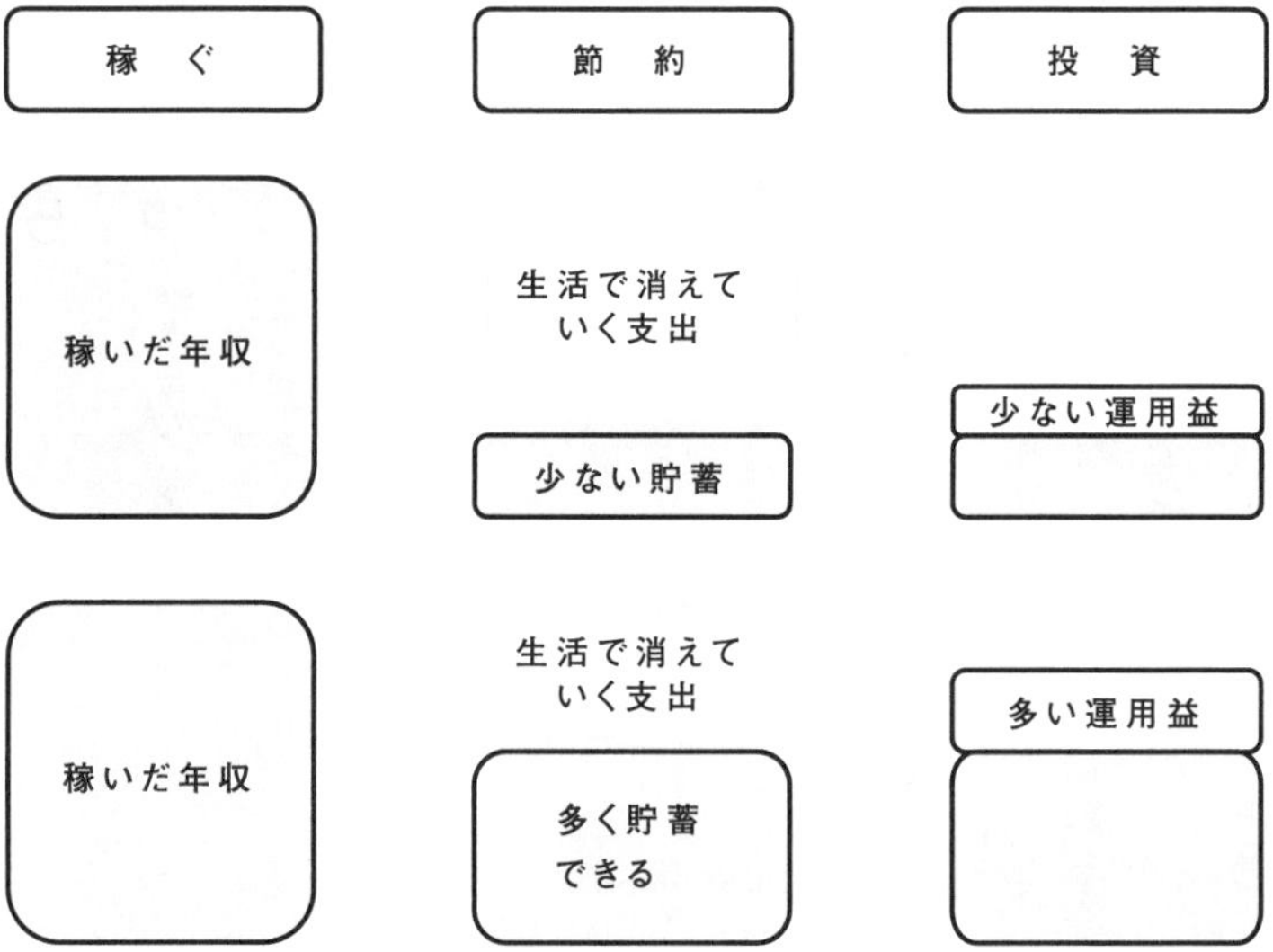

どんなに多く稼いでも、生活で消えては未来のFIRE資産にならない

同じ利回りなら資産が大きいほど収益も大きい

2 まずは固定費から。家計の10%を削ってみる

固定費を削ることは自動的に支出を減らすこと

それでは具体的な節約術を考えてみましょう。最初に取り組むべきは「固定費」です。

ここでは、「固定費」を毎月のように自動的に引き落とされているタイプの支出とします。必ずしも金額が固定されているというわけではありません。たとえば電気代は毎月変動しています。

固定費を削ることとの最大のメリットは、「一度削ることに成功すれば、効果が継続する」ということです。サブスクの動画見放題プランを2つ契約していたとして、1つに絞れば、以降は削った分の費用が継続して課金されなくなります。節約を本気で行うとき、「自動課金」されるタイプの支出を減らすことは重要です。

固定費というのはその支出が目に見えにくいところが落とし穴です。自宅のインターネ

ット使用料金やスマホの料金プランなど、何年も同じプランのまま放置していて困ることはありませんが、いつのまにか割高（しかも質は下がる）ということがあります。自動的に課金されるために、なかなかメスが入らないわけです。ＦＩＲＥを目指すなら、まずは固定費を見直してみましょう。

クレカ明細、預金通帳を徹底的にチェックする

固定費を明らかにする方法は以下の手順です。

①　クレジットカードの明細書、銀行の預金通帳を取り出す。預金通帳は記帳してくる（オンライン明細が閲覧できればそれでも可）。スマホ代とまとめて引き落としをしているサービスがある場合はその明細も入手する
②　すべての明細をチェックし、固定的に引き落とされている項目にマーカーをつける
③　何の引き落としか不明なサービスが見つかったら、サービスを確認する
④－１　解約できるサービスを見つけ出し、解約手続きを行う
④－２　割安サービスが存在するものをあぶり出し、乗り換えの手続きを行う
④－３　日々の節電などで支払額を減らせる場合は、利用を減らすよう努力をする

固定費を洗い出してみると、いろんな固定費があることに驚かされます。そして、恐ろしいことに何の支出かわからないものが混じっています。ほとんどの場合、不要なことが多いので（なにせ忘れている項目ですから！）、とにかく解約をしていくことが大切です。

ストップ、割安乗り換え、節約……それぞれのヒント

固定費の見直しについてもう少し詳しく見てみましょう。

解約（ストップ）

利用の実態がないサービスの契約ほどムダなものはありません。こういったものは見つけ次第解約の手続きを取ります。「いや、利用するかもしれないから」と考えないのがコツです。多くのサービスは再加入することも可能なので、とりあえずストップする、くらいの感覚で解約を行います。

重複しているサービスも解約の検討対象です。最近だとサブスクサービスで月500円や1000円だからとダブって契約している人が多く見受けられます。Netflix とAmazon Prime Video のコンテンツはほとんど重なりますから、FIREを目指すなら契約はひと

つに絞ります（使い込んでいるサブスクなら、ムダではなくお得なサービスです）。

基本的に、契約のほうが簡単で解約が面倒（しかも解約ページが見つかりにくい）ですから、FIREに本気で取り組む最初の週末に、ひたすら解約をする「解約DAY」をつくるくらいの気合いで取り組むといいでしょう。

割安乗り換え

割安サービスが今はあって、それが従前のプランとクオリティが遜色ない、あるいは新サービスのほうが充実している、ということがしばしばあります。

数年くらい見直しをしていないと大幅な値下げになっていることがあります。この場合、競合サービスの最新情勢をリサーチする必要がありますが、乗り換えを行いたいものです。ちょっと前なら電力自由化に伴う乗り換えが挙げられます。比較サイトで試算すると10%くらいの割安になることが多いものですが、やっていない人が多かったりします。

2021年の春にはスマホ料金プランで割安サービスがスタートしています。同じスマホを利用して月4000円以上安くなるなら、こんないい話はありません。急いで乗り換えたいものです。

節約

電気代、水道代、ガス代など利用をゼロにするわけにはいかない固定費については、支払額を下げる方法を考えてみます。

節水や節電を心がけてみると、これが10％くらいの支出減少になったりするから驚きです。私たちが普段いかにエネルギーをムダに使っているかがわかります。

省エネ家電への買い換えも選択肢です。経済産業省のWEBページによると、最新機種と10年落ちの冷蔵庫を比較すると40～47％の節電になるそうです。LEDランプが電球と比較して86％の節電、最新のテレビと9年前のテレビで42％の節電、といったようにいろんなデータが紹介されています。液晶テレビなどは、あえて買い換えをしたほうが負担額を考えても節約になる可能性が高いといえます。

まずは10％の家計支出を止めよう

ここでの**節約最低目標は「家計の10％ダウン」**です。

成功すればこれから、あなたの日常生活はそのままに貯蓄率は手取りの10％になり、そ

まずは固定費から削減する

クレジットカード利用明細、預金通帳等から定期引き落とし項目を洗い出す（家計簿アプリが便利）

思い当たらないものはすぐチェック（おそらく解約していいサービス）

利用頻度が低いものはすぐ解約する

例）
ダブりがあるサブスク契約
行かないジム会費など

割安サービスが存在するものは乗り換える

例）
スマホの格安プラン
電力自由化など

解約できないもの、割安プランがないものは節約生活をする

例）
電気、ガスの省エネライフ

ここで削れた項目は継続して節約になる

のまま自動的に継続するわけですから、貯蓄ペースを高める大きな力となっていきます。もし15％以上のカット実現となれば、これはもう大きな飛躍となります。

「まったく削るところが見つからない」という人も、一度勇気を持ってサービス停止をしてみましょう。たとえばスポーツジムに通っていないが、なんとなく運動しない自分に気が引けて解約できないタイプの人がいます。これは気にせず一度解約をしてみます。おそらく、どこか肩の荷が下りた気持ちになってホッとするはずです。

それよりもウォーキングをして食事量を少し減らすほうがダイエットになったりします。スマホにコカコーラ社のアプリをインストールしておけば、ウォーキングのご褒美としてドリンクチケットがもらえます。会費を払うどころか、サービスをもらえるわけです。

最近では、固定電話をあえて解約してしまう人も増えています。オレオレ詐欺しかかってこないならもう不要というわけです。

固定費については「当たり前」の発想を捨てて見直しをしてみるといいでしょう。意外に、困らないものなのです。

3

毎日の生活費も削る。家計の25％ダウンを目指す

10％カットからが節約の本番。最初の注意点は「質の維持」

さて、固定費について徹底的に削ったところで次のターゲットは日常生活費のムダを削ることです。

固定費の見直しはとにかく一度やってしまうことが肝心でした。そして節約の効果は自動的かつ永続的に生じるのが魅力です。しかし、ここからは日々の生活の中で節約の余地を継続的に見つけていく必要があります。

ここまでの段階で10％ないし15％くらい家計を削ることができたのであれば、そこからさらに貯蓄力を高めていくためには、日常生活の買い物にも大胆なメスを入れていく必要があります。

これから節約について話をしていきますが、最初にひとつだけ注意点を。

日常生活費について徹底的に削っていくわけですが、**ただ削るのではなく「できるだけ生活の質は落とさず、コストだけ落とす」という視点を持ってください**。

とりあえず何も買わないことで、支出を削ることは可能です。しかし、それが苦痛であり、続けられないのであればいい節約とはいえません。また、健康管理の限界を超えて支出を削るのもまた賢明な判断とはいえません。

支出を削る際にはまず、同じクオリティをより安い費用で獲得する可能性を模索します。先ほどのスマホの料金プラン見直しがその好例です。スマホを利用することはあきらめず、費用だけを削る考え方です。

そして**とことん削っていく中で、どこまで生活の質を維持できるか真剣に考えてみましょう**。最低限度の生活水準を残すというのはどのラインにあるのか、自問自答しながら、不要な支出を削ります。

多くの人は節約を、誰でもできること、あるいはお金がない人がガマンしながらやるものと考えています。しかし、節約は知的で高度な取り組みなのです。

いらない買い物、割高な買い物をすべて見つけ出せ

今日からしばらくのあいだ、日々の買い物について、すべてを疑ってみてください。「不要な買い物ではないか」「割高な買い物ではないか（安いものに代えられないか）」と、すべての会計時に問いかけ続けてみます。ネットの買い物も即決してはいけません。

やってみると、なんとなくルーチンとなっている買い物の多くがムダや割高であることに気がつくはずです。

いらないものを買わない

まず、いらないものを買わない習慣から始めましょう。3時になると当たり前のようにコーヒーを買う人が、退社時間までに飲み干していないならそれは不要な買い物です。マンガ雑誌や夕刊紙を買ったものの、SNSで友人の近況をチェックしていたら最寄り駅に着くような人はそれはいらない買い物になっています。

不要な買い物を見つけ、「買わない」という選択をすることができれば、全額が手元に残ります。毎日300円強の不要支出を削るということは月1万円ほどの貯蓄原資を手に

するということです。

必要な支出であっても割安にする方法があります。先ほどのコーヒーもせめてトールサイズをショートサイズにするだけでも節約になります。お菓子や酒なども、ゼロにはしないが量を減らす（飲み切らない500mlのビール缶はもう買わない、満足度の大してない2本目は絶対に飲まないなど）試行錯誤をしてみます。

なんとなく買っているものが落とし穴です。食料品などもそうで、食材を買ってそのうち何割かは傷ませて捨てているなら、買わないほうがマシです。フードロス減少にも役立ちます。「自炊でご飯をつくらなくちゃ」という使命感はもう捨ててしまっていいのです（当日その気になったら少々割高でも使い切れる量を買えばいいでしょう）。

本気でFIREを目指すなら、会計の列に並ぶときにはムダなものや捨てるものは何ひとつないといえるくらいにしたいものです。

より安いものを選ぶ

最安値チェックも重要です。ネットでまとめ買いするようなものは自動的に最安値を調べるクセがついていると思います。これはとても重要なことです。

しかし、日々の買い物、食品やドラッグストアで買う日用品で最安値を追いかけることはサボりがちです。ここにもまた罠があります。

いちばん簡単な方法は、スマホアプリの「メモ帳」の機能を使った価格メモです。「商品名：店名：価格」をちょこちょこ記録するだけで最安値データーベースになります。スマホのカメラ機能が便利なように思えますが、検索・一覧性が低くなるのでメモがおすすめです（本当は専用アプリを紹介したいのですが、正直これ！というものがないのが残念です）。

価格メモをつけ始めると、ドラッグストアやスーパーの「お買い得品！」の値札はトラップが多いことに気がつきます。実はライバル店の通常価格が下回っていたりするのです。また、日用品を3〜4品並べてみると最安値はお互いすみ分けがあったりします。つまり「他店と比べ、50円安いもの、値段が変わらないもの、50円高いもの」を3つ買ったらお得さはまったくないわけです。当然「100円安く買う」としなければいけません。

それぞれの品の最安値を提示する店で日用品や食品を調達するクセをつけていくことの積み上げが、FIREへの近道なのです。

ボーナスの買い物も注意

日常生活の中で注意すべきは毎日の買い物だけではありません。時々生じる支出についても注意をします。たとえば季節ごとに買う被服費、ボーナスが出たときの家電の買い換えなど、高額出費になりがちなので注意したいものです。

基本的には「使わない」ことが支出をゼロにしてくれるわけですが、そうはいってもすり切れた下着を着続けることでFIREを目指すというのは精神的にはあまりよくありません（20代なら徹底的な貧乏生活を楽しんでみるのもいいでしょうが、ほどほどに）。

どうしてもかかる被服費などは、「いつもあのお店で買っているから」というルールを変えることです。ユニクロ（GU）、無印良品、GAP、H&M、ZARAなどをうまく使えば、ローコストで冬のアウターやビジネスウェアも手に入ります。しまむらやワークマンなどもうまく使えばさらにお得になります（もっと追記すれば、型落ちのセール品ならさらに激安です）。

ファストファッションが「インナーはいいけど、アウターはイマイチ」だった時代はすでに終わっています。デザインも時代の変化を捉えており、時流を乗りこなすことが節約のカギです。

ボーナスは年2回、まとまった収入が得られ、貯蓄ペースを高める大きなチャンスです。3カ月分を2回くれる会社なら、ボーナスを全額貯めるということは、年収の33%の貯蓄をそれだけで実現するインパクトがあります。年収の50%あるいはそれ以上の貯蓄でFIREを目指したいならボーナスをより多く残すことがカギとなります。

今まで、ご褒美出費と称しては夏冬に散財し、翌日にはその満足感はゼロになっていた支出などは徹底的に削り倒したいものです。

1カ月でもいい、とにかく買わない月をつくる

日常生活費の節約は、毎日300円削ってようやく月1万円です。放漫財政だった最初は簡単に削れるかもしれませんが、本格的に削り始めると、覚悟が必要になってきます。月3万円以上削る余地をみつけ、本気でFIREを夢見てチャレンジをするのなら、1カ月くらいすべての買い物に目を光らせる「集中月間」をつくってみることをおすすめし

ます。

先ほどからいくつかのヒントは紹介していますので、すべての買い物について目を光らせ、会計前には必ず立ち止まります。それがスーパーでもコンビニでも、ネットの買い物でも、です。

私たちは判断すべきことがたくさんあり、また疲れているので、コンビニやスーパーでいちいち立ち止まって自分の買い物を検証することがありません。そのためムダ遣いがズルズル増えていくことになります。一度立ち止まることで、ムダ使いのルーチンから抜け出してみてください。

日常生活の節約はちょっとずつステップアップしていくことはあまりできません。最初の月が5%、2カ月目が10%のように徐々に上げていくのはうまくいかないものです。むしろ**最初の数カ月でどこまで追い込んで節約できたかがそのあとの何年もの生活に影響を及ぼします**。もしかすると10年にわたって生活の基盤を決定づけるかもしれません。

ぜひ、徹底的にすべての支出を見直すチャレンジをしてみてください。

毎日の生活費を削減する

家計簿などで支出の「見える化」を図る

食費、日用品など大項目で支出状況を確認する

買わなくてもいいもの

・惰性の習慣（無感動消費）
・ストレスからの即決買い
・2杯目のビール　など
不要な買い物を徹底的に洗い出す

より安く買えるもの

・ネットで最安値リサーチ
・メモ帳アプリで価格を記録
・他社ブランドの格安品など
より安く買えて満足度が落ちないものを探す

「週○円削る」のような目標を立てて節約を実行する

4

家計簿アプリの活用で家計を簡単に「見える化」

家計管理にはスマホアプリが役に立つ

さて、FIREを目指して家計を見直し、支出を削る際に役立つツールをひとつ紹介しておきましょう。それは**「家計簿アプリ」**です。

お金の流れを見える化するツールとして家計簿はとても役立つものです。しかし家計簿といえば記帳が面倒で作成そのものが負担となり、継続できないイメージがあります。

しかし今の時代に「紙」の家計簿をつけなければいけないというルールはどこにもありません。むしろIT技術を活用するべきです。今ならスマホで家計簿をつけるに限ります。

たとえば「計算」という手間がゼロになるだけでも家計簿アプリを入れる価値はあります。合計、小計、前月比較などいちいち手計算していたら時間がいくらあっても足りません。そんなことはアプリに自動計算させればいいわけです。

「グラフ化」などもアプリの便利なところです。紙の家計簿で手書きで円グラフを作図するようなことは、小中学生の宿題ならまだしもFIREを目指す人が時間をかけてやる必要はありません。アプリなら自動的に作図されます。

そしてもうひとつ、スマホ家計簿のメリットは「記帳の自動化」にあります。

自動記帳機能をフル活用すると記帳の負担は楽になる

ITと金融の融合ということでフィンテックという言葉がありますが、その具体例のひとつは家計簿アプリです。アカウントアグリゲーションという機能を実装しているスマホ家計簿アプリは、以下の口座から情報を自動入力することができます。

- 給与振込口座（銀行）
- クレジットカード
- ECサイト
- 電子マネー

あなたの水道代が銀行から引き落とされたとき、これを手入力すること自体が時間的なロスです。また記帳漏れがおきがちです。そんなことはアプリの自動連携でやらせます。

楽天市場やAmazonなどで買い物をしたときなども記帳漏れしやすいわけですが、これまた自動連携により記帳が実現します。クレジットカードからの引き落とし項目も、自動転記されればこれほど楽なことはありません。

家計簿といえばレシートを溜め込んで手入力するからこそ「面倒……」というイメージがあるわけですが、実はそれ、ほとんど何もせずとも家計簿が作成されていくのです。

レシートはスマホの1000万画素カメラでその場で撮影して捨ててしまう

家計簿といえばレシートを溜めておいて、週末まとめて記帳するようなイメージがあります。このうち銀行や電子マネー、クレカでの消費は自動記帳できることを説明しました。

しかし現金払いでレシートをもらう買い物もあります。これはスマホのカメラを起動させてレシートを撮影してしまえばOKです。なにせスマホには1000万画素超のカメラがついている時代ですから、精細な画像を取り込むことができます。

レシートの文字はOCR（文字の自動認識）に向いており、多くの場合、撮影したレシートの日付、店名や費目、金額まで自動記帳するところまで持っていってくれます。たまに補正が必要なこともありますが、最近の家計簿アプリの精度には驚くほどです。

その場で撮影すれば「その場でレシートを捨ててもいい」というメリットも生まれます。だいたいレシートを溜め込んだところでキャッシュバックがあるわけではないのですから、スーパーでのお会計後、すぐ撮影して手放すことをおすすめします。

また、レシートがない現金払い（自販機のドリンクなど）は「日付（普通は自動入力）↓金額（テンキー入力）↓費目選択（チェックボックス）」ですぐ記入します。記憶に残してあとでまとめて入力しようとするとムダな記憶を残す必要がありますし、思い出せないとストレスです。「その場でつけて、その場で忘れる」でいいのです。

自動記帳されたら、チェックに時間を使える

家計簿は本来、家計の分析のほうに時間を割くべきツールです。しかし今まで私たちは記帳のほうに多くの時間を費やしてきました。家計簿には「記帳することが偉い」とか「記帳の苦労にこそ意味がある」というような雰囲気がありますが、これは誤解の最たるものだと思います。おかしな話です。

スマホアプリのおかげで記帳に使う時間を減らし、本来使うべき「検証」や「改善」のほうにあなたの大切な時間を使うことができます。

ここまで説明した「固定費のチェック」や「日常生活費のチェック」も家計簿が完成していれば簡単です。固定費についてはクレカの明細や預金通帳のチェック作業をアプリの記入ずみ項目を洗い直すことで確認できます。

日常生活費についてはひとつひとつの支出を見るより「1カ月でどれくらいか」のイメージをみたほうがわかりやすいでしょう。

「食費が月○万円もかかっていた！」とか「趣味や娯楽に○万円も課金している！」というようなことを見える化できるのが家計簿アプリの力です。まずは大項目でそうした問題意識を見つけ、改善の目標を立ててみます。「来月の食費は週1000円減らす」とか「タクシー代は今後ゼロ」のように具体的にすることがコツです。

また、**家計簿は「未来を改善すること」に価値があるのであって、過去の自分を責める必要はありません**。過去の自分を振り返り反省したとしても、そのあとは未来に目を向けていくようにしましょう。

マネーフォワードME、Zaim、マネーツリーなどがこうしたアカウントアグリゲーション機能のあるアプリの代表的なものです。基本利用は無料なので、3つまとめてダウンロードしてトライアルしてみるといいでしょう。

家計簿アプリの活用で
家計を簡単に「見える化」

今までの家計簿の常識	これからの家計簿のルール
反省したくない	反省しない
まとめて入力が面倒	その場でつける
費目	10項目もあればOK
端数合わせが面倒	10円単位でもいい
入力が面倒	自動入力、カメラで認識

自動記帳の機能（アカウントアグリゲーション）があるおすすめ家計簿アプリ

Zaim　マネーフォワード ME　Money Tree

5 家計の50%以上の節約は可能か？ ミニマルライフへの挑戦

貯蓄額を飛躍的に増やしたいならミニマルライフしかない

さて、固定費と日常生活費を徹底的に削ったとしても、「その先」にいくかどうかが問われてきます。若いうちに年収600万円までたどりつけたとしても、**貯蓄ペースが年60万円か、年150万円か、年300万円かで、資産形成のペースはまったく違ってくる**からです。

資産形成においては、運用益をいくら稼ぐかという点にばかり目がいきますが、実際には毎月の入金額の増が資産形成のもっとも強力なエンジンです。

一方で、25%を超えての貯蓄はなかなか大変です。ファイナンシャルプランナーとしてアドバイスをするとき、普通の人向けに語るなら25%は十分な達成目標とします。

しかしながら本気でFIREを目指し、1年でも早いリタイアを考えるなら、それ以上の貯蓄ペースを実現する必要があります。海外のFIRE指南本にしばしば見られるような「70%以上」のような高貯蓄率の実現です。

もしかしたら、そうした人の参考になるのは「ミニマリスト」の生活かもしれません。ミニマリストとは、最小限度の暮らしを志向する人たちです。できるだけモノを持たない生活を目指します。それはひいては、ムダ遣いを避け、貯蓄力を増大する生活行動でもあります。

衣食住、それぞれ徹底的に削り続ける

衣食住、という言葉がありますが、あらゆる生活コストを削り続ける努力が貯蓄率25%を超えてくると問われ始めます。

「衣」……たとえばミニマリストは服をたくさん所有しません。厳選された服をローテーションします。高い服を買って、クローゼットの肥やしにするのは大いなるムダですから、こうしたライフスタイルは参考になります。ユニクロ（GUなども上手に使う）、無印良品、

H&Mなどを上手に使えば、ローコストで洒落た服を揃えることは可能です。もちろんシーズンに入ってからの値下げも活かしていくといいでしょう。

「住」……部屋選びもミニマリストは最小限度を追求します。家具やモノに埋まった生活からさよならできれば、広い部屋が豊かさの象徴、という世界から抜け出すことができます。「広く」「新しく」にこだわらなくてもいい、という発想で部屋探しをしてみると今までとは違う世界が開けてきます。家賃は家計の大きな負担のひとつですし、下げられると永続的に予算が浮きます。月収の20%を下回る部屋が見つかれば理想的です。

「食」……食生活についてはやりすぎると栄養失調になってしまいますが、どこまで削れるかのチャレンジを一度してみる価値はあります。本当に必要な支出が見えてくるからです。たとえば、間食をしないいちばんよい方法は「そもそもお菓子を買って家に置かないこと」です。まずはお菓子のない生活から始めてみましょう。なくても困らないことに気がつけば出費減の始まりです。

ただし、朝昼夜の食事については支出のメリハリをつけて、たまにはおいしいものを食べたり、おなかいっぱい食べる日をつくったほうが精神的にはいいように思います。さすがにカロリーメイト1本で毎食すますようなやり方はやめておきましょう。

家具や家電品はどこまでなくてもやっていけるか

ミニマリストの志向するシンプルライフの究極は、家具や家電品を買わない生活です。部屋の床がすべて見える、カーテンなし、冷蔵庫や電子レンジなし、と極める人ほどモノを持たない生活になっていきます。

すでにモノを持っている人はとりあえずは「新しく買わない」からスタートし徐々に断捨離すればいいでしょうが、どこまでモノを持たなくてもいいかは検証してみるといいでしょう。

そして、ムダな家電を手放すことは、電気代節約にもつながります。たとえば、家庭の平均的な電力消費量では、「冷蔵庫」「照明」「テレビ」が合わせて30%以上になっています。

ムダな照明を抑えて夜は間接照明を少しだけつけて暮らし、テレビは持たない生活をするだけで、実は電気代を10%削ることができます。副産物として落ち着きのある生活も手に入ります。

冷蔵庫もそうで、買わなくてもいい食材を溜め込んでは深夜にカロリーを取り、野菜を結局傷ませて捨てているくらいなら、15%くらいの電気代を捨てて、そのつど必要な分だけを買って食べるのも選択肢です（とはいえ冷蔵庫なしは、ミニマリストとしてもかなりハードルの高いチャレンジとされます）。

ゲームを時々するとしても、タブレットやスマホゲームに抑えて、据え置き機は買わない、という手もあります。ゲーム機本体だけでなくテレビの電気代を使うからです。

もちろん、家具や家電を捨てるときはメルカリなどを上手に使いながら換金してみるといいでしょう。少なくとも粗大ゴミ券にお金を出すくらいならジモティーなどのアプリで地元の人に無償譲渡するこだわりは持ちたいところです。

ただし年収増とのバランスが必要

ただし、貯蓄率が25%を超えるためには、年収もそれに見合うくらい上昇させることが前提となります。どうしても日常生活にかかる費用というものはあり、年収が高くても低くても一定のコストとして避けることはできません。食費を上げないことはできても食費をゼロにすることはできないわけです。

統計的には単身世帯で月4・4万円、2人以上の世帯で月8・0万円の食費がかかって

どこに削る余地があるか真剣に考えてみる

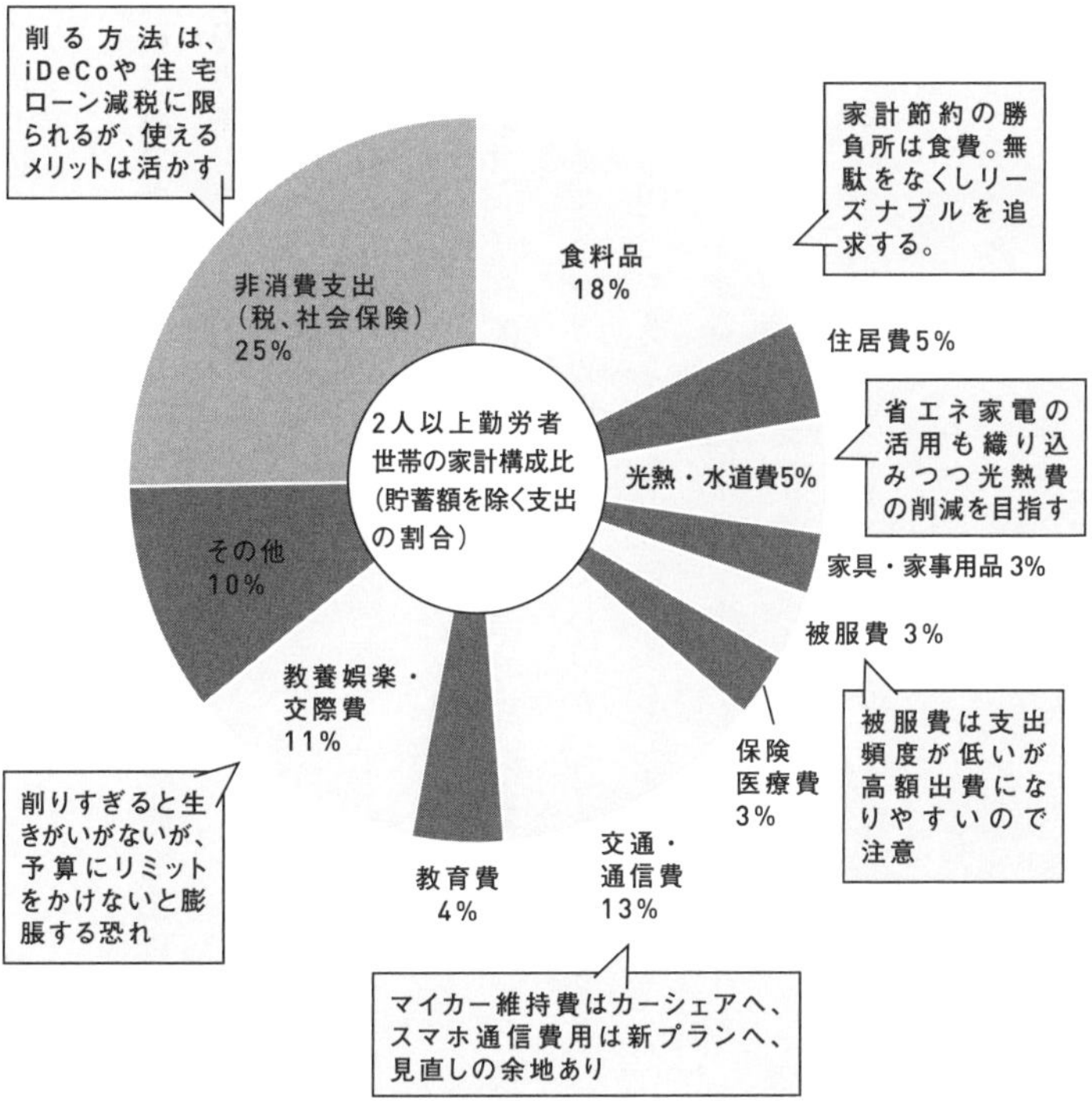
2人以上勤労者世帯の家計構成比（貯蓄額を除く支出の割合）
非消費支出（税、社会保険）25%
食料品 18%
住居費5%
光熱・水道費5%
家具・家事用品 3%
被服費 3%
保険医療費 3%
交通・通信費 13%
教育費 4%
教養娯楽・交際費 11%
その他 10%
削る方法は、iDeCoや住宅ローン減税に限られるが、使えるメリットは活かす
家計節約の勝負所は食費。無駄をなくしリーズナブルを追求する。
省エネ家電の活用も織り込みつつ光熱費の削減を目指す
被服費は支出頻度が低いが高額出費になりやすいので注意
削りすぎると生きがいがないが、予算にリミットをかけないと膨張する恐れ
マイカー維持費はカーシェアへ、スマホ通信費用は新プランへ、見直しの余地あり

いますが、これを大きく割り込むことは難しいでしょう。

そうなると、**基礎的な生活コストはなるべくアップせずに、年収を上げて差分を貯蓄に回すことが貯蓄率向上のカギ**となります。

たとえば年収1000万円まで達し、シンプルライフを継続できれば、貯蓄率50％超えは可能でしょう。しかし、年収400万円で貯蓄率50％にするとかなり苦しい生活になります。

そして貯蓄「額」でみても、年収400万円の半分である年200万円を貯めるより、年収1000万円の半分である年500万円を貯めるほうがハイペースであり、生活にも余裕が生まれます。年500万円でやりくりしてもいいからです。

注意したいのは、キャリアアップすると生活水準を上げてしまうことですが、FIREを目指す人なら生活水準をキープすることができるでしょう。

節約の努力はしつつも、年収を上げつつ貯蓄率を上げていくのもひとつの方法です。

6 確実に貯蓄をするための口座管理方法

口座管理を考える。貯める口座と使う口座

さて、節約を追求し、貯蓄額を捻出する力がついてきたとき、考えるべきは「口座の管理」でしょう。次章の投資方法にもつながってきますが、口座を上手に管理することが、資産を守り増やす方法のひとつでもあります。

たったひとつの給与振込口座があって、そこに給料が入金され、カードの引き落としなどが行われ、次の給料振り込み日がくるたびに残高がどんどん増えていくというのは、なかなか難しいことです。

気にせずともお金が増える人はまれで、普通の人であれば、管理がごちゃごちゃになっていきます。基本的な考えとしては、**メインバンクの普通預金残高だけでお金を管理するのではなく、他の口座を活用するべき**です。

「メインバンクの普通預金残高」は日常生活費の管理を中心とし、FIREを目指す資産については「メインバンクの定期預金」「セカンドバンクの預金残高」「証券口座」などに入金していきます。

できればこれらの資産形成口座は「入れたら下ろさない」をルール化できるといいでしょう。たとえば証券口座で投資信託などを買うと、売ることはできても現金化に数日かかるため、それだけで出金を妨げる心理的ハードルになることがあります。

自動的に引き落とすことが大事
積立定期預金でまず貯める

節約生活をスタートした数カ月は、とりあえずやみくもに削っては暮らし、給料振り込み日の前日に「これくらい貯められたか！」と達成感を感じたり、反省をして試行錯誤をしていきます。

しかし、節約のチャレンジがある程度実ってきて、「毎月X万円くらいは確実に貯められそうだ」という感覚が得られたら、「給料振り込み日前日の残高を貯蓄する」というスタイルから卒業したいものです。

「振込日前日貯金」のスタイルは、精神的にはあまり穏やかなものではありません。プレッシャーが常につきまとう一方で、残高は口座にあるのに使えないというストレスを抱えるからです。

貯められる金額が見えてきたら「給料振り込み日の『翌日』に引き落とす」アプローチに切り替えていきます。 これはいくつかの金融商品が対応しています。もっとも手軽なのはメインバンクで積立定期預金を設定することです。多くの場合ATMないしスマホアプリやWEBから手続きが行えます。

銀行の総合通帳であれば「普通預金」のページの残高が「定期預金」のページに移るだけなのですが、それでも効果は絶大です。

「振込日翌日貯金」と「前日貯金」が仮に同額であっても、先に貯金をして「今ある金額でとにかく1カ月やりくりする」と考えるほうが気が楽です。また管理もシンプルでわかりやすくなります。

貯蓄ノルマを先に確定させる、という意味でもFIREチャレンジャーは「翌日貯金」にしておきましょう。

投資をするなら積立投資信託の活用から

次に意識するのは投資資金を移動し、投資する流れをつくることです。株式や投資信託を保有する場合、証券会社に証券口座を開設する必要があります。これは銀行の窓口で投資信託を買う場合も同様で、グループの証券会社の口座をつくります。

ネット証券など、証券会社の多くは資金入金用の銀行口座を指定してくるので、そこへ入金をすれば証券口座に現金がシフトすることになります。ネット証券などは3つのメガバンクにそれぞれ入金口座を指定してくれることがあり、振込手数料がかからないですむ口座を選ぶことができます。

このとき、**「振込手数料がかからないようにしておく」**ことは重要です。振込のたび220円の手数料を払っていたら、節約の努力もそこで逃げてしまうことになります。自分のメインバンクに振込手数料の優遇条件があるか確認をして、獲得できるなら無料としておきましょう。

なお、「こちらから入金」だと手数料が自己負担になりますが、実は投資口座に無料で入金できる仕組みもあります。

ひとつは「クレジットカード」を経由したやり方です。たとえば楽天証券に楽天カードから資金移動（積立投資などが対象）すると振込手数料がかからず、それどころかポイントが貯まります。

もうひとつは「積立投資」をすることです。投資信託の積立、iDeCoやつみたてNISAといった積立投資の口座引き落としについては、引き落とし手数料を取らずに、しかも自動的に出金してくれるのが一般的です。

これらの制度は極力活用したいところです。特に「自動化」して積み立てられるのもメリットです。

無料にしたいからと、手作業で資金移動（ATMで下ろし、別銀行のATMで入金するなど）をノルマにすると、たいていサボりたくなりますしストレスでもあります。基本的に自動化を目指しましょう。

他の銀行口座に移すのはちょっとした工夫が必要

サブバンクを設定する場合には、金利の高い銀行を選びたいところですが、昨今の金利情勢では大きな差がほとんどないため、振込手数料の有無が最大の懸案となります。

証券口座には無料でお金を自動的にシフトする方法がありましたが、A銀行からB銀行へ資金移動をする流れも自動的にかつ無料でやる方法を考えてみたいところです。

いくつかの銀行は無料で他行から資金を引き落として入金するサービスを提供しています。調べてみると、イオン銀行、住信SBIネット銀行、auじぶん銀行、PayPay銀行、ソニー銀行、セブン銀行などの新興の銀行勢力が提供しているイメージです。ただし資金移動に4〜5営業日かかるのがネックです。

これらを使った、サブバンクの活用法として考えられるのは「日常生活費（食費や日用品のコスト）」だけを月に一度メインバンクから移し、コンビニATMなどを利用して無料でおろしてやりくりする、という方法です。ネットバンクなどはコンビニATMを無料で活用できるため（各行のサービスにより異なります）、これを使えばキャッシュレス決済をメインにしつつ、必要な現金はコンビニですぐ下ろせばいいということになります。

いずれにせよ、**「貯まる流れ」をつくることが銀行口座管理ではもっとも重要です。**自分なりの資産管理方法を考えてみてください。

お金の流れをなるべく自動化する

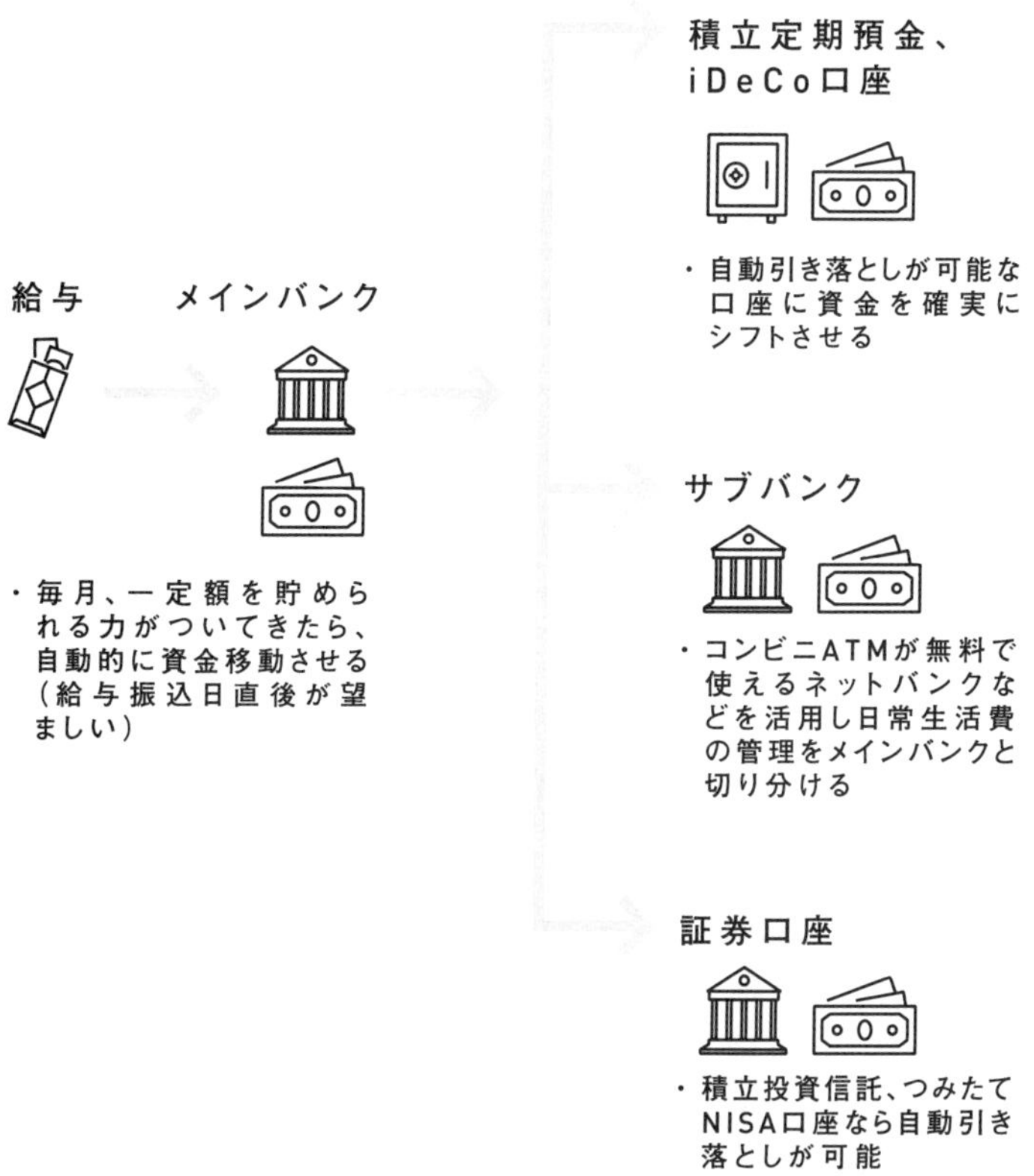
給与
メインバンク
・毎月、一定額を貯められる力がついてきたら、自動的に資金移動させる（給与振込日直後が望ましい）
積立定期預金、iDeCo口座
・自動引き落としが可能な口座に資金を確実にシフトさせる
サブバンク
・コンビニATMが無料で使えるネットバンクなどを活用し日常生活費の管理をメインバンクと切り分ける
証券口座
・積立投資信託、つみたてNISA口座なら自動引き落としが可能

7 節約スキルは一生の財産。FIRE成功後も節約は続く

FIRE成功！ でも節約は続く

あなたがもし、節約をがんばって何十年かが経過し、見事FIREに成功したとします。45歳あるいは50歳でリタイア生活に入り、やれ節約生活は終わりだ、と思ったらこれは大間違いです。

「ここまでがんばってきたのだから、もう節約はせずに暮らしたい」と思うかもしれませんが、**節約はFIREを成功させてアーリーリタイア生活に入ってからも続きます。**

FIREをしたあとにもっとも危険なことは気の緩みで出費を増やしてしまうことです。これは標準的なリタイアをした方にも当てはまることなのですが、仕事を引退して自由時間が増えてくると、自分や家族にご褒美を、と支出増を正当化しがちなのです。

退職金も入金された預金通帳の残高は1000万円単位で記入されていますから、数万円下ろしても問題ないように思ってしまいます。

ある人は60歳でもらった退職金を調子よく使っていたら、1年間で半分使い込んでしまいました。本人も想定しなかったハイペースで、その後の20年以上にも及ぶセカンドライフのやりくりは下方修正を余儀なくされました。

FIREを成功してからも、節約は考え続けなければならないテーマなのです。

資産運用はしなくてもいいが、家計管理は必要

FIREを実現させるためのステップとして「仕事で稼ぐ」「節約で残す」「投資で増やす」という3つのサイクルを回していくわけですが、仕事で稼ぐ人生をストップさせるのがFIREです。

つまりFIREすれば仕事はしなくてもよくなります（当たり前ですね）。そして定期的な収入はなくなります。

資産運用についてもストップすることは可能です。資産の増加ペースは落ちますし、取り崩しを前提とした資金繰り計画を立てる必要はあるものの、もしそれが可能であれば無

理をしてリスクを取った運用をしなくてもかまいません。

特に標準的な老後に至った場合と、プチFIRE（5年程度の早期リタイア）であれば、中長期投資を志向する年代ではなくなってくるので、むしろ高いリスクを取ることから卒業するべき年代となってきます。

しかし、リタイア後も絶対にやめることができないものとして節約が残ることになります。

多くの場合、FIREは一定の生活コストに抑えることを前提としています。月20万〜25万円程度で生きていくことを予定した場合、その範囲で節約しつつ一生を過ごす（ただし仕事はしなくてもいい）ということです。

FIRE実現のために家計簿アプリを活用すべしと紹介しましたが、実はFIRE実現のあとも、家計簿アプリの起動だけは続けて、家計管理をしていく必要があります。

ここまで取り組んだ節約スキルは一生役立つ

とはいえ、あまり暗い気持ちになる必要はありません。FIREを成功させるまでのあいだ身につけてきた節約スキルはあなたの一生の財産となって、あなたのその後を支えてくれる力となるからです。

FIREを実現させるためには、相当な苦労をして節約に挑むはずです。その際には乾いた雑巾を絞るようにムダな支出を削ってはさらに削るプロセスを繰り返します。

必要な支出を選択する力、満足度は高いが値段は安い支出を選び取る力（つまりコスパのよい支出をする力）を数十年にわたって養ってきたことは、FIRE生活が始まってからも役に立つでしょう。そして標準的な引退年齢に達して同僚や同級生と足並みを揃えてリタイアしたときの年金生活においても、大きなアドバンテージとなるはずです。

私が50歳代向けのライフプランセミナーなどの機会をいただくと、必ず言うことに**「今日から、一生節約意識を持つ」**という話題があります。実際に年金生活に入ってから節約を本気で行うのはあまりにもスタートの遅すぎる取り組みであるからです。

FIREから公的年金収入を得る生活に入って、「公的年金収入＝日常生活費」の感覚に収まるよう支出を抑えることができれば、老後破産はあり得ません。運用をしなくても、終身にわたって安定的な収入が約束されているのですから。おそらくFIREを実現した人にとっては難しいことではないでしょう。

必要なのは「無理のない生活」で節約とつきあうこと

とはいえ、FIRE実行後にその生活水準がわびしくてつらいと感じられ、それが何十年も続くというのは、FIREの成功とはいえません。せっかく手に入った自由な時間を有効活用するための予算がないというのでは本末転倒です。

極限までの節約も厭わず貯蓄の最大化にチャレンジしている期間よりもちょっと支出を緩めることをFIREを達成したら考えるのは当然のことです。

むしろ自由時間が大きく増えるので、支出が増えることは避けられないと思います。実際、統計などを見ると、現役時代の趣味や娯楽費用より、年金生活時の同じ費用のほうが金額は増えています。それこそがFIREの楽しみでもあります。

自分がどの程度の生活水準をもって、FIREに踏み切るかはしっかり判断するようにしてください。そして、続けられる範囲の節約生活をしながら、FIREの生活を楽しんでほしいと思います。

FIRE成功後も節約は続く

時期	内容
FIREを目指す時期	・節約すればするほど資産形成が実現する ・貯蓄力の高いほど、FIREの実現性が高まる ・節約の経験、ノウハウを蓄えることは、FIRE実行後にも活きる財産となる
FIRE達成時期	・蓄えてきた資産が尽きないよう家計を管理し倹約を続ける必要がある ・ご褒美の臨時支出や大型出費には特に注意 ・FIRE実現の際に決めた生活水準によって節約の度合いは変動する
年金生活時期	・年金収入＝日常生活費となるよう家計を節約する必要 ・年金と日常生活費用の収支がイコールになれば年金破産は絶対にない ・計画的な取り崩しもしつつ、趣味や娯楽費は捻出してよい

これから、一生涯、節約とは向き合っていくことになる

第4章

貯めたお金をできるだけたくさん増やす

1 年何％稼ぐとＦＩＲＥにより早くたどりつけるか考える

運用利回りが高いほど、増えるペースは上がる

仕事にしっかり励んで年収を増やし、日々の生活を見直して節約に励んだＦＩＲＥ志望者の口座には毎月定期的な残高の積み上がりが始まります。

この大事なお金をどう増やしていくかが本章のテーマです。

ＦＩＲＥを目指して本気になるとき、運用計画として設定する年利回り（投資金額に対する年間収益の割合）を何％とするかで、ゴールの達成はまったく違ってきます。まずは利回りとゴールへの影響を考えてみましょう。

たとえば、毎月3万円、22歳から50歳まで積み立ててＦＩＲＥを目指すというシンプルな計画を立ててみます。

毎月3万円積立モデル

積立元本累計	1008万円（3万円×12ヶ月×28年）
年0・01％	1009万円
年2・0％	1350万円
年4・0％	1853万円
年6・0％	2606万円
年8・0％	3746万円

運用成績によってゴールの金額がまったく異なってきます。

一方で、**その高い利回りが実現可能か**、ということにも考慮が必要です。年8・0％は当然魅力的な数字ですが、無理をして資産をすべてなくすようでは困ります。

原則として、高い利回りを目指すためには高いリスク、つまり価格変動の大きさを背負う必要があります。大きく値上がりする狙いは、大きく値下がりする可能性とセットです。

また高いリターンを狙おうとするとメンテナンスの負担も高まります。リスクを極大化すると短期的に回復不能な値下がりを食らう可能性も背負うことになるため、マーケットから目が離せなくなります。

高いリターンがほしいとしても、リスクとのバランスは考慮する必要があります。

積立額の増加がいちばん効果的

先ほどの簡単なモデルは、そもそもの積立額が小さいという問題があります。ここまで書かれたことを参考に節約に励んだ人は月3万円のレベルではなく、年100万円以上の節約を実現し、積立を目指していくはずです。そこで月8万円に増額をすると最終受取額はこうなります。

月8万円積立モデル

積立元本累計	2688万円（8万円×12ヶ月×28年）
年0・01％	2692万円
年2・0％	3599万円
年4・0％	4942万円

年6・0%　　6949万円
年8・0%　　9989万円

月3万円モデルのときは「これは年10%以上ねらうしかないのでは」と思った人も、ちょっと考えが変わってくるはずです。

積立額と最終受取額の関係は比例するので、月12万円（月8万円から1・5倍に増額）を積み立てた場合、受取額は1・5倍になります。

これを見ると、年150万～200万円の上積みをできる人は、それほど無理した利回りをノルマに掲げなくても50歳FIREに近づくことがわかります。

資産形成において重要なのは**「運用利回りと毎月の積立額」のバランスから目標を導き出していくこと**です。そして、毎月の積立額を大きくする効果は絶大です。

ついつい運用成績を高くすることばかり考えますが、本書が繰り返し述べているとおり、キャリアの育成とそれに伴う年収増、そこから徹底的な節約によって獲得する高い貯蓄率の実現の2つが実現すれば、過剰なリスクを取らなくとも資産運用を続けてFIREを目指すことができます。

運用利回りを3つのモデルで考えてみる

運用には不確実性が伴います。一方で2つの確実なこともあります。

まず、**長期的には経済は成長し右肩上がりになる**ことです。そう考えることができれば短期的な値下がり時はむしろ安く新規購入するチャンスに転じますし、あわてて損失確定をする必要はありません。一方で短期的なリターンを得るための投資方法を選んでいる人は長期的な経済成長を当てにした戦術は取れなくなります。

もう一つは、**最終的なリスクを決定するのは自分自身である**ということです。FXの失敗が全損リスクを抱えていたとしても、あなたの財産の何割をFXに投じるかはあなた自身が決めることができます。投入額を全財産の2割と律することができれば、最大損失額も2割以上にはなりません。しかし、私たちは儲けの可能性だけを見るため、資産のすべてを注ぎ込み、しばしば大失敗を犯します（そもそもFXは推奨しませんが）。

自分の行う投資の損失可能性を理解し、自分の取るリスクを決めることが何より大切なわけです。

本章では、大きく次の3つのモデルで投資方法を検討します。

① 銀行預金のみの年0・01%モデル

② 国内外に分散投資を行い、投資信託により長期的に年4・0%程度を目指すモデル

③ 年8%以上を目指す、個別株式などを活用した集中投資のモデル

私はリスクとリターンのバランス、またメンテナンスの負担に無理がないのは②のモデルではないかと考えていますが、最終的な判断はあなた自身がしてください。

「期待リターン優先」は足をすくわれやすいので注意

運用計画においては、「○歳のゴールに間に合うようにしたい」とか「○万円をそのとき確保したい」というようにゴール設定をすることが必要です。そのとき、

初期元本

定期積立額

積立投資期間
運用利回り

が設定できればゴールを試算することができます。ExcelだとFV関数がこれにあたります。

ただし気をつけたいのは、ゴール優先でシミュレーションをすることです。しばしば危ない橋を渡ることがあります。

FIREを検討する場合、「ゴールの時期」「ゴールの目標額」が固定されていて、かつ「初期元本」も固定（ゼロなど）されているため、「毎月の追加入金額」と「運用利回り」を高めることでしかゴールが実現できないことになります。

このとき、ゴール実現のために高い運用利回りを設定してしまうと、無理のある過剰なリスクを取ることになります。また、あやしい金融商品のセールストークに耳を貸す恐れもあります。

運用の計画は積立額の設定、投資のリスクコントロール、そしてゴールをバランスよく設定することが重要なのです。

22歳から50歳まで
28年間の積立を……

積立額の増加は大きな力（確実性高い）

運用利回りの向上は大きな力（だが不確実性も）

	毎月3万円	毎月8万円
年 8.0%	3746万円	9989万円
年 6.0%	2606万円	6949万円
年 4.0%	1853万円	4942万円
年 2.0%	1350万円	3599万円
年 0.01%	1009万円	2692万円
積立元本	1008万円	2688万円

2 安全・確実を取ると基本的には資産は増えない

定期預金なら元本割れはないが……

FIREを目指す人は、おそらく「節約して貯めたお金は全額銀行で預金」ということはないでしょう。今はまったくお金が増えない時代にいるからです。

マイナス金利政策の影響を受けて超超低金利の時代に突入しました。通常なら定期預金の満期が長いほど、あるいは預入金額がまとまった高額であるほど高金利をつけるのが常識でしたが、預入金額、満期にかかわらず0・001％の金利が並ぶ、驚くべき時代となりました。10万円の1カ月定期でも、300万円以上の10年定期でも金利が同じというのは明らかに異常です。

幸いにして私たちは銀行からマイナス金利を突きつけられるところまできてはいません

が、ATM手数料であったり、通帳の更新手数料（紙の通帳の場合）などを銀行が設定するようになっており、銀行は完全に無料であった時代も変化が訪れています。

年0・001％では本当に利息がつきません。元本1000万円を持っていても1年間の利息は100円で、税を引かれると80円まで減少します。

しかし、銀行預金にもメリットがあります。それは「元本割れしないこと」です。

投資の不確実性を預金の安全性が補う

投資には不確実性が必ず伴います。平均的には銀行預金を上回るリターン獲得のチャンスがあるものの、大きく元本を損なうこともあります。**銀行預金は「元本割れしないこと」をどう活かすかがカギ**となります。

国の年金運用や企業年金運用が常に悩むのはリスク管理です。利回りの向上とリスクの抑制のバランスをどう取るかに苦心しています。実は安全性の高い資産を一部保有することで、資産全体のリスクが大きく下がります。しかし、国が「定期預金50兆円」のようにメガバンクに預けるわけにはいきません。企業年金向けの定期預金のような商品として生命保険会社が提供していた一般勘定という商品がありますが、金融機関側は利回りの保証が苦しく、新規引き受けを閉じたり、変動利付きプランに変更が始まっています。巨額の資金を持っている機関投資家にとって、銀行預金のような「元本と利回りが確実に手に入る」資産クラスは喉から手が出るほどほしい商品なのです。

だとすれば、私たちの個人資産形成において、この銀行預金を活用しない手はありません。たとえば「資産の半分を定期預金にしつつ、残り半分で世界株のインデックス運用を行う」と決定することは、自分の資産全体のリスクをコントロールする重要なプロセスであり、資産運用における重要な意思決定なのです。

FIRE後も、定期預金を持っておくことはリスク管理としてあり

銀行預金は、資産全体のリスクをコントロールできるところに意義があります。また、直近の資金ニーズを現金で確保しておくニーズもかなえてくれます。

リーマンショックのような市場の急落があったとき、資産価値の下落が生じて直近のライフイベントなどに支障が生じることは好ましくありません。たとえば、子どもの進学関連費用を投資に突っ込み続けて、初年度学費が支払えないというのはマズいわけで、こう

した資金はタイミングを見て現金化しておくべきです。当座の生活資金なども同様です。FIRE後の生活も、資産のすべてを投資に回して市場の急落にさらしておくことはおすすめできません。そうなると、定期預金の活用は、FIRE後にも必要といえます。あるいは銀行預金に準じた金融商品として「個人向け国債」を持っておくのもいいでしょう。実質的には銀行の定期預金とほぼ同様に扱え、金利はそれより高く設定されているからです。ただし中途解約にはペナルティが生じますので注意してください。

FIREのチャレンジにおいてはしばしば、定期預金がバカにされ、資産のすべてを投資に回すことが当然という風潮があるようですが、必ずしもそうではないのです。むしろ「戦略的に定期預金を保有する」のが賢いFIREチャレンジといえるでしょう。

定期預金が高金利であった大昔、世の中は同程度インフレだっただけ

ところで、昔の郵便局のチラシなどを紹介して「こんなに高金利なんて景気がよかったのだなあ」「昔は労せずして豊かになれたのだなあ」と、今をネガティブに評価する記事や投稿を見かけます。

実際、郵便局の定額貯金は1970年代から1990年までのあいだ、年6〜7・5%くらいの利回りが提示されていたそうです。

しかし、これはインフレを抜きに語っても仕方がありません。物価が上がったのと同じくらい金利がつくなら、それは実質的には増えているわけではないからです。

調べてみると1970年のインフレ率は前年比プラス7・7%、1980年はプラス8・0%、1990年はプラス3・0%でした。物価が7%上がって金利が7%ついてもそれはトントンであって、うまみはありません。高金利も当然のことです。

この感覚はFIREを目指す人も持っておきたいところです。**あなたの運用がどれほど高利回りになっても、物価が上昇しているなら実質的な資産の伸びはその差分でしかない**のです。

ここ数十年は、インフレをほとんど考慮する必要がなかったので、投資で10%稼げばそれは資産価値の10%拡大とほぼ同義でした。しかし、FIREを目指す投資においては「インフレ超過リターン」を考えることが必要です。

これは準備段階でもそうですし、FIREを実行に移したときも強く意識する必要があります。FIRE生活に入ったとき「今は年5%金利の定期預金が当たり前の時代になっ

リスクとリターンの基本的な考え方

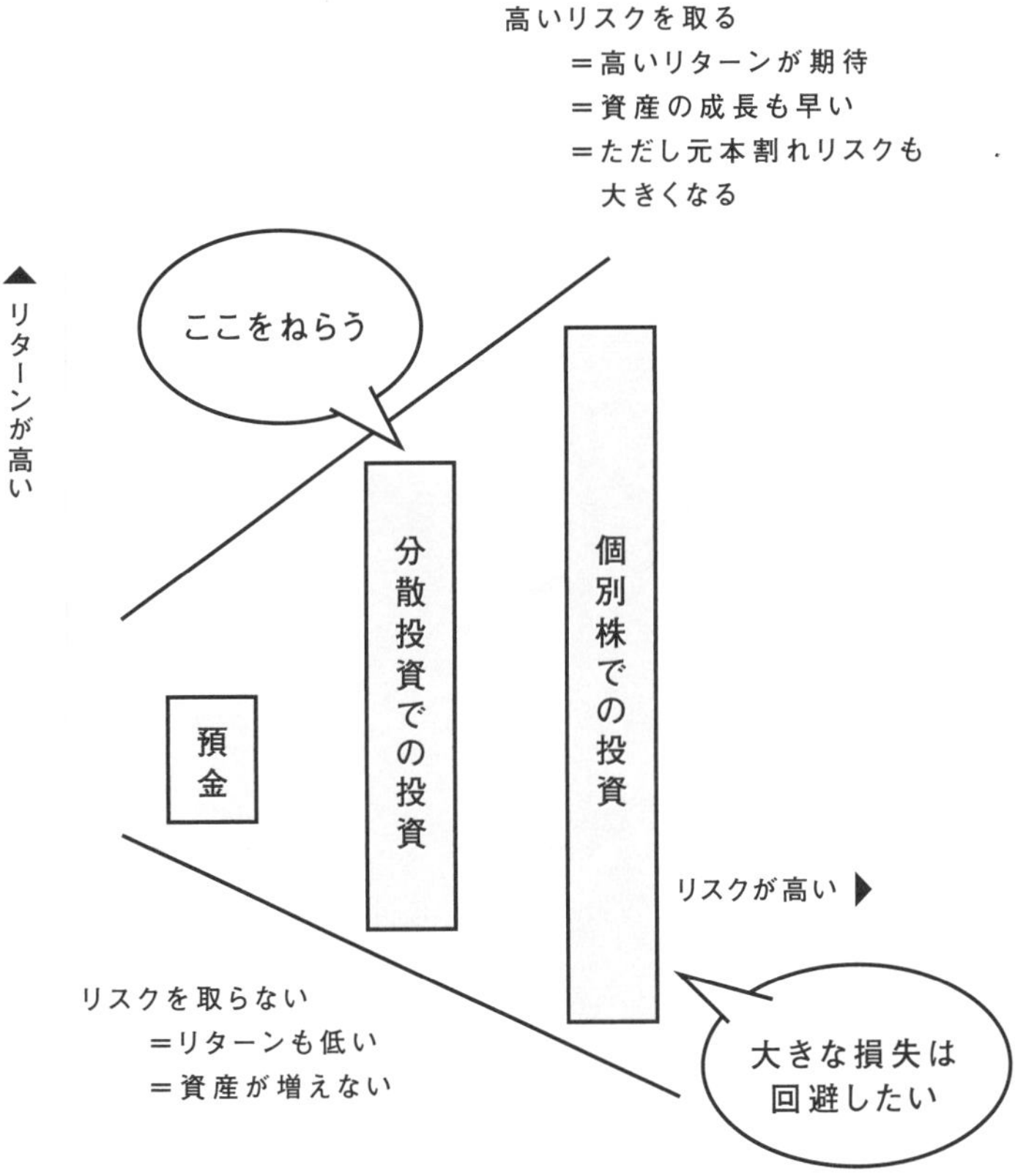

たので、運用しなくても4％以上稼げるや」と思っていると、物価が年4～5％上昇していて、モノの値段が上昇、あなたの資産で経済的安定が確保できなくなる恐れがあるのです。

3

「安全・確実・高利回り」のセットには絶対手を出すな

「安全・確実・高利回り」は成り立たない

これからあなたがFIREを実現しようといろんな金融商品をリサーチしていくにあたって、絶対に覚えておいてほしいことがひとつあります。それは**「安全・確実・高利回り」と3セットでPRしてくる金融商品は基本、詐欺**ということです。

銀行の預金金利を上回る高利回りを獲得しようとすることは、基本的にリスクを取ることの見合いです。リスクを取らない（安全・確実）ことと高利回りは同居することができません。

仮に安全・確実で高利回りの商品が存在したとしても、大人気になることは間違いないので、その商品のプライスは変更されます。結果として低金利に収れんされます。

なぜ、新興国の債券は利回りが高く、日本国債とのあいだで金利差があるのでしょう。

なぜ、ベンチャー企業の社債は利回りが高く、トヨタ自動車等の巨大企業の社債の利回りと差がつくのでしょうか。それは信用が低いほどリスクに見合う金利を提示しなければ募集が成立しないからです。

詐欺的金融商品の多くは、新しい獲得資金を投資に回さず、過去の契約者の配当に回すタコ足操業を行い高金利が実現するかのように見せかけます。これをポンジ・スキームといいますが、当然これは破たんします。

「安全・確実・高利回り」、魅力的ですが、世の中、そんなうまい話はありません。

見た目がしっかりしているかどうかは関係がない

毎年、何件か「安全・確実・高利回り」で数十億から数百億円集めては逮捕される案件が報じられます。こうした詐欺にだまされた場合、基本的に全額が戻ってこないでしょう。

ＦＩＲＥを目指す人は、絶対にこの種の詐欺にだまされてはいけません。

ところがこうした詐欺的金融商品の多くは「外見上」はなかなか詐欺の尻尾を出しません。ホームページが洒落ていて、パンフレットもしっかりしていて、説明を行う営業マンも真剣に話す好青年だったりします。

そうした「見かけのよさ」に信頼をしてしまい、だまされてしまうわけです。はっきりいって、見た目がいいかどうか、は中身とは無関係なので注意が必要です。

そもそも、相手は実態もない話をもって金を集めようと「全力でウソをつく」わけです。**全力のウソを見破ろうとするのはなかなか難しい**ことです。

東南アジアのエビ養殖場の詐欺話、なんていうとだまされるほうが悪いと誰もが一笑に付します。しかし、ビンテージワインをワインカーブに保管しておくことで、プレミアム価値の上昇が期待でき高いリターンが得られるというワインファンド（ヴァンネット）の破たん例はどうでしょうか。

ワインという実物があり、安全・確実・高利回りというイメージを体現するような仕組みで、視察旅行などもやっていたようですが、ワインカーブの実態すらなく破たんしました。集めたお金は77億円にも達するといわれます。

いかに「本気で仕掛けたウソ」を見分けるのが難しいかがわかります。

投資を詐欺やギャンブルと混同しない

こうした金融詐欺のトラブルが絶えない根底には、「投資はズルいことをして儲ける」

というイメージがあるように思います。

何か悪いことやズルいことに手を染めない限り、お金を増やしていくことなんかできるわけがない、というのは一面の真実かもしれませんが、すべてではありません。

株式投資において企業が成長することは、社会の発展に役立ち豊かな未来をつくることです。AppleのiPhoneしかり、ユニクロのフリースしかり、トヨタ自動車のプリウスしかりです。イノベーションは社会を一歩幸せにし、結果として企業はその対価として利益を得ています。株式投資を行う投資家にもその恩恵は得られます。

短期的な値動きの上下動はあるものの、**基本的に投資は「Win（世の中）-Win（企業）-Win（投資家）」となるもの**です。

あなたのＦＩＲＥの夢をかなえるために投資をしていたら、社会をよくする原資として用いられ、社会が発展した見返りとしてあなたのＦＩＲＥの軍資金が増えていく、と考えてみたいものです。

あなたは、投資をするにあたって後ろめたい気持ちになる必要はありません。堂々と投資をすればいいし、あやしい商品に手を出す必要などないのです。

「安全・確実・高利回り」のセットには絶対手を出すな

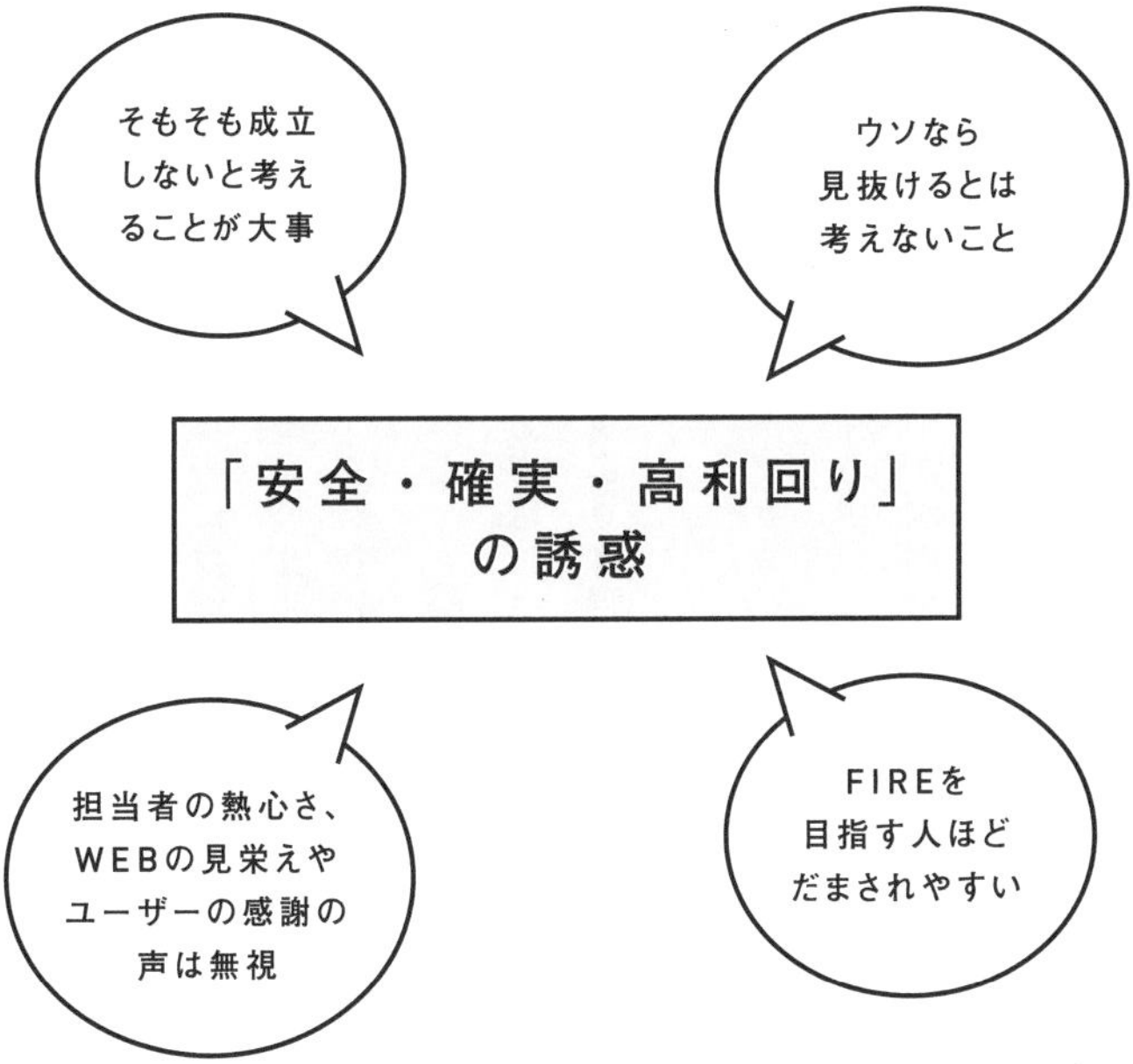
そもそも成立しないと考えることが大事
ウソなら見抜けるとは考えないこと
「安全・確実・高利回り」の誘惑
担当者の熱心さ、WEBの見栄えやユーザーの感謝の声は無視
FIREを目指す人ほどだまされやすい

あなたのFIREが遠回りすることのないように

あえて、あやしい金融商品や詐欺の話をしたのには理由があります。FIREを目指してがんばっている人は、その思いが純粋であるがゆえに、詐欺に引っかかりやすいところがあるからです。これは絶対に避けなければいけません。

FIREを目指す人は1円でも多く必死に稼ごうと努力しています。1円でも少なく暮らしてお金を貯める苦労をしています。その努力は誰にも奪われてはいけないものです。

大切なお金を詐欺にだまされて吸い取られるような時間のムダを許してはなりません。

高い利回りに目がいくのは結構ですが、リスクがどの程度であるかをあわせて検証するべきです。「リスクのないハイリターンは存在しない」ということを肝に銘じてください。

金融庁の認可を受けて営業している金融機関が国内で発行している金融商品で、ネット証券で購入できる選択肢に限定しても、FIREは十分に目指していくことができます。

SNSの広告を見て、「あまり聞いたことがない会社だが、『安全・確実・高利回り』は魅力的だな」なんてことを考えるのは、あなたにとって時間のムダなのです。

4 普通の人はインデックスの長期積立投資で十分

メンテナンスの負担を軽くするインデックス投資

FIREを目指すとき、どんな運用方法を選択するべきかは、それぞれの本の著者ごとに意見が分かれるところです。多くの場合、インデックスファンドで低コストの分散投資を行うことをよしとします。私もこの考え方に賛同します。

一方で個別株投資を推奨する人も多くいます。日本のFIRE成功者の多くはそのようです。いわゆる「億り人」です。

また、FIREがセールストークに使われ始めていて、不動産投資やFXなどを推す人たちがいます。彼らは自らの販売商品をプッシュしますが、営業の「圧」が強いので、これがFIREに適した商品と感じる人も少なからずいるはずです。

これからFIREを目指す人は、まずはインデックス投資のメリットや特徴を押さえ、

一度は試してみてほしいと思います。個別株投資などはその先の選択肢として、そこから考えても遅いことはないはずです。

インデックス投資とは、株式市場などの指数、たとえばＴＯＰＩＸ（日本国内の東証一部上場企業が対象）や、ＭＳＣＩコクサイ（日本以外の世界の先進国の株価を対象）などと連動する投資商品を購入することです。実質的にそれらの市場をまるごと購入したのと同様な値動きが得られます。

たとえばＴＯＰＩＸ連動のインデックスファンドを買っておくとＴＯＰＩＸの騰落とほとんど同じ値動きになります。ＴＯＰＩＸとは東証一部上場企業の株価の平均なので、トヨタ自動車やユニクロ、ソニーに任天堂といった多くの企業をひとつの商品でまとめ買いするのと同じことになります。１万円で１社あたり数円から数百円くらいずつ投資をするイメージです。

インデックス投資の最大のメリットは、運用の負担とコストを下げられることです。いい会社、悪い会社を日々選び抜くのは大変な負担ですが、「日本株まるごと」とか「世界の株まるごと」を買うのは簡単です。銘柄選びの負担がまずなくなります。

一方で、経済全体の値動きを獲得するのはきわめて簡単です。TOPIXが10%上がったとニュースになれば、TOPIX連動の投資信託は自動的に10%値上がりするのです。値動きもマイルドになります。個別の株で勝負すると大幅上昇も期待できますが大幅下落もあり得ます。特に見込み外れは資産成長にマイナスです。市場全体の平均であれば、突出した上昇と下落がなくなる一方で、経済全体の値動きを確実にものにすることができます。「ひとり負け」がなくなるのです。

運用の仕組みがシンプルなので、低コストなのもいいことです。今では資産残高の年0・2%くらいで運用を任せられるようになっています。20年前の価格から70~80%も値下がりしているほどです。

インデックス投資は投資信託かETFで実行する

インデックス投資は、「投資信託」もしくは「ETF」という商品で行います。**おすすめなのは投資信託**で、「毎月○万円を購入する」のような金額を指定しての自動積立に向いている仕組みです。

投資信託は、「小口からの投資」「運用の詳細は委託」「幅広い分散投資」「運用成果はすべて自分のもの」という特徴があり、個人が資産形成をするのに便利な商品です（アメリカ人が401（k）プランでひとり1000万円貯めているのも投資信託によります）。

投資信託の多くは購入単位を自由に決めることができます。少額では100円からの投資信託もあるほどで、毎月一定額を自動引き落としで積立購入することができます。

投資信託の運営は投資信託会社が行っていますが、運用方針はあらかじめオープンになっていて、勝手な投資を行うことはできません。「日本株で投資をする」投資信託が、勝手に不動産や外国株を買って失敗されると腹が立ちますが、何で運用をするかは事前に確認することができます。任せたいと思う投資だけをやってもらえるわけです。

先ほど説明したインデックス運用は、「日本株インデックスファンド」というように名前に「インデックス」がつくのが一般的です（ファンドとは投資信託の意味）。検索サイトではインデックス運用の投資信託だけを絞り込み検索することもできます。

運用成果はすべて自分のものになります。金融機関が取り分として許されているのはあらかじめ定めた手数料（と売買にかかる実費等）に限られます。「運用で儲かったので中抜きしてやれ」というようなことは絶対に許されません。ただし値下がりしたときも補てんはないのでそのまま自分の資産の値下がりになります。

手数料については「購入時にかかるもの」「運用期間中にかかるもの」「解約時にかかるもの」があり、それぞれあらかじめ提示されています。最近では購入時は無料とし、運用中にかかる費用も低め（年0・2～0・3％）、解約時も無料とするものが多いようです。

投資信託はどんな対象で運用をするか、あらかじめ確認できる説明資料がありますので（目論見書といいます）、それをチェックするといいでしょう。

運用の負担を軽減するのであれば、**バランス型ファンド**という仕組みも覚えておくといいでしょう。これはひとつの投資信託が「日本株」「外国（先進国）株」「新興国株」「日本債券」「外国債券」「国内不動産」「外国不動産」のようにいろんな対象をカバーしてくれるものです。コーヒー豆のブレンドのように、配合比率はそれぞれが工夫しています。

バランス型ファンドのいいところは、ひとつの商品でいろんな投資対象をカバーする分散投資になることです。また、投資割合の調整（時価の変動に伴うバランス調整）も自動で行われることも魅力です。

ただし、以下の2つのバランス型ファンドは候補から除外しましょう。

まず、安定運用型と呼ばれるバランス型ファンドはほとんどが債券運用になるので期待リターンが低くなります。それなら定期預金を手元にキープしつつ、投資部分は積極運用型のバランス型ファンドを買ったほうが効率的です。

また、「均等分散」のようなバランス型ファンドも外しましょう。すべての対象を均等割(6分散とか8分散)するので分散投資できているようですが、効率的な分散投資を考えるなら割合が均等になることはありません。初心者向けの「なんとなく分散」な投資信託には手を出さないほうがいいでしょう。

あえて債券運用は含まず「世界中の株式のみに投資(日本も含む)」というファンドにするという選択肢もあります。

インデックス投資の長期積立だけで年6%は期待できる

インデックス投資は簡単すぎるので、運用成果に疑問が生じると思います。毎日の株価もチェックしなくて、そんなにうまくいくものか、という懸念もあるでしょう。

しかし、長期・積立・分散投資を行うと勝率はほぼ100%になり、運用成績も高いものとなるのが過去の実績では示されています。

つみたてNISAがスタートしたとき、金融庁が示した資料では、国内外に分散投資したモデルを試算したところ、20年積立投資すれば勝率100%となっています。時期を考えると、目の前で株価が上がったかと思えばバブル崩壊を目撃したケースでも、リーマンショックを挟んだケースでも（最後の最後にリーマンショックであっても！）プラス運用で終了し、かつ運用成績も年4〜6%のあいだにほぼ半分の確率で収まっているというものでした。

長い目で見て世の中が豊かになっていくこと、企業は成長の努力を続けていくことを信じられるなら、世界中の経済の平均値に投資をし続けるだけで十分な利益を得ることは可能なのです。

運用コストは高利回りの保証でも元本割れの回避の免罪符でもない

個人の投資が広まるとともに手数料は大きく下がっています。かつては購入時に3%くらいの手数料を別枠で払い、運用期間中の費用として年2〜3%くらいの手数料を取る投資信託はざらにありました。これでは1年で5〜6%値上がりしなければ実質的には利益がありません。運用益には課税もされます。

今では運用の損益分岐点は大きく下がっています。販売手数料ゼロ、運用管理費用が年0・2％といった投資信託で世界中に分散投資できるようになりました。NISAやiDeCoなら運用益は非課税です。つまり「年0・2％以上の値上がりで利益が得られる」ということです。

これはFIREを目指す人にとって、大きなチャンスです。

この「低コスト重視」は、損益分岐点以上の理由があります。私たちが投資をするとき、もっとも確実なのは「運用コストは必ず発生すること」だからです。しかし、運用成績の保証はありません（「長期的には経済が成長すること（プラスになること）」はいえますが）。

また、投資のコストは一般的な「値段」とは異なります。高い運用コストを支払うなら、相応の見合いがあるように思います。100万円の車と200万円の車にはグレード差がはっきりあるように、値段の違いは基本的に品質の差であるからです。

しかし資産運用においてはちょっと事情が異なります。**高い手数料が「高い運用成績の保証」でもなければ「元本割れをしないことの保証」ではない**からです。

たしかに高い手数料を支払うファンドの中に、高いパフォーマンスを出す商品がないわけではありません。インデックス（つまり市場の平均）より高い運用成績を誇る投資信託は基本的に手数料が高く設定されています。しかし「あらかじめ高い手数料のファンドの質を見極める」ことと「そのファンドの勢いが落ちたことを判断すること」はなかなか困難です。そして、高い手数料をもらいながら運用成績はイマイチと言うアクティブ投資信託もたくさんあります。

また、高い手数料が元本割れを回避してくれる保険のような役割を持っているわけでもありません。「プロなんだから損が出ないようにさっと売り抜けられるのだろう」と思うのは投資初心者が考えることですが、これは過剰な期待です。それほど投資市場は簡単ではありませんし、それは運用方針に背くことでもあります。

私たちは確実にコストが下がるというメリットをまず活かすべきです。インデックス運用は投資知識が少なくても、確実に平均点を獲得してくれることに魅力があります。

FIREを目指す人の多くは、投資に時間を割くより、仕事の年収を高める方に時間を割くほうが重要性が高いはずです。ぜひ、インデックス運用を賢く活用してみてください。

最初の（もしかすると最後の）選択は低コストのインデックスファンド選び

インデックス運用を行うと決め、購入する投資信託選びができれば、あとは自動的に積立購入をすればいいことになります。

しかし、投資信託の比較サイトなどで「インデックス運用」にチェックを入れても何百本もの投資信託が出てくるので、何を選ぶかは悩ましいところです。

日本人がインデックス投資で世界中に分散投資を考える場合、基本的には「バランス型ファンド」を活用するのが便利だと思います。

まず、「日本株」を投資のターゲットに入れることになるでしょうが、それだけでは世界の多くを対象外としてしまいます。そうなると「外国株」をターゲットに含める必要があり、この2つを投資対象とするだけでも分散投資はかなり進展します。しかし2つの投資信託を買うよりバランス型ファンドを1つ買うほうがメンテナンスは楽になります。

また、一般的なバランス型ファンドは「債券」を数割程度は含めるので、株価の急上昇時には部分的利益確定を、下落時には部分的な仕込みをしてくれることになり、こうした負担も軽減されます。投資割合が変動したとき、所定の投資割合を投資信託側が自動的に維持してくれるのもバランス型ファンドのメリットです。

バランス型ファンドを選ぶ場合には次のポイントで比較していくといいでしょう。

「新興国」・国内外の「不動産（REIT）」を対象にするかどうか

債券投資割合がどれくらいか（低いほうがいい）

投資対象を均等で割るものは避ける

バランス型ファンドではなく、「世界中の株式を投資対象とするファンド」を選ぶという手もあります。たとえばeMAXIS Slim 全世界株式（オール・カントリー）という投資信託をひとつ購入すると、日本もアメリカも新興国も、世界中の株式をおおむね時価比率で保有することになります。このファンドをベースにしつつ、「世界株ファンド＋銀行預金」の組み合わせでリスク管理を調整していくといいでしょう。

投資信託は何本購入してもかまいませんが、本数が多くなると管理が煩雑になるという問題もあります。せいぜい数本程度にしておくといいでしょう（全世界株ファンド＋日本株ファンドで、日本株への投資割合をちょっと高くするとか、バランス型ファンド＋全世界株ファンドで株式投資比率を高めに引き上げるとか）。

普通の人はインデックスの長期積立投資で十分

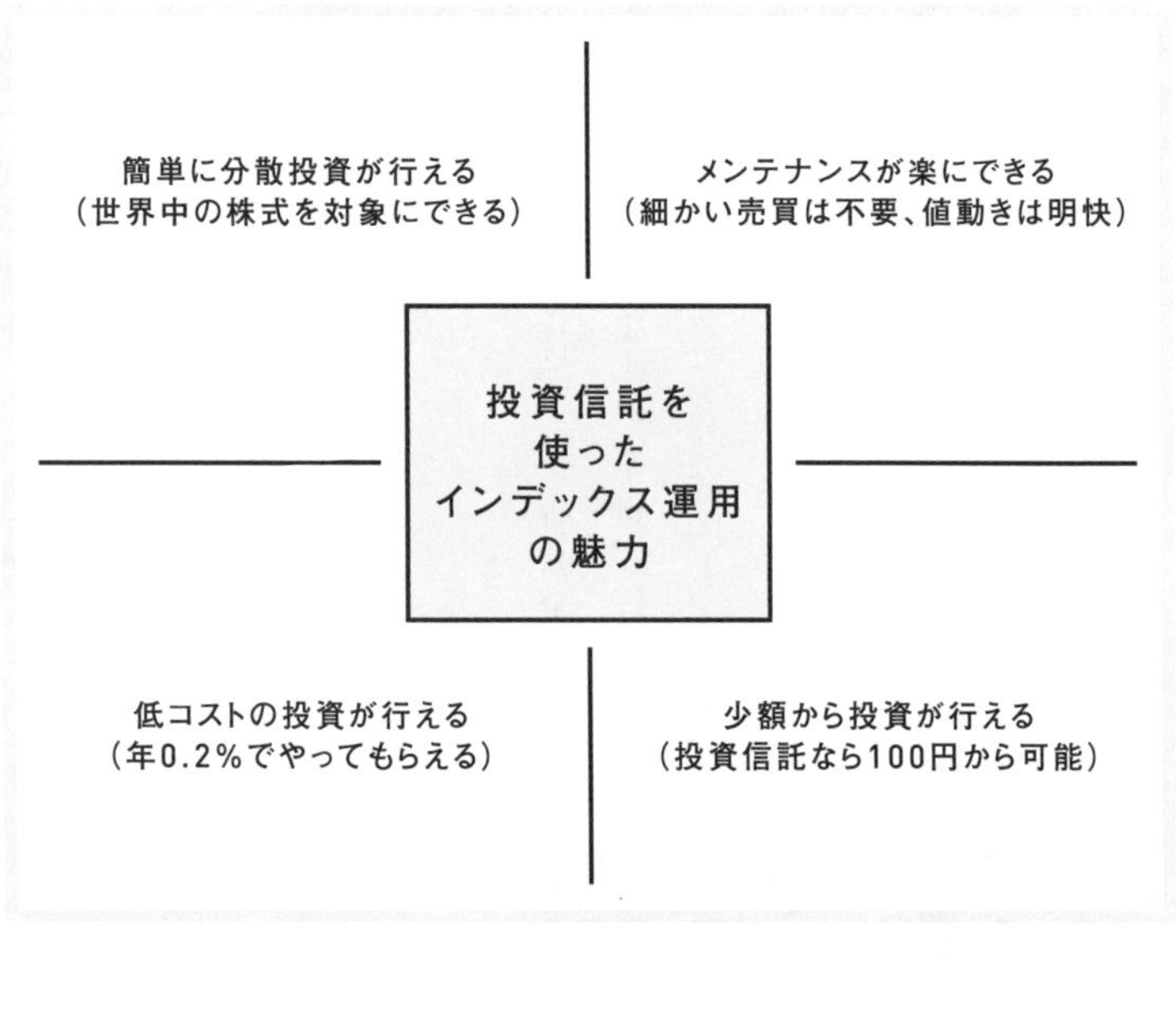
簡単に分散投資が行える
（世界中の株式を対象にできる）
メンテナンスが楽にできる
（細かい売買は不要、値動きは明快）
投資信託を
使った
インデックス運用
の魅力
低コストの投資が行える
（年0.2%でやってもらえる）
少額から投資が行える
（投資信託なら100円から可能）

インデックスの長期積立投資は
コスパがいい

長期投資
20年
続ける

積立投資
毎月自動的
に購入し
続ける

分散投資
国内外の株式・
債券に同時
投資

ただそれだけのことを自動化するだけで

勝率は100％、しかも年率4～6％が達成可能

手間ヒマと運用成果のバランスが
もっとも「コスパのいい」方法

投資信託のしくみ

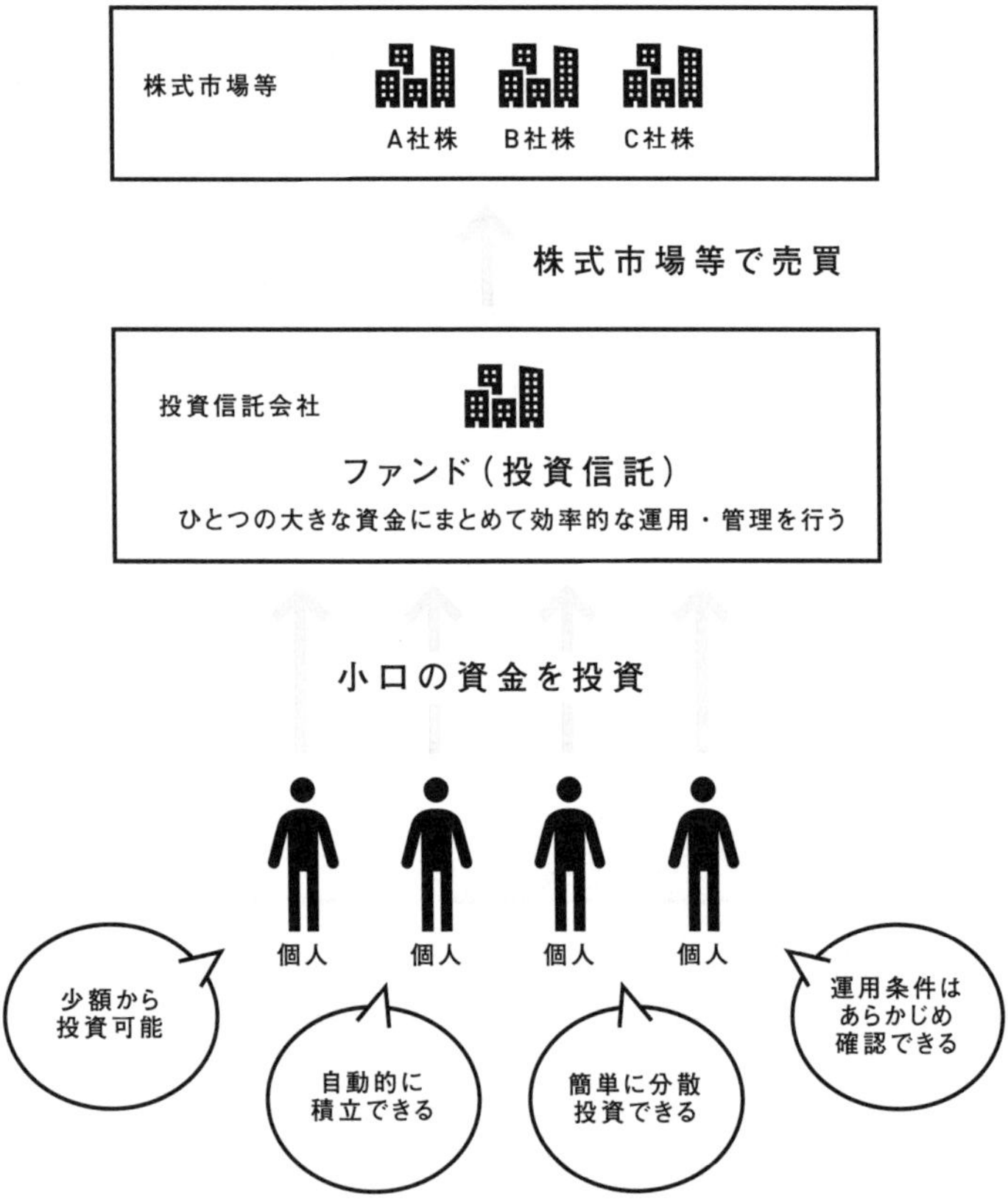

株式市場等
A社株
B社株
C社株
株式市場等で売買
投資信託会社
ファンド（投資信託）
ひとつの大きな資金にまとめて効率的な運用・管理を行う
小口の資金を投資
個人
個人
個人
個人
少額から投資可能
自動的に積立できる
簡単に分散投資できる
運用条件はあらかじめ確認できる

5 iDeCoとNISAの満額利用から始めよう

資産形成を志すならiDeCoとNISAは抜きにできない

さて、商品選びと同じくらい重要なのは「口座選び」です。これは○○証券で口座をつくる、という意味ではありません。それ以前にやることは**「税制優遇上、有利な口座はフル活用する」**ということです。

日本では個人の証券投資を促進する目的での優遇口座として**「NISA」**があり、また個人の老後資産形成を支援する目的での優遇口座として**「iDeCo」**があります。

証券投資はリスクを取るわけで、一時的には大きな元本割れを抱えて（売っていない場合は含み損といいます）耐え忍ぶこともあります。しかしようやく値上がりをして売却をしたとき、売却益には20％課税のルールがあります（復興特別所得税を含めると20・315％）。これはけっこう「持っていかれる」というイメージです。

もし、運用益が非課税で、手元に丸取りできれば資産形成のペースは大きくはかどります。

仮に100万円を投資し、年4%の収益を毎年確保し再投資した場合と、税引き後3・2%となって再投資した場合を比べると30年後の最終額は70万円も違ってきます。

税制優遇のあるアカウントを優先的に活用するアイデアを**「アセット・ロケーション」**といいます。お金の「置き場所」の最適化という意味で、資産配分の最適化を意味する「アセット・アロケーション」という言葉のもじりです。

税制優遇を意識するのはFIREチャレンジャーにとっては大前提です。ではiDeCoとNISAの活用について考えてみましょう。

iDeCoの活用：所得控除が魅力

しくみ

iDeCoは個人型確定拠出年金の愛称です。公的年金に自助努力で上乗せする老後資産形成の仕組みと位置づけられています。

大きな特徴は所得控除があることで、**毎月積み立てた掛金については全額非課税扱い**となります。その分、所得税や住民税が軽減され、年収によっては掛金の30％相当が軽減されることもあります。単年度の運用収益と考えれば43％の利益を生み出したも同然です。

毎月の拠出額については働き方によって上限が異なり、企業年金のない会社員は月2・3万円、企業年金のある会社員は月1・2万円（企業年金の手厚さを踏まえ最大月2・0万円へ改正予定）などとなっています。

運用益も非課税です。何度売却を繰り返しても受け取り時まで非課税扱いが継続します。受け取り時に精算課税が求められますが、退職金（退職所得控除）か、年金（公的年金等控除）扱いで受け取ることにより、無税もしくはわずかな課税で受け取れます。

運用商品は各金融機関が35本以内で選択し提示します。銀行預金や保険商品などの元本確保型商品と投資信託商品がリストアップされるのが一般的です。

口座選び

iDeCoは多くの金融機関が提供しています。金融機関ごとに手数料と運用商品のラインナップが異なるため。運用コストが低廉な商品をリストアップしている金融機関を選びます。たとえば、バランス型の投資信託で、運用管理費用が年0・5％以下の商品を提示しているところを選ぶといいでしょう。

また、実施主体である国民年金基金連合会などが口座管理手数料として必ず月171円徴収しますが、金融機関によってはそれ以上引かれる場合もあります。税制メリットを考えれば、口座管理手数料の元は取れる仕組みですが、月171円以上の負担がない金融機関を選ぶといいでしょう。

比較検索には「iDeCoナビ」などの検索サイトが便利です。

商品選び

さて、iDeCoについては銀行預金や保険商品などの元本確保型商品と投資信託商品がラインナップされており組み合わせを行うことができますが、**基本的には100％投資信託で運用管理することをおすすめします**。

運用益が非課税になる税制メリットがありながら、0・01％の預金利息が非課税になったところでほとんど意味がありません。一方で年4％の運用収益があったとき、手取りが3・2%（20%課税として）にダウンするのはいかにももったいなく、投資に期待できる高利回りが非課税になるメリットをiDeCoでは最大限活かすべきでしょう。

また、iDeCoは個別株投資が行えず、投資信託での投資となります。分散投資を行い長期積立の方針で臨むことがよいかと思います。

その他の注意点

iDeCoは所得控除のメリットが大きいので最初にまず満額を積み立てるべきです。ただし注意点がひとつあり、**中途解約をすることができません**。解約の条件が厳しく、現実的には60歳より早くは受け取れないと考えてください。

そうなると、iDeCoの資産はFIREに使えないかというとそうではありません。FIRE実践者も、標準的な老後のために資産を蓄えておく必要があり、iDeCoはその分を先んじて積み立てるものと考えればいいでしょう。

なお、会社に企業型の確定拠出年金がある場合、「マッチング拠出」ができる場合はiDeCoと同等の税制優遇があり、口座管理手数料は基本的にかからないのでこれを利用してもいいでしょう。法律改正（2022年10月予定）に伴い、マッチング拠出にするか、

iDeCoにするかは個人が任意選択できるようになります。

NISAの活用：2つの口座をどう選ぶか

しくみ

NISAとは少額投資非課税制度のことです。日本版ISA（元はイギリスの制度）の略称です。一般NISAとつみたてNISAの2種類があり、投資対象、投資金額、非課税期間などが異なります。同時につくることはできず、いずれかのNISAを選択します。

NISAの基本的なメリットは売却益が非課税となることです。NISA口座で投資をした株式や投資信託を売却するとき、どんなに利益があっても課税されません。

ただし、売却チャンスは一度きりで、もう一度購入する場合は今年のNISA枠を利用した「新規買い付け」となります。

一般NISAは年120万円の投資枠があり、投資をした年から5年目の年末までが非課税期間です。累積600万円の非課税投資ができ、株式や投資信託などが購入できます。

つみたてNISAは、年40万円の投資枠で積立投資を設定することが条件です。こちらは投資をした年から20年目の年末まで非課税投資ができるので、累積投資額は800万円となり、一般NISAを上回ります。つみたてNISAは、金融庁が定めた水準をクリアした低コストで長期投資を想定した投資信託やETFのみが対象となります。

口座選び

NISA口座は、証券会社の証券口座とほぼ一体です。そのためNISA口座選びは証券会社選びとほぼ同義になります。

銀行や大手証券会社で口座を開設すると、自社系列の投資信託しか取り扱わないなどの制約は避けられず、お目当ての商品が選べない可能性もあります。一方で銀行のATM手数料無料などの対象になることもあります。

ネット専業の証券会社は売買手数料が低く、運用の選択肢を広く設定しているうえ、価格競争を繰り広げているので、口座選びの有力な選択肢となります。上位数社に大きなサービス格差はありませんので好みで選んでも大丈夫です。

商品選び

NISAは「リスク商品しか買えない」という特徴があります。定期預金はないほか、個人向け国債なども持つことができません。基本的には投資信託、個別株で投資をすることになります。

2つのNISAは購入できる商品が少し違います。つみたてNISAは一定の基準をクリアした投資信託やETFに限られますので、分散投資を前提とした積立に向いています。一般NISAは、つみたてNISA購入対象の商品を買うこともできますし、個別株を購入することもできます。個別株での投資を希望する場合は一般NISA一択となります。

一般NISAとつみたてNISA、どちらにするか

FIREチャレンジをスタートした場合、20年の非課税投資期限と累積投資額の上限が800万円となることから年40万円のつみたてNISAからスタートすればいいでしょう。夫婦なら年80万円を20年積立投資できますから1600万円の元本になります。

さらにFIREを本気で目指していく中貯蓄余力が高まり、年120万円の投資枠が捻

出可能であれば、一般NISAを活用する選択肢もあります。この場合、5年目の終わりには証券総合口座に振り出して、投資を続けていくことができます。購入時から5年目末までのあいだの上昇分は非課税となり、その後の上昇分だけが課税されます（100万円で購入し150万円となった場合、6年目の年初に「150万円で取得した株」として証券口座に記録されるので、それ以上の値上がりのみに課税されます）。

なお、年単位でNISA口座は選択できるので「これまでは、つみたてNISAに年40万円ペースで積み立ててきたが、今年からは年120万円の一般NISAにする」というような変更は可能です。この場合、年初の購入をする前に口座変更をしておいてください。

まずは満額、そしてダブルiDeCo、ダブルNISAで資産形成を加速させる

iDeCoはひとり1口座しか開設できません。NISAもひとり1口座の開設に限られます。税制優遇のある口座はそう簡単に複数開設されては困るからです（※2022年秋よりiDeCoと企業型DC口座を同時に持つことは容易になるが、合計で利用できる限度額は設けられる）。

一方で、未使用の税制優遇は残されるわけではなく、毎年消滅していきます。iDeCoに20歳から65歳まで加入できるとしても（2022年から65歳まで加入できる対象者が拡大）、

55

歳で初めてiDeCoに加入した人は10年分しか所得控除も積立枠も使えません。55歳までのあいだ使わなかったiDeCoの非課税枠はもう失われてしまったのです。

NISAも同様で、昨年以前の枠はもう失われています。ここまで未開設であった人は、非課税投資枠を何百万円も放棄してきたことになります。

となると**「早く口座を開設する」**ことと**「できるだけ満額で利用すること」**が重要になります。FIREを志す人がすぐ行うべきは口座開設の申し込み手続きです。

そして自分のiDeCoの限度額（働き方によって異なります）とNISAの限度額を使い切る投資設定を行いましょう。**両制度の満額を拠出し、さらなる増額を目指すのが日本版FIREのステップ**ということになります。

そして、**結婚しているなら夫婦で「iDeCoを2口座、NISAを2口座持っておく」ことを目指します**。夫婦でiDeCoを2つ持つことができれば所得控除のメリットも2倍になります。ただし本人名義の口座からの引き落としが必須なので、自分の口座から妻の分も2人分引き落とすようなことはできません。NISAも証券口座とセットでつくるのが原則なので名義上の本人が売買する必要があります。

配偶者にiDeCoとNISAの活用を説得できない、ということはFIREのチャレンジについて同意を得られていないということでしょう。もしそうだとしたらFIREの理解を得ることを優先し、口座の開設をしてもらうところまで持ち込むことが、FIRE達成の条件となります。

まずは税制優遇口座をフル活用する「アセット・ロケーション」に取り組んでみてください。

一般NISAの概要

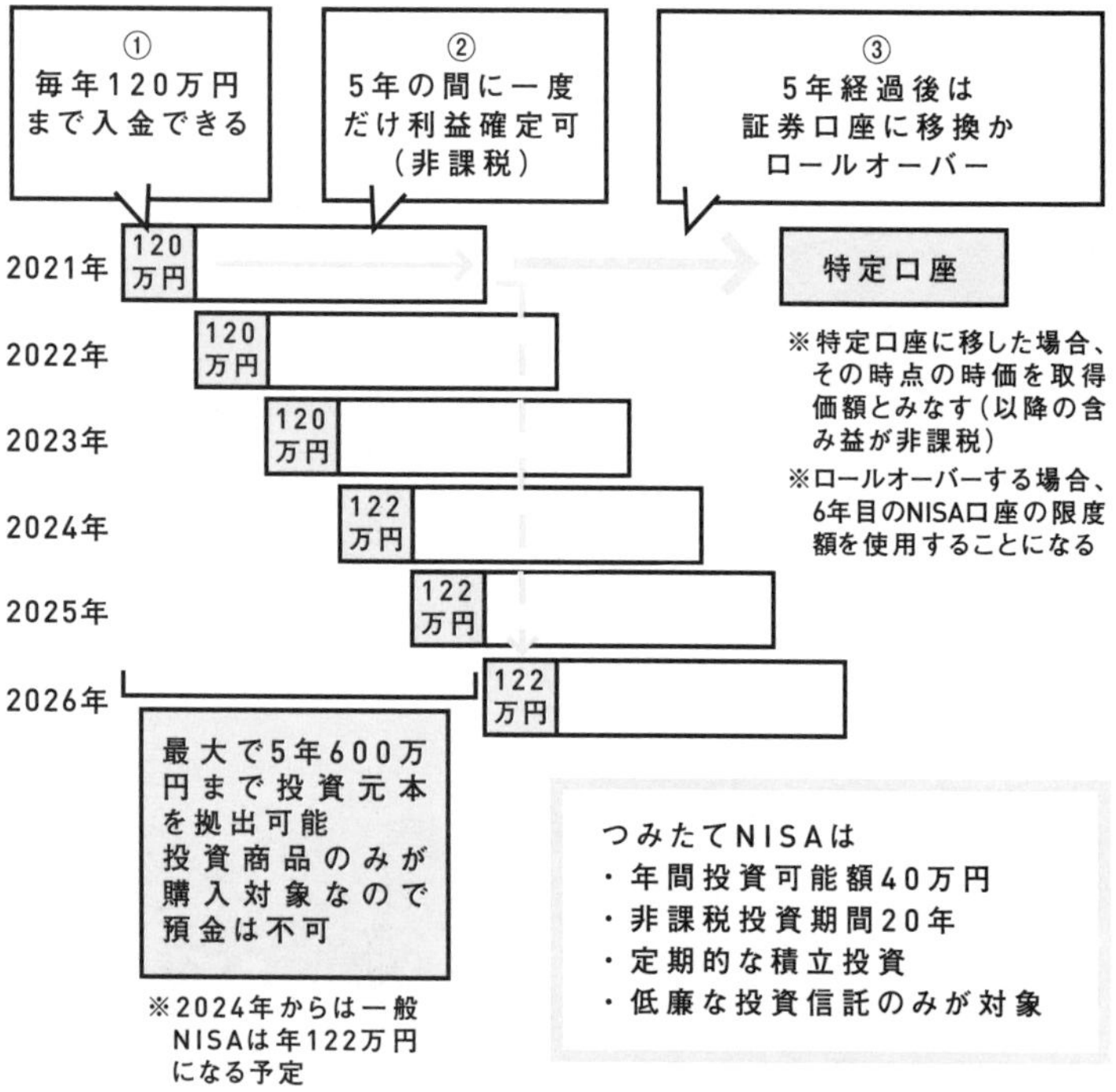
①
毎年120万円
まで入金できる
②
5年の間に一度
だけ利益確定可
（非課税）
③
5年経過後は
証券口座に移換か
ロールオーバー
2021年
2022年
2023年
2024年
2025年
2026年
120万円
120万円
120万円
122万円
122万円
122万円
特定口座
※特定口座に移した場合、その時点の時価を取得価額とみなす（以降の含み益が非課税）
※ロールオーバーする場合、6年目のNISA口座の限度額を使用することになる
最大で5年600万円まで投資元本を拠出可能
投資商品のみが購入対象なので預金は不可
※2024年からは一般NISAは年122万円になる予定
つみたてNISAは
・年間投資可能額40万円
・非課税投資期間20年
・定期的な積立投資
・低廉な投資信託のみが対象

20年後、受取額の差は「税制の差」

拠出時	iDeCo	¥23000	¥23000	収入から所得税・住民税が引かれるがiDeCoは対象外
	NISA	¥23000	¥18400	
	一般の投資	¥23000	¥18400	
運用時	iDeCo	4%	4%	利息や配当、収益分配金、売却益には原則20%課税
	NISA	4%	4%	
	一般の投資	4%	3.2%	

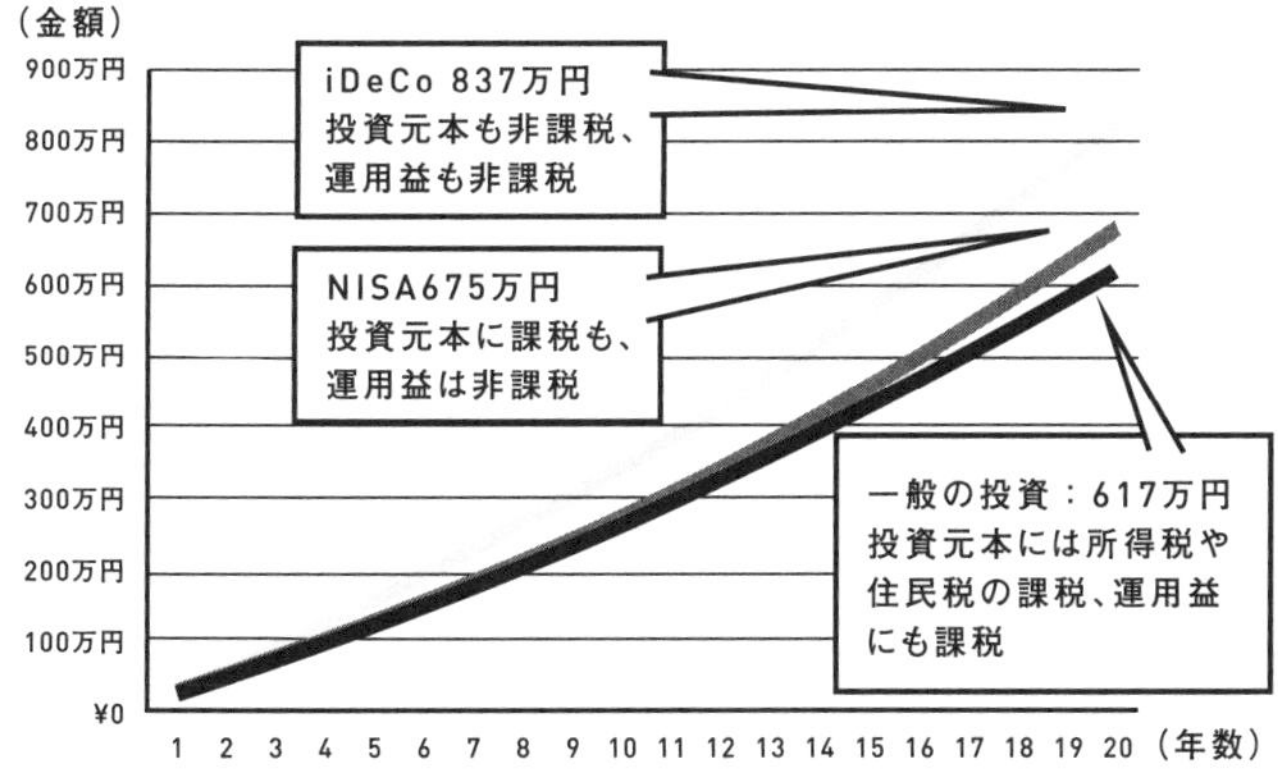

※課税前所得23000円を20年にわたり毎月積立。所得税・住民税を20%と仮定、課税前運用利回りはいずれも年4%で同一とし、税制メリットを比較した試算例。なお、iDeCoについては月額171円の口座手数料を徴収している

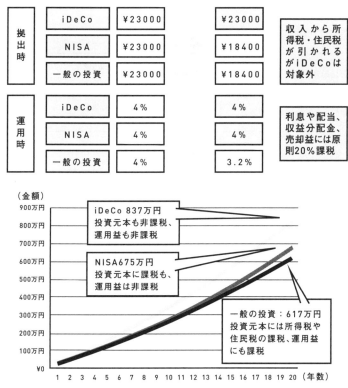

iDeCoとNISAの概要まとめ

制度名	NISA	つみたてNISA	iDeCo
利用範囲	20歳以上なら誰でも利用可		20歳以上60歳未満（2022年より一定資格なら65歳まで）
年間拠出額	年120万円*	年40万円	立場により異なる（年14.4万～年81.6万円）
拠出累計の上限	元本600万円（5年累計）*	元本800万円（20年累計）	上限なし
商品性	リスク性商品のみ（株式、投資信託等）	一定要件を満たすリスク性商品	安全性商品、リスク性商品のどちらも選べる
税制優遇	課税後拠出 譲渡益非課税 受取時課税なし		掛金は非課税（所得税、住民税軽減）、譲渡益非課税、受取時課税（退職所得控除等が適用され軽減）
解約条件	期間内いつでも解約可能 ただし、売却チャンスは一度限り		60歳まで原則として解約不可能（老後のための虎の子資産と考える）
	投資期間が5年目の年末まで（ロールオーバーし10年目まで繰越可能）	投資期間が20年目の年末まで	何度売り買いしても税制優遇が続く

*2024年より年122万円

6 長期積立投資のメンテナンス術

インデックス投資はできるだけメンテナンスフリーにする

インデックス運用をする人は「分散投資」を行っていることになります。国内株に絞らず世界中に投資対象を広げればさらに理想的な分散投資です。

FIREを目指すということは毎月定期的な入金をして投資を続けていくということですから、「長期投資」であり「積立投資」をしていることになります。

長期・積立・分散投資の組み合わせが有効であることはすでに説明しました。ここではインデックス運用のメンテナンスについて考えてみます。

投資を行う場合、毎日株価やニュースをチェックしなければならないと考えている人が多いと思います。リスクを管理し、また高いリターンを目指すため、毎日何時間も費やさなければいけないというイメージです。実際、そうしている人もたくさんいます。

しかし、これでは本業である仕事に集中できないですし、休息やプライベートの充実もままなりません。

FIREにチャレンジする人の多くは、「投資が好き」なので、そうしたリソースを割くことをむしろ喜びとしていますが、そこまで投資マニアにならずにFIREのチャレンジはできないものでしょうか。

私は可能な限りメンテナンスフリーで継続できる投資方法を、インデックス運用で実現可能だと考えています。

それこそ**「株価が下がろうとも、上がろうとも気にせず続けられる」のがインデックス運用の積立投資の最大のメリット**なのです。

下がっているときほど売らない、中断もしない

まず、**長期・積立・分散投資で重要なのは、「下がっているとき売らない」ことと「下がっているとき中断しないこと」**です。

ここ10年くらいはおおむね右肩上がりの株式相場が続いていますが、小規模な上下動は何度もありました。日経平均株価が1000〜3000円くらい下がっては「アベノミク

スは終わった」というような記事がちまたにはあふれました。長い目で見てどうであったかは明らかですが、「その瞬間」においてはもっと下がるのではと恐怖におびえます。コロナショック（2020年1〜3月の急落）だって、その時点ではもっと下がると多くの人は考えていました。

投資本の多くは「損切りが大事」だといいます。ズルズル値下がりした銘柄は売り払う勇気を持ち、また再投資のチャレンジをするべきというわけです。

しかし、長期積立分散投資においては損切りルールは必ずしも当てはまりません。むしろ、短期的な値下がりで焦って損失確定をしている人はリターンを得るチャンスを手放しているだけかもしれないのです。

マーケットは上がったり下がったりを繰り返しつつ、それでも長い目では右肩上がりになっていきます。どんな含み損を抱えても、市場が回復する余地があるなら「何もしないで待つ」人は自然に含み損を解消し利益を得ます。むしろその間の積立投資は低価格での新規購入ですから回復相場においては早々にプラスの収益を生み出す源泉となります。

一方で、損切りをするということは「そこより低い価格で再購入する」か「それより上昇率の高い別の対象で再購入する」ことをしなければいけません。難易度がはるかに高い投資行動が求められます。これがまた、心理的には難しいことです。なにせ、売ったときより値下がりした時点で買うことを検討するわけですから。

インデックス運用においては、値下がり時に売らないことと値下がり時に積立（新規購入）を中断しないことを心がけてください。積立投資を自動継続するだけで増やすことができるのです。

理想的には下がっているとき、預貯金残高をさらに投資資金にシフトできるといいのですが、これは投資初心者には心理的ハードルが高いと思います。もし、何度か市場の上下動を経験してリスクに慣れてきたら**「下がっているとき、追加投入資金を検討する」**ということもやってみてください。

上がっているとき売るか待つか。投資を終わりにしない

逆に、大きな値上がり時にはどうするべきでしょうか。含み益（買ったときの価格より時価が値上がりしている状態）があるとき、売れば儲けが現金化されることになります。

しばしば投資本では「利益確定しない含み益は利益ではない」と主張し売却を促してい

ます。そしてまた別の銘柄をタイミングを見て購入すべし、と指南します。

しかし、下手な売却行動というのもあります。ここが天井だとばかりに全額を売ったら、さらにするすると値上がりしたようなときです。これなら何もせずに放置しておけばさらに儲かったことになります。

まだゴールが到来していない投資期間中、つまりFIREのチャレンジ中に焦って売却をする必要はありません。もし売るとしても、この場合は「部分的な売却」にとどめます。

私たちは投資というと「全額で買い！」「全額で売り！」と怒鳴っているイメージがありますが、別に全額を売らなければいけないルールはありません。


投資信託は細かい売却も可能であるのがメリットです。個別株であれば売買単位以下で手放すことができませんが、投資信託は口数単位で細かく売ることができ、それは事実上1円単位での売買可能であることを意味しています。

1000万円の投資資金が1500万円になっているとき、数百万円程度の売却をするのが部分的な投資のイメージです。そして、その「部分的な売却」の割合は、「資産全体で投資の割合」をあらかじめ決めておくと決断がしやすくなります。

1000万円の投資信託＋250万円の定期預金で運用していたとき、投資比率は「4：

1」です。投資信託が1500万円に値上がりした場合はこの比率に従い、100万円分だけ利益確定します。これで「4：1」相当の投資比率が維持され、部分的な利益確定が成立します（試しに計算してみてください）。

部分的な売却行動（リバランス）は、インデックス運用の強みであり、リスクを管理する重要な方法なので、類書を参考に実行してみるといいでしょう。

なお、FIRE達成もしくは年金受け取り年齢に達したなどの理由で投資を終了させたいのであれば、これはいくら売ってしまってもかまいません。

メンテナンスフリーで年7%の収益を確保している私のケース

あまり自分の投資の話をしたくはないのですが、執筆時点で**「メンテナンスゼロで年7%超」の投資が実現できている実例**として私のiDeCoの口座を紹介します。

リーマンショックの前年から積立投資をスタート、全額をバランス型ファンドに振り向けていましたが、売買は一度しかしたことがありません。それも運用管理費用の低い別のバランス型ファンドが追加されたので全額を乗り換えただけです。株価を見ての売買などは一度もしていません。

長期積立投資のメンテナンス術

長期積立投資なら短期的な下落で「売らない」「続ける」

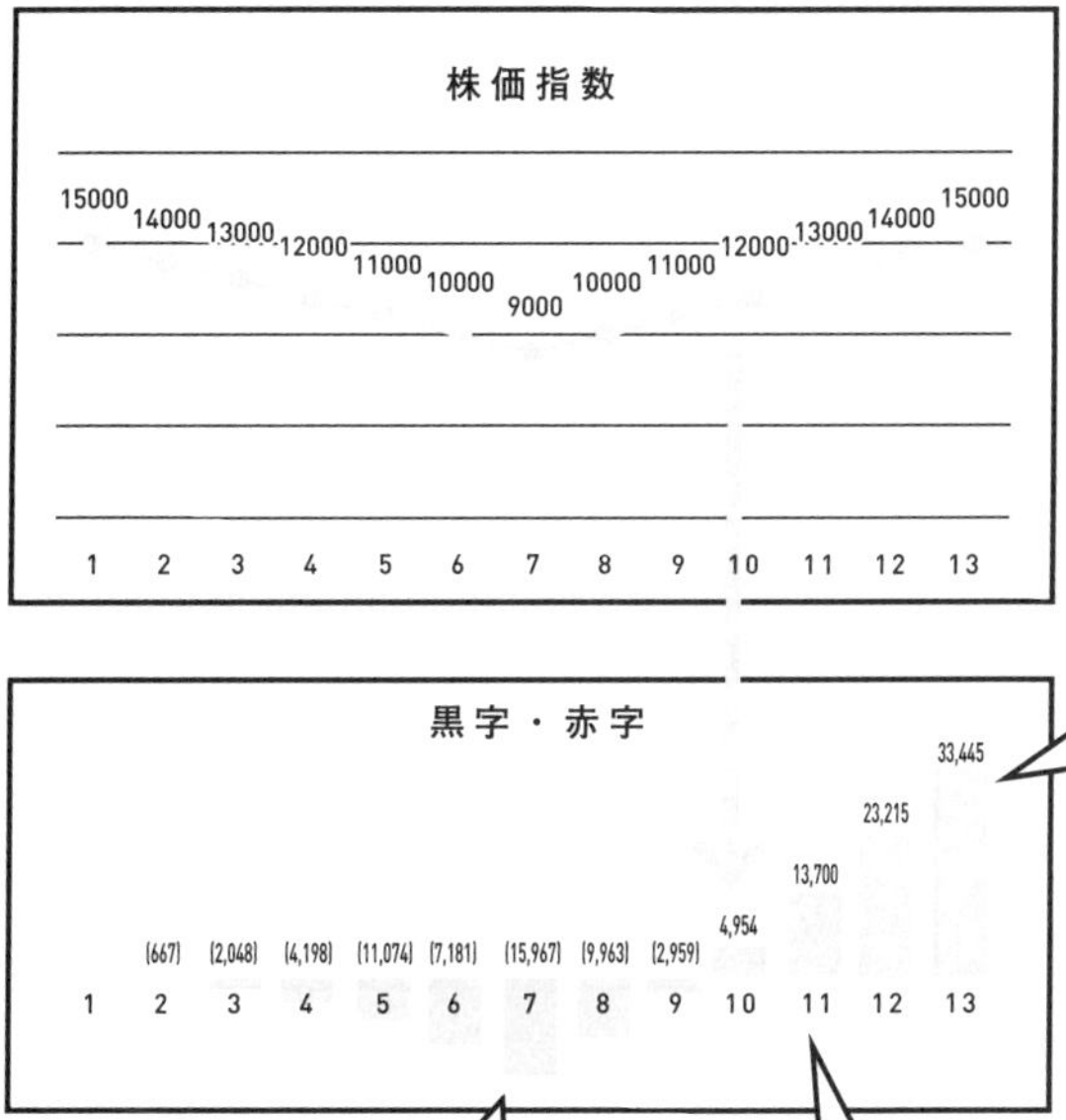

注）株価指数に連動する投資信託を毎月10000円ずつ購入したと仮定した試算

経済が回復するなら、何もせず持ち続けること、積立投資を継続することで利益が得られる

含み損が出ているからと怖がって売ってしまうと損失が確定してしまう

下がっても積立投資を続けると半値回復すれば黒字に戻る

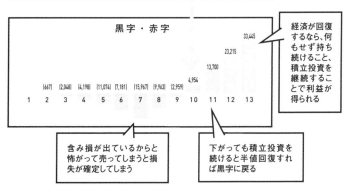

下がっているときこそ「売らない」「続ける」

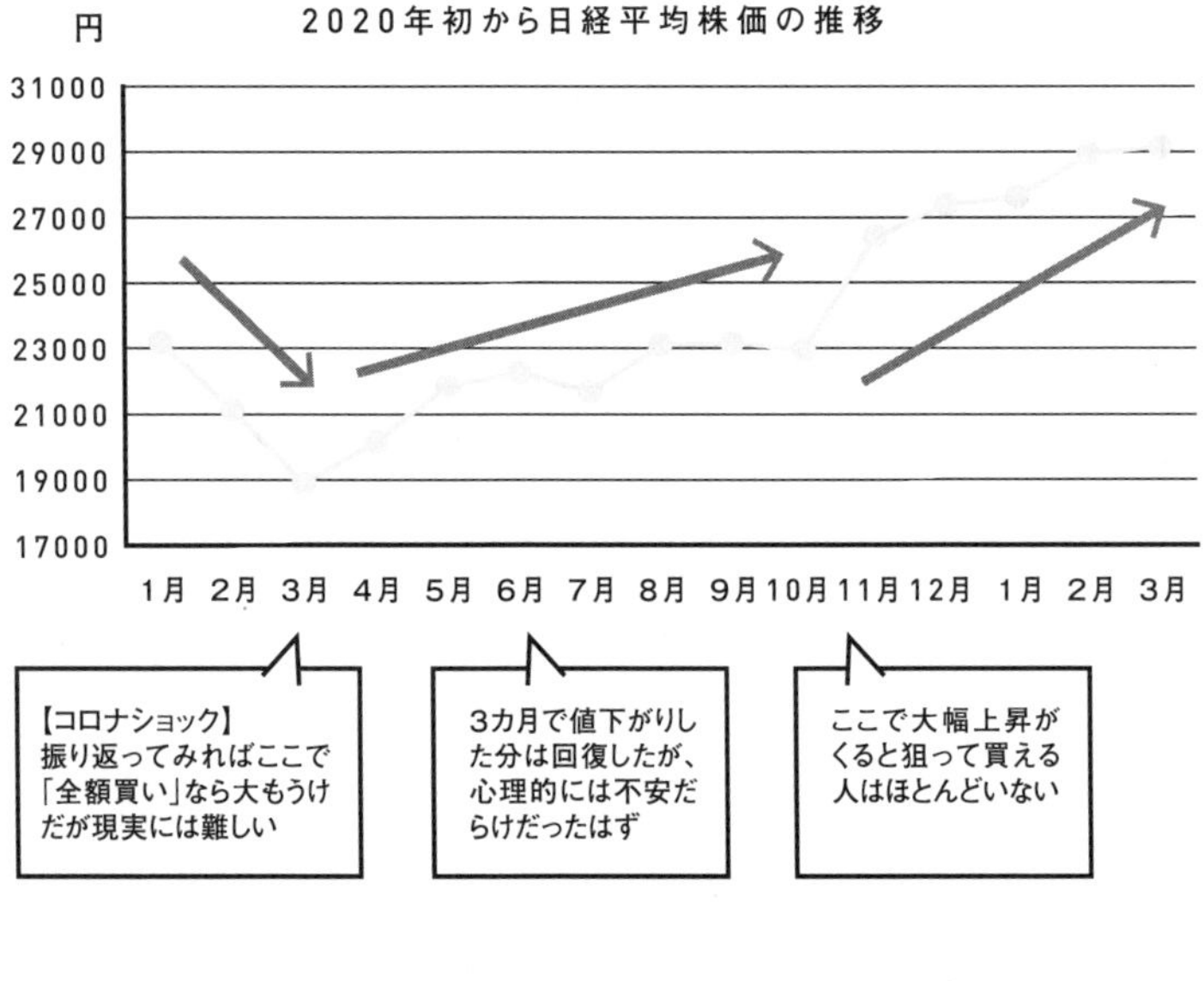

自動的に積立投資をしていれば、
相場を読まなくても大きな利益が出ている

もちろん、リーマンショックから3年ほどはそれはもうひどい運用成績でした。世界的に大きく株価水準が下がったのですから当然です。しかし値下がり時期に積立投資をすることが長期的には利回り向上のカギであることは理屈上は明らかですし、ITバブルの崩壊時（2000年）に値下がりからの回復を待てず売ってしまった失敗経験を活かし、今度はひたすらに積立投資を続け、損失確定は避けられました。

日経平均1万円を割れている時期も積立投資をしたことは大きな効果をもたらし、今では年7％の成績を維持しているわけです。

投資にリソースを割く時間を極限まで減らしているので、その分を自分の仕事やキャリア形成、あるいは休息の時間にあてることができています。もし毎日株価を2〜3時間ウォッチしなければならないとすれば、年収を上げたり、あるいは休息を取って仕事に集中できる環境を維持することはできなかったはずです。

私は、自分のiDeCoの話をするとき**「運用成績ではなく『下がっても売らず、積立投資は継続したこと』を褒めてください」**といいます。

これから先、何度も市場の上下動はあるでしょうが、メンテナンスフリーの投資でこの成績を得ることが可能であれば、インデックス運用で十分に価値があるのではないでしょうか。

7

個別株投資で期待リターンを高められるか

個別株投資でさらにリターンを高められないか

日本のＦＩＲＥ成功者の書籍のほとんどは、インデックス運用より高いリスクを取った実例を紹介します。実際に40歳代から50歳代でＦＩＲＥを成功させるには、高利回りが欠かせない要素になってくるからです。

本章の最初に、運用利回りの差が、最終受取額を大きく変える話をしましたが、28年の積立投資のゴールは、積立元本１００８万円（月3万円積立）に対し、年６％の収益なら２６０６万円となりますが、年10％を獲得すれば５４９２万円、元本からは５・５倍、年６％のケースと比べても２・１倍にもなる資産の伸びとなります。

運用益が再投資されることでさらなる運用益を獲得する原資となるしくみを「複利効果」

といいますが、複利効果を最大化する方法は「初期元本を多く」「定期入金額を多く」する積立額アップのアプローチと、「長期間投資を継続すること」そして「運用利回りを高めること」になります。

FIREをとにかく早く実現したいと思うなら、仕事を必死に行い、節約の努力を惜しまないのと同じくらい、利回りを引き上げる努力をすべき、というのは一理あります。

しかし、インデックスと同水準の利回りを確保するための行動と、インデックスを上回る利回りを獲得するための行動は大きく異なります。前者は「インデックス投資をするかしないか」だけの問題ですが、それを上回るためには、なんらかのアクティブな投資方法を選択する必要があります。つまり個別銘柄をチョイスしたり、異なる投資対象を選ぶこと、「売買タイミング」つまり割安な購入時期と割高な売却時的を選ぶこと、またその両方を取ることです。

そのとき、**「失敗する可能性」も考えておく必要があります。**挑戦者が軽視しがちな、しかし重要な要素です。

銘柄選びを他人に委ねて稼げるか。あなたは割安な株が見極められるか

個別株がインデックス投資を上回ることは可能です。ただし「インデックスより成績の下回る銘柄には手を出さず、上回る銘柄を保有する」ことができれば、という前提つきです。

それを簡単なことと見るならやればいいでしょうし、簡単ではないと思うならインデックス投資に回帰すればいいと思います。もちろん、見つけるための手間ヒマがかかる部分も考慮するべきです。

銘柄選び、あるいは割安なタイミング選びについて、他人に委ねる方法もあります。新聞や雑誌、ネット記事、証券会社のレポートなどの「要注目銘柄」をチェックすることで、そこそこのチャンスをつかむことはできます。ただし「情報がもはや周回遅れで陳腐化していないか」という判断ができる程度の知識はほしいところです。また、いつ売るかの判断力も必要です。

今朝、値上がりしている銘柄をお昼に買ったり、好決算情報がニュース記事になってから購入する時点で、自分はもうすでに情報戦に乗り遅れているくらいの感覚がない人は個

別株の投資に向いていません。そして他に先んじるのは簡単なことではありません。

普通の人がFIREを実現するために最も大切なのは「仕事で稼ぐこと」なので、「運用で稼ぐこと」に時間を費やしすぎるのは避けておいたほうがいいでしょう。また「自分は仕事で稼げていないので」と言い訳をするように投資の時間を増やす人もいますが、まずは仕事の年収を増やす努力のほうが先だと思います。

IPOだけ繰り返して買うのは楽しいか

個別株に着目して高いリターンを目指す方法は他にもいくつもあります。企業価値に比して株価が割安に放置されている銘柄を選んで購入する割安株投資、成長余地に比してまだ株価が割安である銘柄を選んで購入する成長株投資、新規上場企業の成長期待と品薄感による加熱相場を利用して稼ごうとするIPO投資などです。書籍を探せば「自分の手法がいちばんです」とばかりにいろんな投資手法が紹介されています。

IPOは一般的には上場初日に大きく値上がりするので、儲けやすいかもしれませんが、

長期的にお金を託しにくいところがあります。実質的な企業価値に先行して株価が上昇しすぎるからです。そして急落することがしばしばです。

かといって、初日だけ資金を入れてすぐ売ることを繰り返すのは投機的です。企業の長期的成長ではなく、話題性に短期投資をしていることになります。

IPOを例に挙げたところで、個別株投資の難点として、**購入単位の問題**も指摘しておきます。IPOに応募する際には購入資金を確保しておく必要がありますが、投資信託のような感覚ではありません。近年では10万～20万円程度でひとつの企業の株主となれる時代になってきましたが、その範囲では収まらないことが多いのです。

有力企業、たとえばユニクロやトヨタ自動車などは、数百万円以上となるので簡単に手が出せません（株価は手頃のようですが、実際には100株が購入単位となっているため）。そのため数銘柄を持つだけで集中投資のリスクを高めることにもなってしまいます。

リスクを管理する意味でも、インデックス運用の利便性にはなかなかかなわないのです。

成果を上げる人はいるが あなたがそこに含まれるかはわからない

あなたがもし投資信託やETFのインデックス投資からステップアップをしたいという

のであればそれを止めるつもりはありません。ぜひ関連書籍も読んでいただいて、自分の投資スタンスを決定してください。

実際、投資家の多くはリスク愛好家が多く、かつ自信過剰（オーバーコンフィデンス）な人が多いので、インデックス運用より高いリスクを取りたい人のほうが多いでしょう。

問題は、**銘柄選択の手間とヒマがリターンに見合うものであって、あなた自身が苦にならないものとなるかどうか**です。

FIRE成功者はしばしば、トレーダーを継続しています。彼らはマーケットをチェックし銘柄を掘り起こす作業が「好き」です。朝から日経新聞を全ページチェックし、「モーニングサテライト」を視聴することもまったく苦にしません。

こういうタイプの人にとってインデックス運用はつまらないでしょうし、それでアウトパフォーム（高い成績を上げること）は可能だと考えるでしょう。そして実際好成績を上げられる人もいます。

あなたがそれと同じことができるかどうかは別の話です。

個別株投資と
インデックス投資

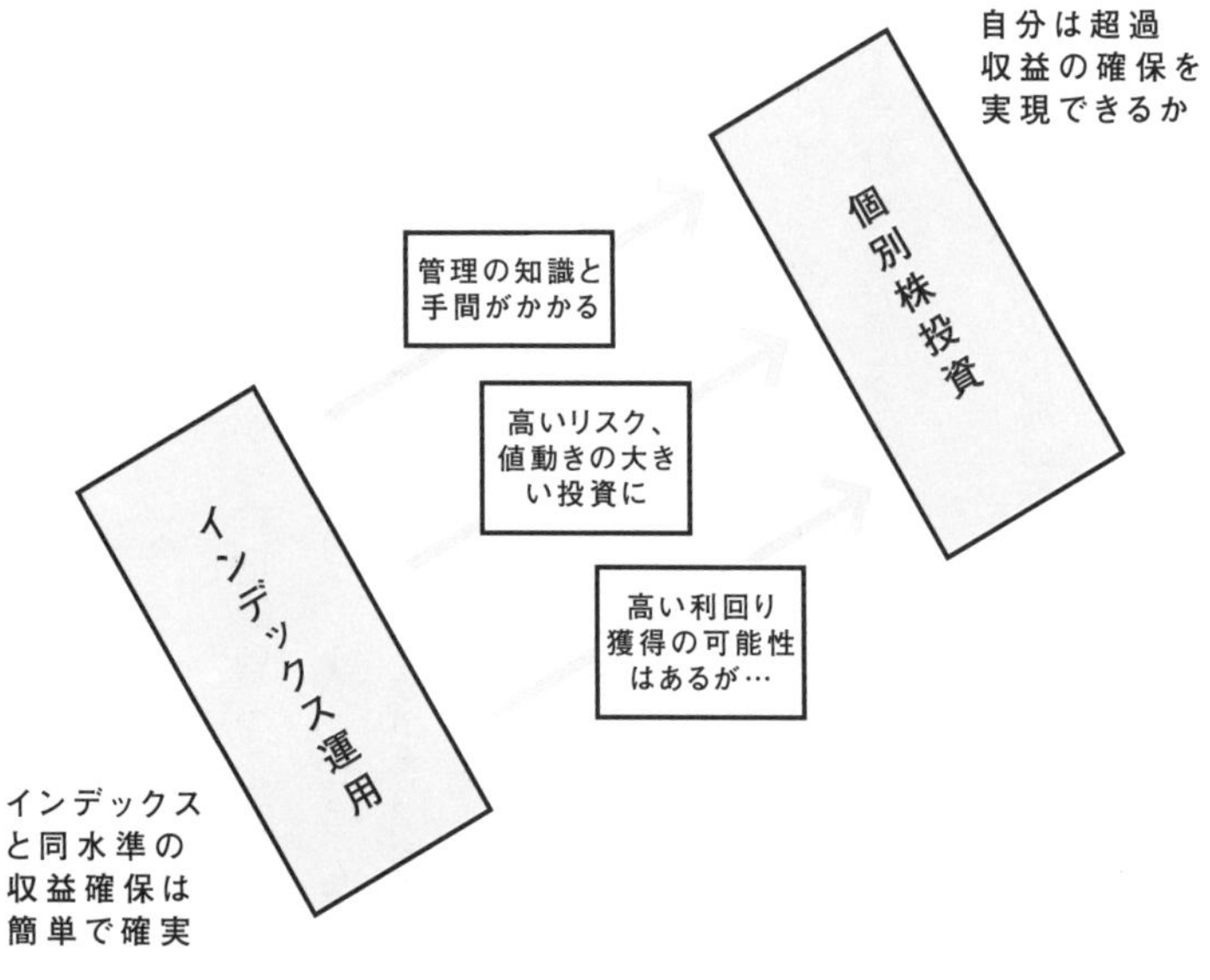

自分は超過
収益の確保を
実現できるか
個別株投資
管理の知識と
手間がかかる
高いリスク、
値動きの大き
い投資に
高い利回り
獲得の可能性
はあるが…
インデックス運用
インデックス
と同水準の
収益確保は
簡単で確実

個別株投資を部分的に活用するのはあり

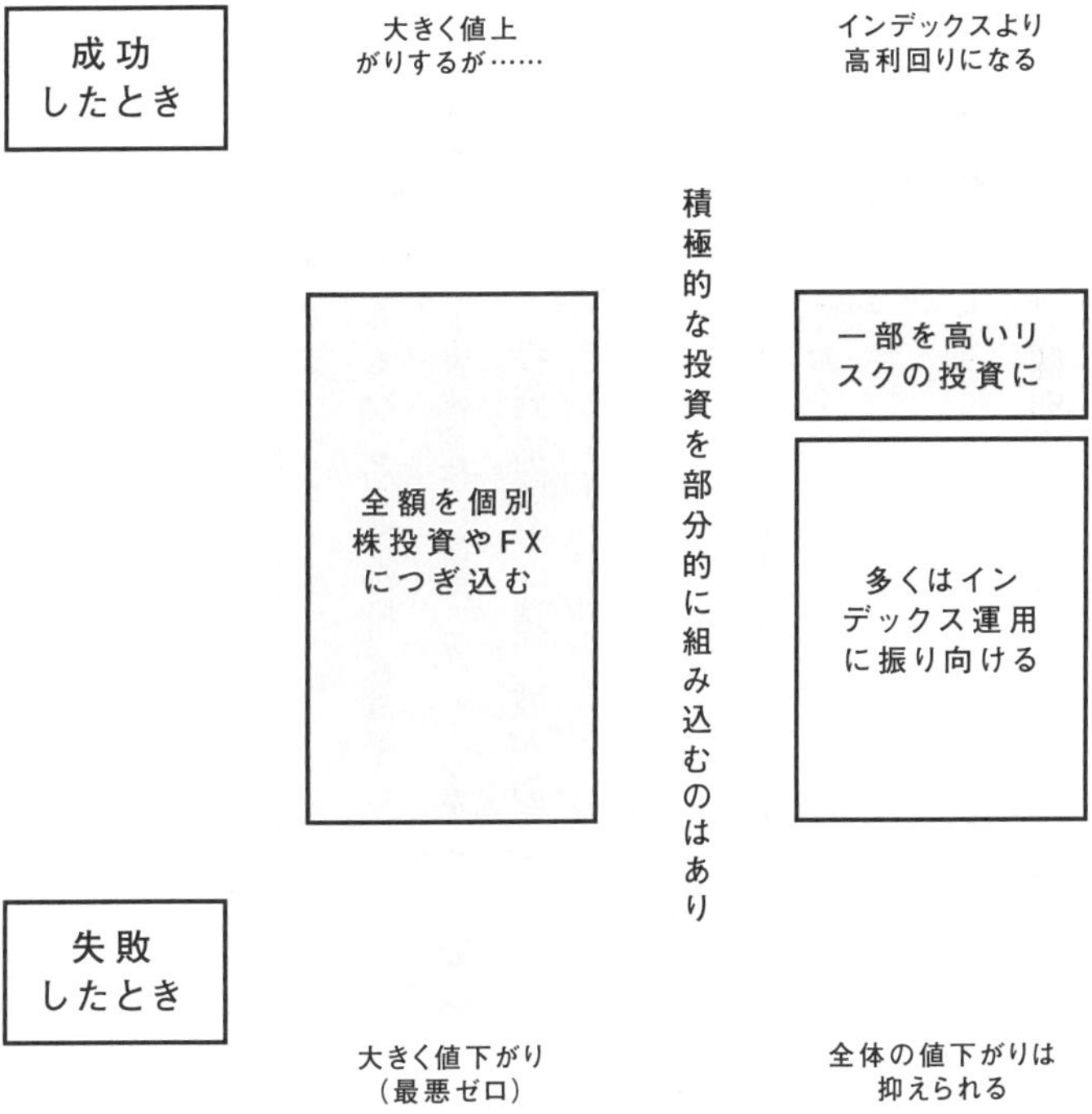
成功したとき
大きく値上がりするが……
インデックスより高利回りになる
積極的な投資を部分的に組み込むのはあり
全額を個別株投資やFXにつぎ込む
一部を高いリスクの投資に
多くはインデックス運用に振り向ける
失敗したとき
大きく値下がり（最悪ゼロ）
全体の値下がりは抑えられる

「部分的な個別株投資」は楽しんでもいいがインデックス運用も継続する

また、アクティブに売買をしたい人であっても、**全額をシフトするのではなく、部分的にインデックス投資は続けておく**ことをおすすめします。

たとえば投資資金の数割程度にとどめるなら個別株投資は楽しく、うまくいけば大きな利益になります（うまくいかなかったときも資産全体に深刻なダメージを与えません）。

iDeCoは毎月の金額も小さいですし、投資信託しか選択肢がありませんからインデックス投資を継続すればいいでしょう。これは標準的な老後の蓄えとします。

NISAについても、つみたてNISAの年40万円なら投資信託を20年持ち切るくらいのつもりでインデックス投資でよいと思います。一般NISAをやるにあたっても、半分くらいはインデックスファンドを持っておくことをおすすめします。

インデックス投資は愚直で、おもしろみに欠けるところがあります。それに対し、個別株投資は楽しいし達成感もあります。**個別株の誘惑とどこまでつきあっていくかは、FIREを目指すチャレンジャーの永遠のテーマ**なのかもしれません。

8 ＦＸや不動産投資は儲かるのか

ＦＸは手軽な投資のように見えて、多くは大損で終わる

ＦＸ、つまり外国為替証拠金取引が盛んです。ネットの広告でもよく見かけますし、日本のＦＸ個人取引は世界でも有数の規模にあります。実は日本のＦＸ会社が世界一取引高があるほどです。

ＦＸは小さな元手で大きな売買ができます。標準的には25倍のレバレッジがかけられるので、１００万円があれば２５００万円相当の外貨を取引できます。２５００万円のトレードで１００万円を稼げば、元本１００万円が２００万円に化けるということです。

しかし、理屈はそうでも現実はなかなか厳しいものです。ある調査によれば、**ＦＸにチャレンジした人のうち半数は損失を抱えており、利益を上げている人の割合は31％しかいなかった**そうです。そして53％はＦＸから撤退しており、その投資期間はなんと１年以内が69％ととても短いものになっていました。

これは相当悪い数字です。ある投資信託会社に直接口座を設け、5年以上積立投資をしている顧客の運用損益がプラスの割合は99%であったそうです（2020年9月末）。雑誌やネットの広告記事、あるいはカジュアルなテレビCMを見て、「手軽にお金を増やせるチャンス」と思っていたら、実態は大違いというわけです。

投機には手を出さないほうがいい

経済成長には時間がかかります。イノベーションが起きるためには開発の試行錯誤も失敗もあります。しかし、中長期的には世界は豊かになっていき経済は成長します。スマートフォンやタブレット、ハイブリッドカー、SNS、フリースなどの衣料品など「もしも今、それがなかったとしたら」が想像できない商品やサービスはたくさんあります。

しかしそれらの多くは過去に批判にさらされてきました。今考えてみるとAmazonの成長可能性に対する批判というのはものすごいものがありました。今、振り返ってみると近視眼的意見だったということがわかります。

「投資」は時間を必要とします。しかし、実際の経済成長を待たずに短期的な収益を得ようとすれば、違う理由でお金を増やすことになります。

多くは誰かとの「見立て」の違いにお金をかけることになります。このタイプの取引は「投資」ではなく「投機」です。同じ株式取引でもデイトレードなどは投機的売買といえます。

なお、投機をギャンブルという人もいますが、公営ギャンブルなど胴元の取り分がある（たとえばｔｏｔｏは50％が引かれる）ことが大きな違いです。これに比べれば投機的売買は有利ではあります。

しかし、**短期的な株価の動向や為替レートの動きで、あなたが「勝つ側」に立って売買をできるかどうかは別問題**です。

単純な理屈では半分は負けることになります。また、知識や経験値が少ない人ほど負ける可能性が高くなります。さらに資金が少ない人ほど負ける可能性は高まります。資金が多いほど、一時的な損失を抱えても様子を見る余力があるからです。

ＦＩＲＥを目指す人たちが、投機に手を出す必要があるのか、私は疑問に思います。おそらく高利回りを期待してのことでしょうが、それ以上のリスクの高さを無視することはできません。

FXにかけるリソースはそのリターンに見合うか

FXやデイトレードなどの投資手法を用い、短期で稼ごうとするにはそれなりのリソースを投じる必要があります。知識の蓄積はもちろんですが、**「時間」の投下が必要**になります。

就業時間中にこっそりトイレでトレードをする「トイレーダー」は職場のみんなにバレています。9時から3時のあいだだけしょっちゅうトイレに行くからです。

とある上場企業の人事部長によれば「そういうヤツは仕事に集中していない。だから人事評価が悪くなってしまう。結果として生涯賃金の差が何千万円になってしまうリスクに気がついていない」とのこと。仕事中のトレードが数十万円稼げたところで、本来の仕事をおろそかにしていてはFIREにはなりません。

あなたは仕事で稼ぎ損なった以上をトレードで稼げる自信があるでしょうか。

FXの場合、平日は24時間相場が動き続けるので就業時間を避けることもできますが、結果としてオフタイムの休息時間を削ることになります。欧米の経済統計が発表されると為替が大きく動くので、夜はチャートを見続けることになります。

トレードにイライラし、家族に当たり、体力と精神力は回復しないまま翌日の仕事に入ります。本来なら家族と笑顔の時間を過ごしたり、ドラマかアニメでも見て休息すべき時間を差し出して、そのトレード結果が見合うでしょうか。

仕事で稼ぐことと運用で稼ぐことの双方を得ようと、真剣にFIREに挑む人は、そのバランスを真剣に考える必要があると思います。

資産の集中は大きなチャンスと大きな損失可能性を抱える

もうひとつ悩ましいのは「不動産投資」です。「老後に2000万円」問題の渦中では、これをテーマに不動産投資のセミナーが全国で増えました。これからはFIREをテーマにしたセミナーが開催されることでしょう。

大家になることはリスクが低く確実な収益を得られる投資法であるとよくいわれますが、本当でしょうか。

まず、あなた自身が保守的に（つまり悲観的に見積もった）不動産投資の収益率を計算できないならそもそも手を出すべきではありません。もちろん売り手の提示する数字と同じに

なることはありません。そのうえで、

「半年空き室になるリスク（最悪、事故物件になる可能性）」

「設備メンテナンス負担が毎年家賃数カ月分かかるリスク」

「経年劣化により、家賃が徐々に低下していくリスク」

を見込めているかもう一度下方修正してみます。不動産投資は実際に成立しますし、大家は実際にたくさんいます。しかし、そう簡単な話ではないのです。売り手はもちろん「そうならないように、優良物件を選べばいい」「わが社はそれができる」というわけですが。

また、資産が集中しすぎることとの問題があります。インデックス投資は何千社に投資するので、ひとつの会社にトラブルがあってもあなたの資産の成長に痛撃を食らうことはありません。しかし1～2部屋、あるいは1棟くらいのアパートが、あなたの運用資産のほとんどすべてとなるため、空き室リスクは、運用成績に大きく影響を及ぼします。

不動産投資を行うときに、安易にローンを組むことも問題ですし、ましてや「実際に物件を見もしない」オーナーが多いことも問題です。これはインデックス投資で全企業をチェックしないのとは意味が違います。

現物の不動産投資についてはどれだけ慎重になっても慎重すぎるということはありませ

FXや不動産投資は儲かるのか

投機	or	投資
短期的見立てで売買		長期的な経済成長で増やす
プラスの人とマイナスの人がいる		みんながプラスに
半数は負ける 個人が不利		90%以上が勝てる
運用の負担が大きい		負担は少なく可能
FXやデイトレード		長期の株式投資

んし、手を出さなくてもＦＩＲＥの挑戦は成り立ちます。

とはいえ、個別株のところでも指摘したように、部分的に組み入れることはＦＸも不動産投資もあっていいでしょう。

たとえば１０００万円以上の資産に育ってきたとき、１００万円以下でＦＸするのはありです。しかし、すぐに投入資金を増やす誘惑にさらされることは間違いありません。同じ利回りを稼ぐなら１００万円より３００万円にしたほうがいいし、１００万円があっという間に半減したら取り戻そうと追加の１００万円を入金したくなるからです。これだけは注意してください。

不動産投資についてはその資産価値があなたの財産全体の3分の1を超えたらリスク偏重だと思いますが、５０００万円以上になってもなかなか難しいところです。不動産投資を行う人は、自分の資産形成における偏りがあることを常に心がけてください。

個人的には、ＦＸも不動産投資も、ＦＩＲＥへの挑戦には不要だと思います。

第5章

FIREのために絶対必要な知識

1 FIREを実現するために必要な「その他の知識」

FIREを実現するために必要な知識として、ここまで話してきた「以外」のところをこの章では一気に紹介していきます。実はこの「以外」の部分が大事であったりします。

標準的なリタイアへの理解があってFIRE計画がある

FIREを目指し、早くリタイアするとしても、「普通の人のリタイア」に関する知識を持っておく必要があります。

今現在では、65歳まで働き、そこから公的年金を受け取ります。しかし70歳まで働ける社会への移行も進んでいます。これは間違いなく実現するでしょう。

普通の老後は「公的年金収入＝日常生活費」というバランスで成り立っており、月5万円程度の預金の取り崩しを行い、趣味や教養娯楽費、交際費などをまかなっています。映画や美術展に出かけたり、旅行に行ったり、孫へプレゼントする予算は国からもらうものではないので、当たり前の話です。年60万円として30年以上を考えれば「老後に2000万円」を確保していく必要があります。

こうした「普通のリタイア」を理解したうえで考えるのが「早期リタイア」つまりFIREです。

そして早期リタイアが普通のリタイアへ及ぼす影響を考えておく必要があります。というのは、**FIREを実現すると、公的年金の受取額が標準より大幅ダウンするという問題がある**からです。退職金がほとんどもらえない点も考慮が必要です。

公的な制度の理解は必須。特に社会保障

公的な制度の理解を深めておくことはあなたのFIREに欠かせないファクターです。

たとえば、FIRE後の400万円の取り崩しは、現役時代の年収400万円より豊かな生活になりますが、その意味がわかる程度の税の理解は必要です（自分の資産はすでに課税ずみなので、取り崩しても課税されないため、全額が利用できる）。

年金保険、健康保険、雇用保険や介護保険など、社会保障制度の負担の仕組み、給付の仕組みも原則をさらっておきたいところです。たとえばFIRE後でも、国民年金保険料と国民健康保険料、そして介護保険料は払わなければなりません。

特に年金制度については誤解の多いところです。よく年金制度の破たん論を口にする人がいますが、これは誤りです。もし公的年金に頼らずFIREしたいなら、1億円の目標を2億円に増額するくらいの上方修正が必要ですが、破たん論と金融商品のセールストークをセットにする人は不安をあおるだけです。**公的年金制度は破たんせず、終身にわたって給付を受け続けられることに最大の価値があります**。このあと、公的年金に対して最低限度押さえておきたいポイントを説明します。

目の前のライフイベントをクリアするマネープランも欠かせない

ひとりひとりの人生に与えられた条件は異なります。親の介護の有無、相続財産の有無、兄弟姉妹の有無、結婚の選択、子どもの人数と進路選択に伴う教育費用、住宅購入の時期や条件など、ひとつひとつの条件が1000万円単位で分岐することもしばしばです。

そうだとしても、自分の人生についてお金のやりくりをどうするかを見極める程度のマネーリテラシーとプランニングのスキルは必要になります。

家計にＦＩＲＥが影響する要素として、たとえば次のようなものが挙げられます。

民間保障は払いすぎない（生命保険や共済）
住宅購入（とローン設定）で失敗しない
結婚するとき片働き（専業主婦）世帯にならない
子の年齢、人数に応じて計画的に学費準備を行う
親の介護負担を適切に設定する
親からの相続期待額を見込む（あるいは見込まない）
兄弟姉妹の借金は安易に背負わない
そして自分がお金をしっかり貯めていることはできるだけ伏せる

ここではそれぞれのポイントをＦＩＲＥを目指す観点から簡潔に説明したいと思います。詳細についてはテーマごとに書籍もたくさんありますので、適宜情報収集していくといいでしょう。

ＦＩＲＥはマネーリテラシーの総合問題

こうしてみると、ＦＩＲＥはマネーリテラシーの総合問題の様相があります。幅広いお金に関する知識を組み合わせていくことで、ＦＩＲＥへのチャレンジが計画できるのです。実は「普通の老後」に向けた、老後資産形成を現役時代に意識し実行することもお金の総合問題です。ＦＩＲＥがその延長線にある以上、複雑で難しいのは当然のことです。

必要であれば、アドバイザーを得てもいいでしょう。あなたの資金計画をサポートし、適宜見直しを提案してくれるようなファイナンシャルプランナーがいればＦＩＲＥの道のりはぐっと楽になります。

ただし、ＦＩＲＥについて懐疑的なＦＰに相談を寄せるとむしろ逆効果になりますから、あなたのＦＩＲＥを応援してくれるＦＰであることは大前提です。

ひとりでチャレンジする場合には、ファイナンシャルプランニング技能士２級（日本ＦＰ協会ではＡＦＰ）の取得をしておくことをおすすめします。

FIREに影響を及ぼす その他の要素

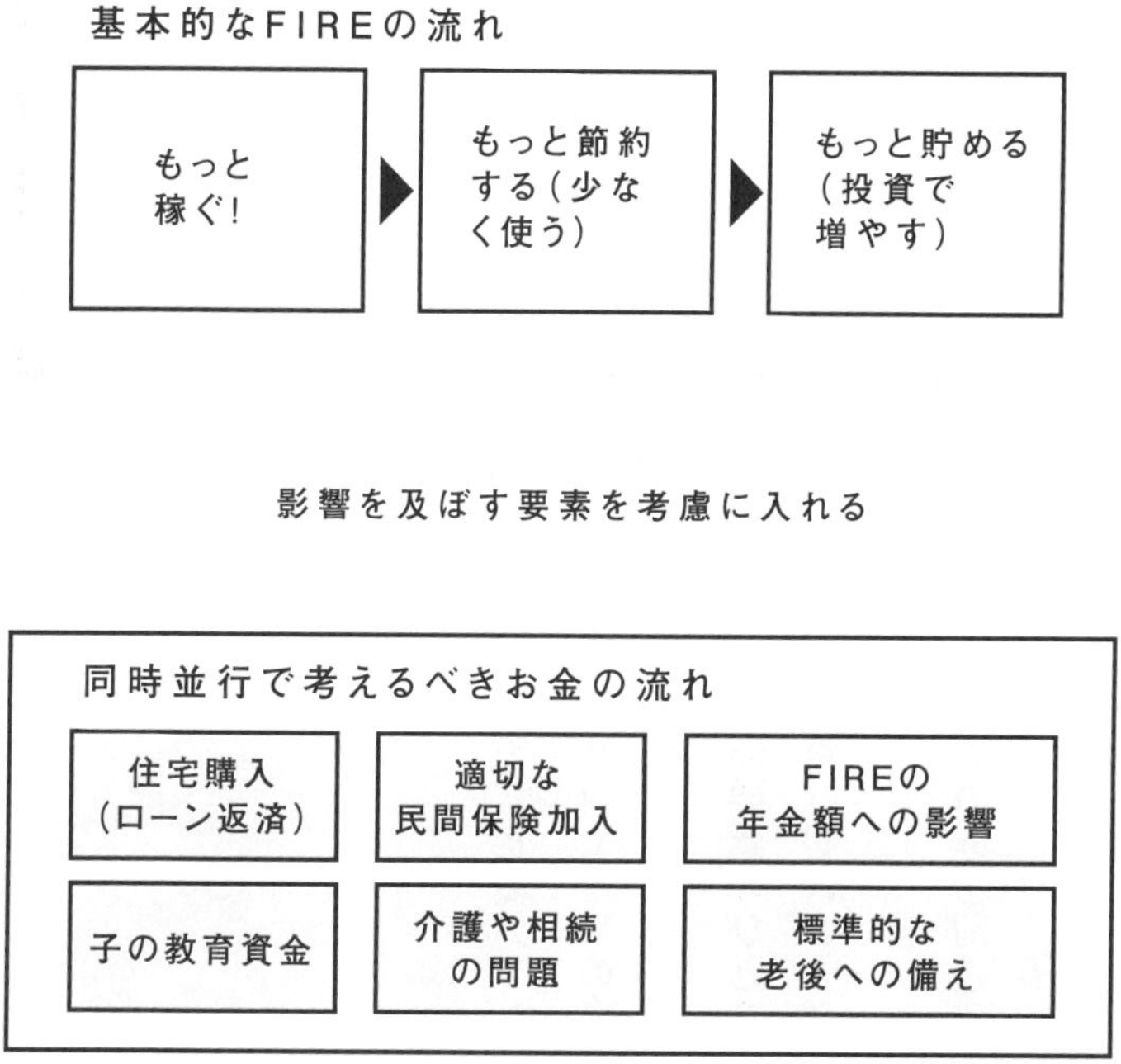

2

FIREするなら「家」の確保はどう考えるべきか

マイホームを買えばFIREが遠ざかる？

「家」の購入とFIREは一見すると矛盾する要素と思えます。家を買うために何千万円もの支出をしなければならず、その分FIREのゴールにたどりつくための資産形成がままならないことになるからです。

しかし、**住宅の取得を考えることはFIRE実現に欠かせない要素のひとつ**です。むしろ「住宅購入＋FIRE分の資産確保」があって、FIREに踏み切れると考える必要があります。

そもそもでいえば、FIRE実行後、家賃を払うとなれば、その分を別途確保することになります。「年400万円の生活でFIRE」とよく例えられますが、月6万円の賃貸生活をするならそれは「年472万円のFIRE生活」ということです。1年あたり約20

%の必要額が上乗せされたことになります。

自宅を取得してある、ということは固定資産税などの負担を織り込めば、永続的に家賃の心配はいらないということです。少なくとも、固定資産税が家賃より高くつくことはありません。

私はマンションなどの本質的価値を考えると　売買価格は高すぎると考えていますが、それでも自分の家を確保する取り組みは必要だと考えています。

もうひとつの理由は「リタイア後」を見据えると明確になります。

マイホーム抜きの老後はなかなか苦しい

公的年金水準は「家賃手当」を含んで設定されていません。賃貸生活者のために家賃手当は上乗せされません。おおむね年金収入と日常生活費は等しくなっています。これはつまり、引退後には原則として持ち家を所有していることを国は想定しているということです（そのために、住宅ローン減税などを政策で実施、住宅取得を促しているともいえます）。

生涯を賃貸で過ごしたいと考える人は、「老後に2000万円」問題とは別に「老後の生涯家賃相当分」を確保してリタイアする必要があります。

仮に引退後は月6万円のシンプルな部屋に暮らすとしても、100歳人生を見込めば65歳から35年分、なんと2520万円も必要になります。「老後に2000万円」の予算は倍増します。月12万円の部屋ならその倍ですから5000万円でも足りなくなります。FIREの前提が大きく変わってくるわけです。

これにFIRE期間分の家賃も必要です。40歳リタイアで25年分を確保するなら月6万円の部屋でさえ1800万円です。

さらに指摘を加えると、数十年分の家賃をあらかじめ確保するというのは、さらに難しいところがあります。家賃が改定されて増額する可能性、更新料や家賃保証料等の発生、建て替えなど大家さんの都合による退去リスクなどを考えると実際にはもっと上乗せしておく必要があります。

現役時代は賃貸派でもいいのですが、ことFIRE後、そして老後については死ぬまで居座れる「終の住処」は必要だと考えられるのです。

また、住宅ローン設定者に税制優遇が与えられるのも無視できません。住宅ローン減税はiDeCoと並んで会社員が得られる数少ない税制メリット（所得控除）です。

FIRE達成後は所得がなくなり資産の収益や取り崩しで暮らすことを考えると、所得税・住民税の課税額がそもそも減少し、税軽減メリットを最大限享受できなくなります。そのため、FIRE達成までに家を購入し住宅ローン減税を活用するような視点も必要になってくるのです。

FIRE成功者の多くは自宅を確保している

実際問題、FIREに成功した人を見る限り、自宅を確保していることが多いように思います。ついつい「億り人になるプロセス」のほうに注目が集まり、運用テクニックばかりを参考にしたくなるわけですが、むしろ注目すべきは、住宅購入などの「運用以外」の資産形成の部分です。

FIRE成功者やファイナンシャルプランナーは、住宅の購入なども「資産形成の一部」と考えています。ですから住宅購入もシビアに判断します。広い家がほしければ駅から遠く、あるいは郊外に移動する選択もためらいませんし、逆なら狭い家でも許容します。

新築、中古物件についての評価も冷静です。新築物件は、住宅が長持ちするという意味では最上です。しかし「新」というだけで割高でもあります。築5年の中古物件が10～20

%くらい割安になったとしたらその差は数百万円にもなり、無視できません。

一方で中古物件に飛びつくわけでもありません。自分が死ぬまでそこに住めるか（あるいはその家を手放すときに買い手がつく価値があるか）を考慮して物件選びをしています。

徹底的に仕事で稼いで、徹底的に節約をして貯め、効率的に増やす方法を模索することは大事ですが、そこに「家を買う」も織り込む必要があるわけです。

住宅購入もＦＩＲＥ計画に織り込んでみよう

家を上手に買うためにはまず、無理のない価格水準の物件を選び、可能な限り低金利でローンを組む必要がありますが、できる限り多くの頭金づくりとできうる限り短い返済計画を立てることがＦＩＲＥ実現のためにも必要になります。

頭金を多く持つことで、まず借入額を減らします。そして借入額が減るほど完済は近づきますし、ローンにかかる利息を軽減できます。

返済計画を短くすることは、ＦＩＲＥ成功後にローン返済を残さないために欠かせません。また、返済計画を長期に設定するほど利息もかかり続けるため、短期返済を設定するほうが有利になります。

FIREするなら
賃貸か持ち家か

生涯賃貸派	持ち家派
一生涯の家賃確保（老後だけでも2000万円以上）	FIRE実現までに住宅ローンを完済すれば以降家賃ゼロ（家の取得費用もFIRE実現費用の一部）
本来の老後のための準備額（いわゆる2000万円）	本来の老後のための準備額（いわゆる2000万円）
FIREのための準備金額	FIREのための準備金額

目標額をかなり上方修正する必要

以前、新聞報道で、住宅ローン返済の年齢が今や平均73歳だという記事がありましたが、これではFIREどころではなく、73歳まで現役で働くことを認めてローン設定しているようなものです。FIRE志望者は45歳で返済が終わるくらいの計画を立ててもおかしいことはありません（その分、返済計画は大変ですが）。

住宅購入は頭金と返済を考えると数千万円の「寄り道」に思えるかもしれません。家を買ったらFIREから遠ざかるのではと考えてしまいます。

しかし寄り道と考えるのはあまり適当な理解ではありません。**家賃はいつまでたっても支出ですが、住宅ローンは借りたお金を返し続けるプロセスであり、最終的には持ち家を資産とすることができます。**

「家を含めてFIREのプランニングが必要なのだ」と考えるべきでしょう。

3 民間保険はどこまで削っていいのか

保険は入るべきか、入らなくていいのか

会社員になると、職場の入り口に保険営業員が立っていて勧誘を受けることがあります。「御社は私がお世話させていただいております」と、選択肢は他にないかのような話法から徐々に距離を詰めてきて、何度も話しかけられているうちに、根負けして加入してしまったりします。

実はこうした「親近感」は、生命保険会社にとっては大事なビジネスモデルになっています。テレビCMもそうで、繰り返し繰り返し、広告宣伝費がいくらかかろうとも、笑顔のアイドルが登場し保険加入の必要性をPRするのも親近感を高める方法のひとつです。

実際に必要かどうか、ではなく、親近感を理由に加入するのはまったく合理的ではありません。**合理性を追求してFIREを目指す人が、ムダなお金、月数万円を保険に払い、「時々もらえる遊園地のチケット」などと交換しているとしたらもったいない話です。**

保険を「売る人」の話を真に受けると、相当の保険料が必要になります。あるカップルは結婚を機に保険の見直しを、と窓口相談をしたら月5万円の保険加入をすすめられたそうです。これに自動車保険も足せば、保険料は家計をかなり圧迫します。しかし、将来もどってくるのはそのごくわずかです。

削っていいものなら、削りたいところですが、どこまで削ってもいいのか、ちょっと考えてみましょう。

大病になっても年間100万円以上の医療費負担は必要ない？

病気やケガについては実際にかかった医療費の3割負担で治療が受けられます。これは公的な健康保険に加入して健康保険料を納めているからです。毎月の健康保険料を上回る医療費となっても、超過額を請求されることはありません。

そして1カ月あたりの医療費負担が8万円くらいになると「月あたりの打ち止め」となります。高額療養費制度というものです（年収370万〜770万円の場合。最終的な負担は医療費負担の一部を上乗せして決まる。また高年収の場合、上限額は上がる）。

つまり基本的には年間100万円で医療費負担は打ち止めとなります。また、高額療養費の対象となる月が4回以上になると、さらに上限が引き下げられます（この場合、月44400円）。病院の外で処方された薬も計算対象ですし、家族も医療費がかさんだ場合はこれも合算されます。

約8万円が3カ月、4カ月目からは月4・4万円とすれば、実は年間60万円以上の医療費負担を考える必要はほとんどありません。もちろん、差額ベッド代であったり、入院にかかる様々な費用であったり、上乗せでかかるものはありますが、「そもそも年100万円くらい取り崩す経済的余裕があれば、医療保険はなくてもいい」といえます。

また会社員の場合、病気療養で休むあいだの経済的保障もあります。辞表を出さずに休職している場合、最大で1年半にわたって休む前の給与の3分の2相当を受け取ることができます（傷病手当金）。3分の2といっても、非課税扱いなので、休む前の手取りに近い額になります。

なお、業務上のケガなどは労災が下りますから、これまた全額治療費がかからず、また仕事を休んでの療養時の給付も受けられます。

よく「入院したら保険金がもらえたので、タダですんだ。儲かった」というような話がありますが、これは今まで払った保険料をノーカウントにして、もらった額だけ考えているから起きるミスリードです。実際には何十万円も保険料を払って数万円もらっているような収支になるのがほとんどです（数年おきに何万円かもらえる仕組みも、自分のお金が戻ってくるだけなのでありがたがる必要はありません）。

「でも、ガンで仕事が続けられなくなったら？　日本人の多くがガンで亡くなるらしいし」という人もいますが、確率的にはどうでしょう。30歳の人が向こう20年のあいだ（つまり現役時代）に亡くなる確率は、実は1％にもなりません。ガンの発症はほとんどが高齢期に集中しており、また亡くなる確率も年金生活の年代に集中しているからです。

となると、**若い人がガン保険にいくら保険料を払っても、給付を受ける可能性はかなり低いことになります。**

なお、医療保険の範囲で治療を受ければ、ガン治療でも高額療養費の対象なので上限があります。

もし、あなたが死んだとき保障はいるか

ここまでは医療保険について考えてみましたが、死亡保障についてはどうでしょうか。

たとえばあなたが独身で、葬式代が出せればもう十分であるなら、FIREのために貯

め込んだ資産を親族に使ってもらえば十分足ります。

共働きなら、どちらかが亡くなったとしても生活が成り立たないことはありません。遺族基礎年金（子が18歳到達の年度末まで）・遺族厚生年金も国から支給されます。これまた死亡保障といっても葬式代で十分です。ＦＩＲＥ資金を使ってもらえば足りるでしょう。

ちなみに住宅ローンは団体信用保険をつけていれば死亡時に全額返済扱いとなります。

ＦＩＲＥに向けてチャレンジ中で、すでに２０００万〜３０００万円を超えてきた場合、葬式代と子どもの学費もなんとかなる状態です。

しかし、**高額の死亡保障を掛け捨てで加入していた場合、そのほとんどは戻ってこない**ことになります。「そもそも私たちが60歳まで生き残る確率は95％」という高い割合であるからです。

資産がないからこそ、保険に頼る必要がある

今、資産があれば医療費も死亡保障も足りてしまう、といいましたが、**保険は基本的に「資産がない人ほど必要なもの」なのです。**

たとえば自動車保険ですが、死亡事故を引き起こしてしまったとき、対人の賠償が億単位になることもあります。年収5000万円の開業医の交通事故死では5億円払われることがあったそうです。

これは当然、個人が払える範囲を超えますから保険が必要になります。損害保険、特に自動車保険についてはFIREを目指している人であっても加入する必要があります。

しかし生命保険については、多くの人が「かけすぎ」であり、貯蓄余力を減らしている傾向があります。貯蓄性のある保険商品もありますが、そのほとんどは、iDeCoやつみたてNISAでインデックスファンドを購入するよりお得とはいえません。特に中途解約ペナルティが設定されている保険は、お得さよりもデメリットが上回ります。

必要なリスクに、必要な額だけ備える

ここまでの説明で答えはほぼ見えてきました。**FIREチャレンジ中は、民間保険に入る必要がほとんどありません。**

まず死亡保障をむやみにつける必要はありませんし、医療保険もFIREチャレンジ中の資産状況ならなくても困ることはあまりありません。

子どもが誕生したら高校と大学の学費分だけ保険をかけるとして、毎月数千円の掛け捨てで1000万円の死亡保険に入るか、学資保険に入るかすればいいでしょう。学資保険は年率換算してみると利回りはあまり期待できず資産運用としては物足りませんが、死亡時には満額を受け取れるメリットがあります。しかし、資産があれば、保険をかけなくても遺児の学費に困ることはほとんどありません。

それでも気になるなら、都道府県民共済に月2000円くらい払っておけばいいでしょう。都道府県民共済は支払いに使われなかったお金を還付する仕組みがあり、37%が還付されています（都民共済の令和元年度決算。総合保障型・入院保障型の場合）。実質的な掛け捨ての負担は月1200円くらいということです。

ただし、いくつかの保障はかけておきます。まず**損害保険だけはケチってはいけません。**自動車を運転する人が自動車保険に入らず、高額賠償となっては先行きが立たなくなります（相手にも迷惑をかけます）。また住宅ローンを組むときは団体信用保険をつけておきましょう（公的な住宅ローンであるフラット35は任意。民間の銀行ローンは多くは加入が義務となっている）。これも死亡時にはローン完済となり、結婚しているなら借金を相続せずにすみます。

FIRE後の保険はどうするか

FIRE実現後はどうでしょうか。

まず住宅についてはローンを完済しているでしょうからあまり問題になりません。

死亡時にお葬式をあげる資金がない、ということも考えにくいでしょう。

となると、先立ったときに配偶者や子どもが困らないか、というところが気になります。

しかしこれもFIRE実行者の資産水準を考えればなんとかなってしまうのではないかと思います。

ちなみに、FIRE後に加入するであろう国民健康保険にも高額療養費制度がありますので、医療費の上限も心配ありません。

FIRE後も、生命保険に何万円も払う必要はないと思います。これまた、気になるならひとり月2000円の都道府県民共済で十分でしょう（入らなくてもほぼ困らないと思います）。

民間保険はどこまで削っていいのか

	病気になったとき	休職したとき	死亡したとき
公的な「保障」	健康保険制度の高額療養費制度により「上限」がある	健康保険制度の傷病手当金により1年半は給与に準じた額がもらえる	子が18歳の年度末になるまでは遺族基礎年金が出る(会社員は遺族厚生年金も)
どれくらいあればいいか	年100万円もあれば医療費の心配はない	休職中の経済的心配はない	自分の葬式代と、子の高校大学費用があればいい(ひとり1000万円)
	資産があれば加入不要 気になるなら都道府県民共済で十分	会社員なら加入不要	独身なら加入不要 子がいる場合も資産があれば不要

4 子どもを育てるとFIREが遠ざかるか

子どもはお金がかかるが子どもからのリターンはない

子育ては大きなお金がかかる問題です。子どもを3人以上育てる場合、家一軒買えるくらいのお金がかかる、なんていう人もいます。そしてそれはおおむね間違ってはいません。子どもを扶養する義務が親にはあります。実際には自分が負担するのと同額くらいの税金投入がなされているのですが、それでも大きな負担です（たとえば小学校から大学までの16年間、毎年90万〜100万円程度の公費が捻出されています。保育園や幼稚園も3年間は無償です）。

そして社会の大きな変化として見逃せないのは**「子どもが親にお金を返してくれる時代ではない」**ということです。日本が高度経済成長を遂げる時期までは「子どもをいい学校に入れていい会社に入ってもらえば、老後の仕送りなどでお金が返ってくる」という構図がありました。子育てをすれば、将来に経済的なリターンがあったわけです。これは子育てのインセンティブのひとつでした。未成年に児童労働をさせていた時代もありました。しかし、今どきの子どもが社会人になっても、親の年収を上回るのには時間もかかります。まさか初任給20万円の子どもに月5〜6万円の仕送りをしろというわけにはいきません。もちろん児童労働はさせられません。

基本的に、**子どもは経済的リターンを期待する存在ではないと考えるべき**です（実はこれ、家庭内の仕送りが、公的年金制度への保険料負担を通じた社会的な仕送りにシフトしている構図でもありますが、これ以上の解説は割愛します）。

ＦＩＲＥと奨学金はあまり相性が良くない。親は学費準備を心がける

老後の経済的安心は自分で確保しなければならない時代です。

これは「自分の老後のお金」と「子どもの学費の負担」を天秤にかける必要があったとき、自分の経済的安心を後回しにしてはいけないということです。なんとか学費は用立てたが老後は苦しい、だから子どもに仕送りを求める、というわけにはいきません。

欧米では「老後の負担は求めない」けれど「大学の費用は自分でなんとかしろ」という感覚があるので子が奨学金を求めて必死になります。親が金持ちのセレブ高校生が登場す

る海外ドラマであろうと、3年生になると恋愛ではなく奨学金ネタが連続するほどです。

ところがFIREを目指す人は、この「学費は自分でなんとかしろ」が使いにくいのがちょっとやっかいなところです。自分が40歳代ないし50歳代前半でアーリーリタイアの生活に入っている、つまり経済的安定を標準的リタイア年齢より10年以上早く確保しておきながら、子の学費は奨学金を取らせるというのは、なかなか親子の間で心理的折り合いがつかないでしょう。

自分の老後の経済的確保がままならない人は、子の学費負担を奨学金に頼むこともあるでしょう。しかし**FIREの達成に踏み切る人は子の学費負担も親として自分が行うものだと考えておいたほうがいい**でしょう。

カギは高校と大学。ここでひとり1000万円

すべての子育ての費用をどれくらい織り込むべきかは実は難問です。というのは日常生活に関する費用は「親の分と子どもの分」のように線引きされているわけではないからです。炊飯器に米を入れるとき「親の分」「子どもの分」と米びつを分けているわけではあ

りません。旅行も予算は一体化されています。

そうすると日常の生活費は親子を分けずに家計の中に織り込んでいくのが現実的でしょう。全体として節約を考えるわけです。食費も日用品も、家庭として支出を抑制することを考えます。

しかし、明らかに線引きできる支出があります。教育費とおこづかいです。


高校と大学の学費総額については公的な調査データがあります。それによれば**標準的な学費総額は、高校と大学の7年間で約1000万円**です。もちろん進路の私立・国公立の違い、学部学科にもより変動しますが、これをまず意識して準備するといいでしょう。

高校については無償化の取り組みがありますが、ある程度の所得を得ている層は対象外となる可能性を見積もって確保しておくべきです。早期リタイアに成功して所得ゼロと申告したら、無償化の対象となれば幸運だったと思うくらいがいいでしょう。

教育費で見逃せないのは予備校や塾の費用の上乗せです。無制限に予算を認めていると年100万円どころではありません。かといって予備校の予算をケチって留年になっても困るので、必要かどうかそのつど判断して予算を認めていくことになります。

おこづかいについては世間標準くらいは渡してあげるとして統計を見てみると、小学生が月500円程度が多数派ですが平均は月1000円です。中学生は月1000円程度が多数派ですがこれも平均は約2500円と上回ります。高校生は月5000円が多数派で、かつ平均もほぼ同様になります。となると小中学生でいくら渡すかがカギとなります。多く渡す場合はその範囲でおかしやおもちゃ代をやりくりするよう指導し、少なく渡す場合はゲーム代など時々サポートすることになるでしょう。

子どもがいない人生を選ぶか真剣に考える

子どもがほしいと思ったとき、すぐに子どもができるかどうかはわかりません。不妊治療もお金がかかっても結果は伴わないこともあります。

しかし「子どもがいない人生を選ぶ」ということはそれほど難しいものではありません。結婚しない、あるいは結婚しても子どもをつくらない選択を夫婦ですることもできます。

ただし、あとから「やっぱり、子どもはほしかったな」とさかのぼることはできません。子どものお金の問題は、あとから検討や修正は可能ですが、時間だけは取り戻すことが困難だからです。

子どもを育てると FIREが遠ざかるか

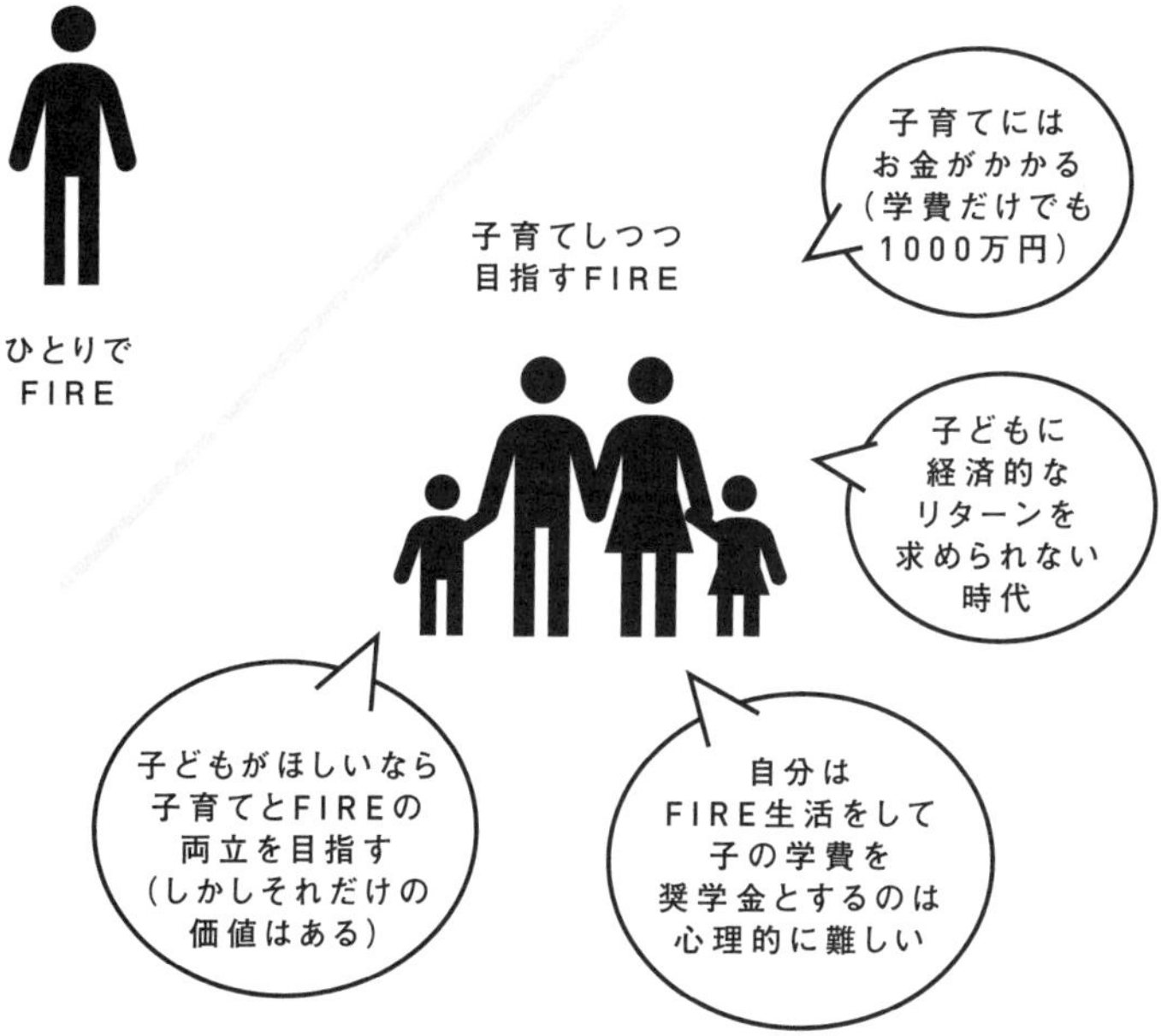
ひとりで FIRE
子育てしつつ 目指すFIRE
子育てには お金がかかる (学費だけでも 1000万円)
子どもに 経済的な リターンを 求められない 時代
子どもがほしいなら 子育てとFIREの 両立を目指す (しかしそれだけの 価値はある)
自分は FIRE生活をして 子の学費を 奨学金とするのは 心理的に難しい

わが家の話を少しだけすると、私が40歳と42歳のときに子どもが2人生まれました。不妊治療をしています。250万円ほどかかっています。

子育てにも何かとお金がかかります。将来のリターンは期待していません。しかし、子どもを映画に連れて行ったら感動していたり、兄妹で仲良く遊んでいたりする、ちょっとしたことに成長や新鮮な驚きを感じる日々です。やっぱり、子どもがいてよかったなあと思います。

FIREを目指す人にひとつだけいえるとしたら、**子どもがほしいと思っているのなら、その人生の選択によって早期リタイアの夢を断念する（あるいは遅れる）ことになっても、子どもと過ごす人生を選んでみてはどうか、ということ**です。

FIRE成功者でも、子どもがいて実現した人もいれば、結婚していない人もいます。

これはあなたの人生の満足や幸せの問題において、お金の問題は些細なことです。自分自身が後悔のない選択をできるか、夫婦でどの道を選ぶか、しっかり考えてみたいところです。

5

家族との意識共有は必要か？ 独り相撲で目指してもいいか

独身者の目指すFIREは基本的にひとりで戦う

「おひとりさま」はもはや珍しいことではありません。4人にひとりは生涯独身の時代が到来していますし、結婚しなければ半人前というような時代でもありません。

おひとりさまの人生を選ぶのは自由ですし、堂々と暮らせばいいと思いますが、そのためには経済的な安定をひとりで確保するという心構えは必要です。

結婚していない人がFIREを目指すのは、自分ひとりの人生をしっかり自覚し、自分で自分を守るチャレンジです。

そして当然ながら「ひとりで考え、ひとりで稼ぎ、ひとりで行動する」ということになります。資産運用は投資信託等を活用すれば負担は軽減されますが、それでもお金の管理は自分で行う必要があり、それは孤独な戦いになります。

お金の話は近しい友人と共有するのが難しいナーバスさがあります。特にシングルの人が何千万円も有していてさらに貯め続けているということを話すのは危険も伴いますので（特に女性は）、仕事場の仲間や親しくない友人には話さないほうがいいと思います。親友と呼べる相手でも、伏せておくくらいがいいでしょう。

どうしても相談相手がほしいなら、ファイナンシャルプランナーなどのアドバイザーに1年に一度（数年に一度でもよい）、相談料を払ってチェックしてもらうのがいいでしょう。FIREを目指す同好の士と語り合う場があれば好ましいですが、交流は慎重に行いたいものです。私が結婚詐欺師なら女性を狙って参加するでしょう。ペンネームを使ってブログやSNSをするのはいいと思いますが、悪口などの精神的攻撃を受ける可能性もありますので、他人の意見は基本的に読まないくらいがいいでしょう。

既婚者で子どもがいる場合、FIRE一直線とはいかない

さて、結婚している場合はどうでしょうか。既婚者は子どもがいない場合（今はいない、も含めて）と、子どもがいる場合（これからつくりたいと考えている、も含めて）でマネープラ

ンが大きく変わってきます。

なんといっても、毎月の生活コストと、将来必要なお金がまったく変わってきます。教育費の問題はすでに見てきましたが、FIRE実現への目標額もおひとりさまと比べて上方修正が必要になるでしょう。

ただし、いいこともあります。**ひとり暮らしより2人暮らしのほうが「ひとり分」としては省エネで暮らせる**ということです。家計をざっくり比較すると、2人以上の世帯とひとり世帯は生活コストは半分にはなりません。減ってもおおむね3分の2くらいにしか減らないのです。言い換えれば、ひとり暮らしは割高ということでもあります。これはFIREに向けては夫婦のほうが貯蓄力を高められる側面です。

悩ましいのは家族や子どもがいる場合です。FIREの目標を実現したいからと、徹底的に節約をしたとき、子どもを飢えさせたり、オモチャなどを買い与えなかったり、進学コースを限定することは困難です。別項目で紹介した本多静六の回顧録では、おかずがなくて子どもが泣いていたときでもごま塩ご飯で十分といい、収入の25%貯蓄は止めなかった、というエピソードがありますが、今どきそんなことは実行困難です。

家族があり、子どもと過ごす時間はかけがえのない財産である一方で、FIREに向か

って一直線に突き進むことはできなくなります。もちろんそれが悪いというわけではありません。

共働きは力となるが独り相撲では無理

むしろ結婚していてメリットがあるとすれば、夫婦で協力してFIREを目指すことで力強い資産形成力が手に入ることです。ただし、共働きを前提とし、FIREに取り組むことへの夫婦間のコンセンサスづくりが重要になってきます。

夫婦で片方がFIREを目指し、徹底的な節約を行っても、もう片方は賛同せずまたその生活水準を受け入れないとすればこれはかみ合わないどころか、アクセルとブレーキを一緒に踏むようなものです。

片方が削った支出は片方が負担することになるはずで、全体ではほとんど節約できないことになり、そしてパートナー側には不満が溜まります。

共働きでFIREを目指す場合は、その目標を双方が理解し（つまりあなたが配偶者に説明し）、そのためのプロセスについても価値観を共有することが必要です。

基本的には生活や人生の価値観がある程度重なっている者同士が夫婦となっているはずですから、話し合いによって理解が深まる余地はあります。しかし一般的な価値観ではありませんから、ＦＩＲＥを目指すだけの覚悟を受け入れてもらう必要があります。

年収を増やす努力を惜しまない姿勢、少しでも多くの節約を行うための生活改善努力などは、それなりにしんどい部分があります。「あなたのやり方にはちょっとついていけない」といわれる可能性はゼロではありません。

その先に待っているゴールのイメージを共有しながらＦＩＲＥへの賛同を得たいところです。

夫婦で話し合い、挑めＦＩＲＥ

ひとりでＦＩＲＥに邁進するのではなく、夫婦で話し合う中で、目の前の生活の豊かさも尊重しつつ、ＦＩＲＥを目指すプランも考えるべきでしょう。

たとえば40歳代ＦＩＲＥではなく、確実なプチＦＩＲＥを目指し、できれば50歳代でのＦＩＲＥ完成を目指すようなところに落とせば、目の前の生活にもある程度お金がかけられますし、がんばることへの納得が得られるかもしれません。

共働きがＦＩＲＥをたぐり寄せるために大きな力となることは間違いありません。特に年収１０００万円を超えていく道への最短ルートは共働き正社員であることだからです。稼ぐことについて触れた第２章では正社員での共働きの重要性を指摘していますが、ひとりではなかなか難しい世帯収入１０００万円や１５００万円を引き寄せることも共働きなら可能です。30歳代でも「夫婦それぞれ５００万円」の年収で合計１０００万円になります。年収１０００万円へのキャリアアップも独り相撲する必要はないわけです。

そして、夫婦がタッグを組んでＦＩＲＥを目指すとき、ひとついいことがあります。それは「励まし合う仲間がいる」ということです。

孤独に目指すおひとりさまのＦＩＲＥは大変です。**夫婦が協力できれば、ときには慰め合ったり、肩を叩きながらゴールを目指していくことができます**。幼児の子育て中や病気で健康を損なう時期があっても、それを乗り越えて２人でＦＩＲＥを目指していくことも可能です。

ぜひ夫婦で話し合い、ＦＩＲＥの夢実現に挑戦してみてください。

FIRE実現に
夫婦の協力は不可欠

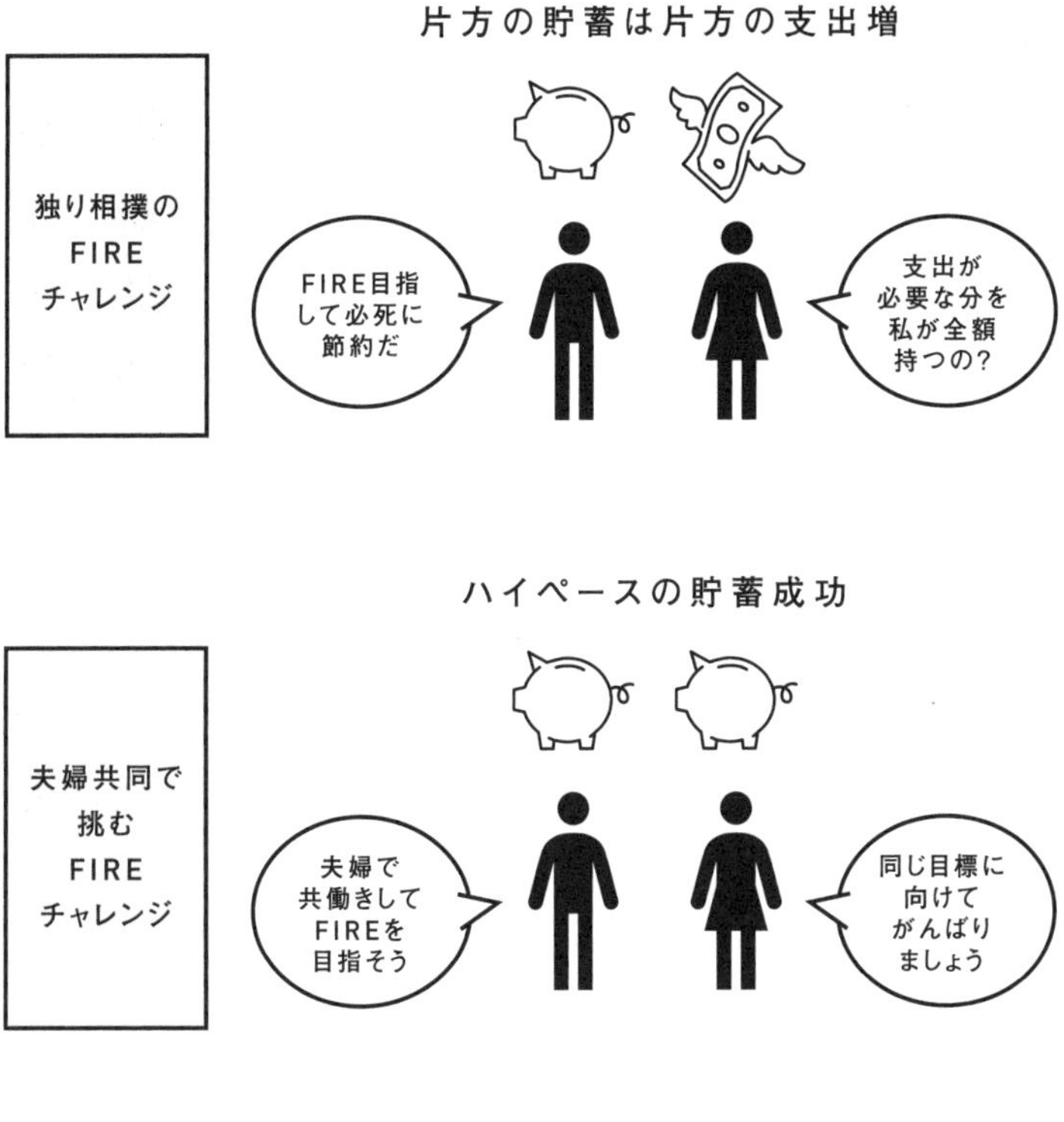
片方の貯蓄は片方の支出増
独り相撲のFIREチャレンジ
FIRE目指して必死に節約だ
支出が必要な分を私が全額持つの?
ハイペースの貯蓄成功
夫婦共同で挑むFIREチャレンジ
夫婦で共働きしてFIREを目指そう
同じ目標に向けてがんばりましょう

6 普通の人のリタイアはどうやって行われているのか知っておく

FIREを目指している人が、普通にリタイアをする人の人生とお金の流れを知って損をすることはまったくありません。普通のリタイアはどう行われるのでしょうか。

現在、標準的なリタイアは65歳

現在の日本では、60歳より若い定年年齢を規定することは認められていません。また、65歳までは希望する社員を雇い続ける義務が会社にはあります。

公的年金は受給開始年齢の引き上げを1990年代に行い、段階的に65歳まで引き上げました。これにより**「65歳が標準的引退年齢」**となっているのが現在です。法律的には70歳まで働ける社会への移行がスタートしましたが、まだ努力義務規定にとどまっています。

60歳から65歳までの期間は、正社員として雇う義務とはなっていないため、会社ごとにルールを定めています。一部の会社では正社員として通常通りに働き続ける仕組み（65歳定年制）としています。この場合、ボーナスも出ます。

しかし多くの会社ではいったん60歳で定年退職とし、再び雇用契約を結び65歳まで雇っています（継続雇用制度）。この場合、仕事の内容も変化しますが、賃金も下がります。ボーナスは出る場合と出ない場合があります。社会保険については加入するのが一般的です。

多くの人が65歳まで働いている実態

60歳での雇用状況を調べた調査では、60歳を過ぎても働いている人の割合が80%を超えています（男性の場合）。ほとんどの会社員は早期退職よりは65歳まで働くことを選んでいるわけです。

マネープランの見地では、65歳まで5年間無収入期間をつくると退職金（これは60歳定年退職時に支給される）を取り崩すことになります。そうなると、本来は65歳以降のセカンドライフ（平均で男性20年、女性は25年）で使うべき予算を使い切ってしまうことになり、65歳からは苦しい老後になってしまいます。

60歳からの再雇用は低賃金になることが多いのですが、それでも65歳まで働き、とにかく取り崩しを抑えることが合理的といえます。

経済的に余裕があるなら、60歳で辞めることは自由です（そもそも何歳で辞めたって自由ですが）。**FIREを目指すことは、低賃金でも「仕方ないので働く」から脱出する試みであるわけです。**

一方で、60歳はまだ精神的にも肉体的にも働けるだけの力があり、当人も働く意欲を持っているという側面もあります。

変革の兆し。65歳まで賃金が下がらない流れ

とはいえ「60歳で賃金が下がる」と決めつける必要はありません。今はちょうど変化の端境期にあるからです。

ちょっと前までは雇用保険の補助金目当てで賃金を大きく引き下げ、「雇ってもらえるだけありがたいと思え」という動きがあったのは事実です。しかしこれも同一労働同一賃金の取り組みが実を結び始めており、「60歳を過ぎても同じような仕事をさせつつ、給料だけ下げよう」という動きは認められなくなりました。

特に中小企業では人材不足が深刻で、60歳で閑職に回すくらいなら待遇を落とさずにバ

リバリ働いてもらおうという流れがあります。今でも2割くらいの会社では65歳定年となり、60歳で賃金が下がることもなく仕事が続けられるようになっています（ただし役職定年などがあるケースも）。

伸びている業界、成長著しい企業などは定年延長の動きが進んでおり、10年くらい後には65歳定年は主流となっていくでしょう。

さらに、65歳を超えても働ける会社は現在でも3社に1社ほどあり、60歳代後半の就業率も6割に近づいています（男性の場合）。こちらもさらに増えていくことでしょう。

あなたがもし、アラフィフより若い世代であれば、今の高齢期の雇用制度を理解しつつも、自分の未来におけるリタイア年齢は変化すると考えておくといいでしょう。

年金生活者は日常生活費を年金収入でまかなう

「老後に2000万円」問題が大騒動となったとき、ずいぶん乱暴な議論がありました。「年金破産」というキーワードが流行したこともあります。しかし、現実として年金生活者が何千万人も破産しているなんて話は聞きません。

それもそのはず、**公的年金収入が確定してきたら、その収入をベースに1カ月の生活をやりくりする限り、老後破産は絶対に起きない**からです。しかも公的年金収入は終身での給付を保障していますから、どんなに長生きしてももらい続けることができ、破産もしないことになります。

実際、年金生活夫婦の日常生活の費用はおおむね22・0万円くらいです。公的年金等の収入が約21・7万円ですので、だいたい同じくらいの金額です。

一カ月の生活費総額は27万円ほどで、5万円の差額は何かというと、老後を楽しむ予算ということになります。年に一度くらいの旅行、冠婚葬祭に包むお金、孫へのお年玉、誕生日やクリスマスのプレゼント、映画や美術展の観覧など趣味に使われるお金が月5万円くらいとなっているわけです。

年金生活者の多くは、家のリフォームや介護などにかかるお金を残しつつ、毎月少しずつ取り崩してセカンドライフを暮らしています。

また資産管理においては、銀行預金がメインとなっています。マーケットの回復を待つ「時間的余裕」は減るため、大幅なリスクが取りにくいからです。

こうした「標準的老後」を知っておくことはFIREを目指す人にも役に立つことでしょう。

標準的なリタイアと年金生活の家計

標準的なリタイアの流れ

・65歳定年延長の流れ
・継続雇用の待遇改善の傾向
・70歳現役社会へ移行開始

年金生活夫婦の家計

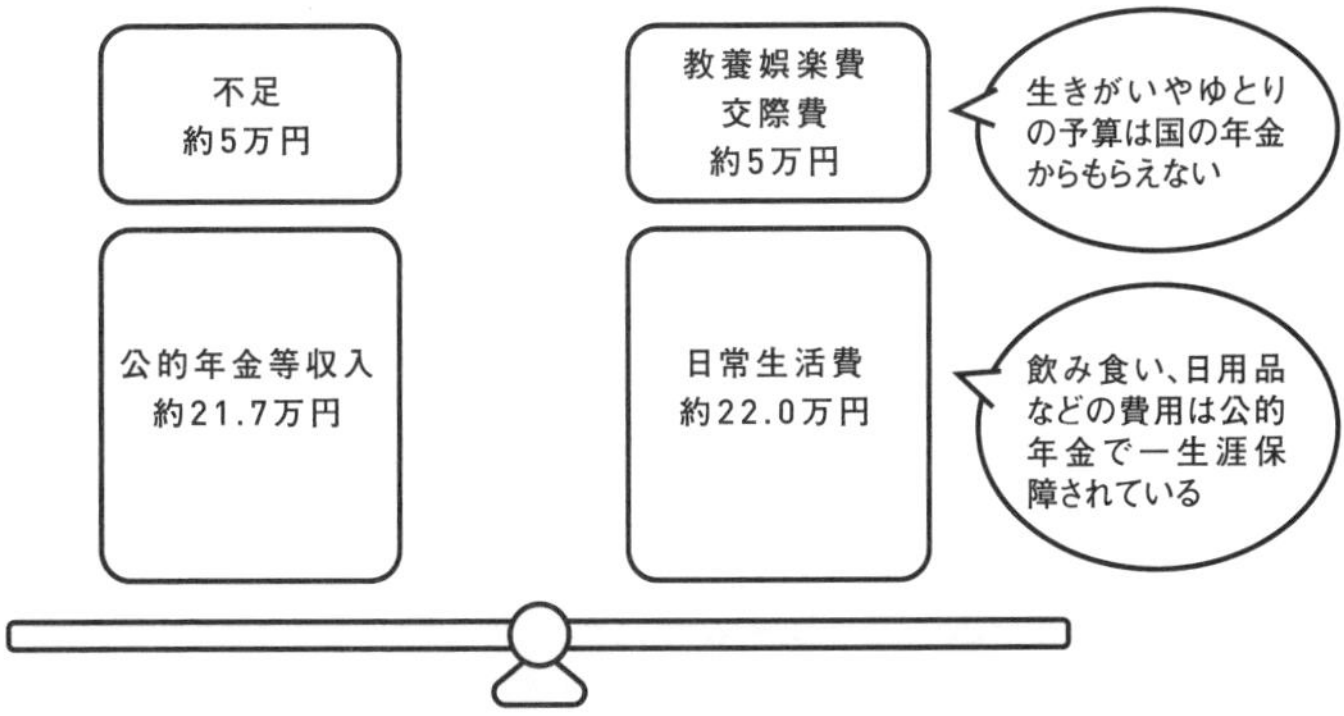

7 FIREのために知っておきたい国の年金の最低限度の知識

最大の誤解。国の年金制度は破たんしない

FIREを考える際に、社会保障制度の適切な理解をすることはとても大事です。特に公的年金制度の誤解をしたままFIREの計画を立てようとすると必要な目標額は増大し、そのため高リスクの金融商品のセールストークを受ける隙をつくってしまいます。

たとえば「公的年金が破たんする」なんてデマに未だに囚われているのは不毛です。かつて年金破たん論を訴えた経済学者によれば2020年代前半に公的年金の積立金は枯渇するとしていましたが、実際には200兆円近くあります（共済年金の積立金も含む）。

年金破たん論は大昔からあります。1980年代あるいはそれ以前にもありましたが、破たんすることはなく、その頃いい加減なことをいっていた金融機関のセールスマンは今

その年金をもらって暮らしています。

最近、マスコミが年金破たん特集を組まなくなったことをお気づきでしょうか。当時、威勢よく破たん論を述べていた論陣が沈黙を続けているのはなぜでしょうか。実は破たんしないことが明らかになってきたからです。

年金制度は数十年先を見据えて改正を繰り返しています。今では収入と支出、つまり年金保険料と年金の給付を自動的にバランスするようにしていますので、そもそも破たんしようがないのです。

死ぬまで無条件でもらえる「金融商品」と考えれば公的年金は最強である

FIREを考える人は「標準的な引退年齢より早くリタイアするための資金確保」と「標準的な引退年齢以降の老後資金確保」の2つを同時に実行していく必要があります。これはけっこう大変なことです。このとき**「一生涯保障されている定期収入」**があればこれほど楽なことはありません。

実はそれ、公的年金制度そのものです。公的年金制度には終身給付の原則があります。

仮に納付した保険料以上の給付をもらおうとも支給停止はなく、生きている限り何十年でも年金をもらえます。

長生きはリスクであるといわれることがあります。75歳でお迎えが来ることもあれば、100歳を超えて生きていくこともあるという不確実性があるからです。老後の20年分はお金を蓄えていたとしても、20年後に元気であったら、その後の生活費がなくて困ります。このとき、公的年金はそうした不確定要素に対するもっとも強力な保障となるのです。

民間の金融商品で終身年金を購入するのはかなり割高になります。平均寿命ではまったく元が取れない設定にするか、インフレ時にはどんどん目減りする設定にするしかないからです。

FIREを目指すなら、きっと最高の金融商品である公的年金の認識を改めることになるでしょう。

公的年金の水準は「大卒初任給」くらいをイメージ

ひとつ前の節で年金生活夫婦の年金等の収入額が21・7万円くらいと紹介しました。これは2人分の年金額の合計ですが、おおむね「大卒初任給」くらいとイメージするといいでしょう。実際には年金生活者の税率や社会保険料負担は低くなるので手取り感覚ではそれより多いイメージです。

年金制度は働き方によって加入する制度が異なり、受け取る年金額も異なってきます。20歳以上になれば国民年金保険料を納めます（60歳まで）。会社員や公務員になるとこれが厚生年金保険料に変わり、国民年金と厚生年金の2つに同時に加入することになります。保険料負担でいうと厚生年金保険料は高額ですが（収入の18・3％）、実際には半分を自分が、半分を会社が負担しています。

年金額で見ても、厚生年金のあるなしが大きな差となります。国民年金のみ（老齢基礎年金）だと、満額でもひとりあたり月6・5万円にしかなりません。これではまともな生活を送れるとはいえません。老後にまとまった年金をもらえるかどうかは、厚生年金に加入していたかどうかが分岐点となります。

共働き夫婦の年金額、シングルの年金額はどう変わるか

先ほどの年金額は国が示しているモデル年金額22・0万円とほぼ同額になっていますが、これは「会社員夫＋専業主婦妻」という家族モデルです。国民年金2人分＋厚生年金1人

分を受け取るパターンです。

言い換えれば、家族モデルが異なれば、年金額も違ってくるということです。

おひとりさまモデル

まずおひとりさまの場合です。会社員であった場合のモデル額（国民年金1人分＋厚生年金ひとり分）が月15・5万円です。おひとりさまの場合、大卒初任給よりも少ないというイメージを持っておくといいでしょう。これはつまり、老後の豊かさのために月5万円（「老後に2000万円」の計算基礎）より厚めに備えたほうがいいということです。

なお、国民年金のみに加入していたおひとりさまの場合、月6・5万円しかもらえないことになります（40年加入した満額の場合。未納期間があれば比例して年金額が下がる）。非正規雇用やアルバイト・パートなどはこれにあたりますが、近年は会社が厚生年金に加入させる義務が強まっています。

公的年金は破たんしないどころか優秀な金融商品である

年金積立金は枯渇していないどころか収益を上げている

保険料収入と年金給付を長期的にバランスさせる仕組み

数十年先の長寿化、少子化の予測もすでに織り込み済み

年金積立金は約200兆にもなり心配は無用

そもそも支払い不能になることはない

長生きすれば若い世代にも「損」はない

どんなに長生きしても、終身給付が保障されている公的年金制度の魅力はゆるがない

共働き夫婦モデル

先ほどのモデル年金を見て「今どき専業主婦の時代でもないだろう」と思ったならそれは正しい理解です。女性のほとんどが就職し、働き続ける時代になっています。

夫婦が共働きでずっと会社員であったなら、年金額は理屈上は先ほどのおひとりさまモデルの2倍、月31万円ということになります。

ただし、女性のほうが子育て中の時短勤務などで賃金が低くなる傾向があり、年金額も下がる関係があります。実際には2倍とはならないものの、それでも専業主婦モデルの月22万円より多くの年金額をもらうことになります。

夫婦合計の年金額が27万円くらいになれば、それだけで標準モデルより「生涯収入プラス2000万円」になることもあり、共働きの価値は大きいことがわかります。

8

早期FIREのリスクがひとつ。実は国の年金額が大幅ダウン？

厚生年金は「たくさん保険料を払うほどたくさん年金がもらえる」

国の年金制度は、国民全員が加入する国民年金と会社員や公務員が加入する厚生年金がある、と説明しました。会社員か公務員で働いているあいだは厚生年金に加入していますが、あなたがFIREを成功させてリタイアしたあとの年金はどうなるでしょうか。

年金制度はFIRE後も加入する必要があります。会社員を辞めても、60歳になるまでは国民年金に加入して保険料を納めるのです。国民年金は20歳から60歳まで40年納めると満額がもらえ、未納期間があるとその分年金額が減ります。

つまり、FIRE後に未納を続けると、月6・5万円すらもらえないことになります。25年分しか納めず残り15年を未納すると25／40、つまり62・5％分の基礎年金（もらうときは老齢基礎年金と名前が変わる）しかもらえません。そもそも加入は義務であり、リタイア後も国民年金保険料を負担することは織り込む必要があります。

厚生年金についてはどうでしょうか。先ほど厚生年金額のモデルを示しましたが、これはあくまで平均値です。会社員として平均的な賃金を獲得し定年退職まで働いたことが前提となっています。ちなみに、厚生年金保険料には国民年金保険料が含まれている仕組みとなっていますので、会社員を続けた場合、老齢基礎年金をもらい損ねる心配はありません。

FIREをしてリタイアしたあとは、厚生年金保険料を納める義務はありません。しかし、老後の年金額に影響が出ます。

厚生年金について、計算式を簡単にいえば

（保険料を納めていた期間の平均賃金）×（保険料を納めていた年数）×（生年月日等での係数）

となります。もっと簡単にいえば

- **平均賃金が高い人はその分年金額も増える**
- **加入年数が長い人はその分年金額も増える**

ということです。

20年早くFIREしたら、厚生年金は半分だと思え

仮に同じ年数働いた同僚2人があっても、片方がずっと平社員で片方は役員までのぼりつめれば、その差は年金額にも跳ね返ります。給与が高いほど保険料もたくさん引かれ、その分年金額が増えるからです。平均賃金が1・5倍になれば、年金額も1・5倍ということです。

仮に平均賃金が同じであった2人でも、45歳で辞めて以降はアーリーリタイアした人と、65歳まで働いた人では長く働いたほうの年金額がその分アップします。23年働いてFIREした人と43年働いた人とでは早期退職した人は年金がほぼ半分ということです。

これは厚生年金制度の設計が「報酬比例」という仕組みであると同時に、本人の加入履歴によって年金額が変化する仕組みを採用しているからです。

そうすると、FIREを目指す人には大きな問題があります。それはつまり**「早期リタイアすると、その分厚生年金水準が下がる」**ということです。標準的な老後をスタートした以降の定期収入（しかも終身）の金額が大幅にダウンするということです。

早期リタイアの資金だけでなく、本来の老後資金の上積みが欠かせない

そうすると、**通常のFIREに必要な資産の上積みだけでは十分ではなく、65歳以降の本来のリタイア生活が始まったとき、公的年金水準がダウンする分を上乗せしてFIREを準備していく必要があります。**

標準的な夫婦は合計で約22万円を毎月もらえます。基礎年金相当分を引くと約10万円が厚生年金に相当します。人生の半分をリタイアするのなら、厚生年金が半分、月5万円がダウン、年間60万円になります。人生100年時代を見据え、30〜35年くらいの老後を見据えてこの水準を穴埋めするとなれば1800万〜2100万円の上積みが必要となります。

数字が近いので誤解のないようにいいますと「老後に2000万円」とこの2100万円は別枠です。もともと公的年金では不足する分を月5〜6万円としていたのは、普通の会社員のケースですからFIREするならさらに同額の上積みが必要ということです。

公的年金制度とFIREとをどう接合していくかは、今まであまり指摘がされていませんでした。どうしても運用テクニックに主眼が集まっていたからです。

しかし**「FIREによって将来の年金額が下がることを織り込んで、資金準備を行うこ**

早期リタイアによって厚生年金額は大きく下がる

厚生年金額の決まり方

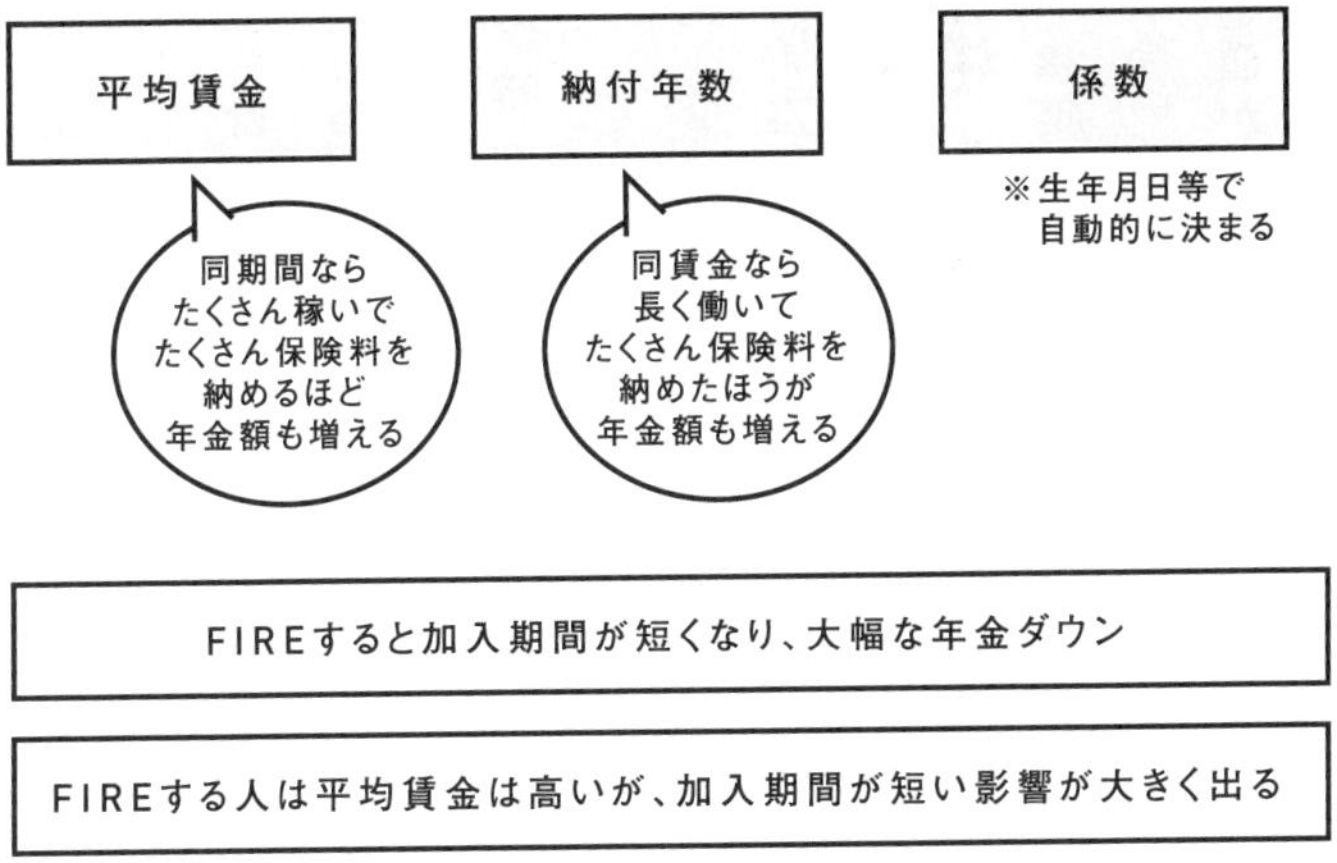

FIREするとその時期によって厚生年金水準が大きく下がることを覚悟したい

と」は考慮しておくべきことと思います。特に、70歳代以降については資産運用から手を引くことも考えられ、運用収益で暮らしている限り資産は減らない、というようなモデルが通用しなくなります。

だからこそ、公的年金は終身でもらえるメリットがあるわけですが、FIRE挑戦者は年金水準が下がるデメリットを背負い込む覚悟が求められるわけです。

FIRE実現の時期によって年金水準も変化する

ここで「約2000万円＋2000万円」としましたが、これは30～40歳代でのFIREを目指す場合の話です。厚生年金に加入する期間が短すぎるために影響を受けています。

これがもし「プチFIRE」や「50歳代FIRE」を目指すとどうなるでしょうか。

まず**プチFIREであれば、5年早いリタイアを目指していますから、公的年金についてはあまり影響しません。**38年と43年の違いは期間にして12％の影響がある理屈ですが、現在のリタイア年齢では最後の5年間の賃金は低くなります。つまり、平均賃金は43年のほうが低くなるため、年金額が12％下がるほどの影響はないからです。「プラス2000万円」の上積みを図る必要はないでしょう。

50歳代のFIREはその中間になります。半額になるほどではありませんが、年金額が4分の1くらいは下がる影響を考える必要があります。「プラス1000万円」くらい見込めると安心です。

より具体的に検証したい場合は、国の年金WEBサイトである「ねんきんネット」でシミュレーションをすることができます。自分の公的年金の加入履歴を確認し、そこまでの加入条件での年金額を見るだけではなく、その後の加入履歴を踏まえたシミュレーションができるようになっています。

ところで、FIREを目指す人は20歳代から30歳代にかけて年収を大きく高めることが多いと思います。世の中の平均が300万円台のところを700万円以上とした場合、早期リタイアをしてもあなたの平均賃金（保険料を納めていた期間）は高いことになります。

ゆえに厚生年金額もアップしそうな気がしますが、落とし穴は「加入期間」のほうです。年金額計算では「平均賃金」と「加入期間」のかけ算をするため、20年ほど厚生年金未加入であることがやはり年金額のダウンに大きく影響します。

若いうちからたくさん稼げるようになったとしても、基本的には老後の年金水準が高まると考えないほうがいいでしょう。

9 FIREが及ぼす退職金や企業年金の目減りとその影響

会社の退職金抜きで、老後資金準備はあり得ない

老後資産形成（いわゆる「老後に2000万円」）と、早期リタイアのためのFIRE資金をダブルで準備するのはなかなか大変です。しかし、老後資産形成の多くは退職金制度でまかなえる可能性があります。

中小企業の退職金水準はおおむね1000万円前後、大企業であれば2000万円の水準が期待されるからです。実は、8割の企業には退職金制度があるので、多くの会社員は老後に使うお金の準備が一定割合進んでいることになります。

ただし、これはひとつの会社で新卒から定年退職まで勤め上げた場合のモデルですから、FIREで早期リタイアをすればこの満額をもらうことはできません。また、FIREのために転職をした人も退職のつど小刻みに受け取ってしまうため、まとまった資金として

最後にもらえるわけではありません。

それでも、自分で行う積立とは別にもうひとつの「積立枠」があると考えてみれば、この仕組みを知っておくことは重要です。

あなたに1000万円の積立枠があるとしたら、どの銀行に預けるか真剣に悩むはずです。しかしなぜか、多くの会社員は退職金制度については無関心です。ある調査では、59歳の段階で8割の会社員が受取額を知らないでいる（60歳定年として）という数字もあるほどです。

これも従来のFIRE本の指摘が弱かったところかもしれません。**FIREしてからの生活費用分ではなく、「標準的なリタイア後のための資金準備」についてどれくらいメドが立っているのか、自分の勤める会社の制度、金額を確認する必要があります。**

基本的な仕組みと水準を社内情報から把握する

退職金制度ないし企業年金制度は各社各様のところがあります。退職金規定をまず社内で検索して読み込むことからスタートです。

福利厚生に関するドキュメント、退職者向け説明資料、労働組合の資料などが見つかれば、わかりやすく説明されていることもあります。

基本的には退職金制度の規定があり、その一部ないし全部を企業年金制度で準備します。確定給付企業年金と企業型の確定拠出年金制度が主流です。中小企業では中小企業退職金共済を活用するケースもあります。

制度の種類を確認し、モデル金額でかまわないので退職金の水準を確認します。ここでは「500万円か、1000万円か、2000万円か」というレベルでもかまいません。

FIREを目指す人が必ずチェックする必要があるのは自己都合退職時の給付カット（ペナルティ）規定です。たとえば勤続20年で退職した場合、その時点でもらえるはずの退職金額をさらに20％減額する、のような規定があったりします。一般に長期勤続をすると減額率は下がり、55歳以降になると減額ゼロに近づきます（定年退職はもちろんゼロ）。

企業年金制度を有している場合、会社が定めた期間、年金受け取りをすることができます。ただし、FIREを目指す場合、早期退職をしますから、年金受け取りを選択することはあまりないでしょう。法律上は加入20年超で退職した場合、中途退職であっても資産を企業年金制度に残しておき、老齢時に年金受け取りをする権利がありますが（確定給付企業年金の場合）、一時金で受け取り自己管理するほうがFIRE希望者には無難でしょう。

また企業型の確定拠出年金制度の場合は60歳まで法律的に受け取れない仕組みなので、FIRE資金というよりは60歳以降の取り崩し資金と位置づけられることになります。この場合は、離職時に全財産をiDeCoに引き渡して資産形成を継続することになります。

早期リタイアは退職金額を下げる

さて、規定を読み込むときは、早期リタイアの影響を見極めたいところです。というのは、40年働く会社の退職金水準を20年働いて辞めたら半分もらえるという単純な話にはならないからです。

多くの会社は早期離職を避けたいため、ある程度の長期勤続をしないと退職金水準が上がらない仕組みとなっています。また、年齢に応じて賃金が増える傾向があり、賃金水準と退職金の権利付与は連動するのが一般的なので、社会人人生前半と後半では、後半に獲得する退職金額のほうが大きくなります。キャリアの真ん中で退職したとき、退職金額は半分ではなく4割ないし3割程度になるという感じです。

先ほど説明した自己都合退職者への給付カット規定も曲者です。勤続年数が短いほど厳しめに設定をすることがあり、勤続10～20年の中途退職では多くて30％カットということもあり得ます。そもそも少ない受取額がさらに少なくなるわけです。

これらは規定されていますので、退職金規定を読めばある程度想像できます。つまり**退職金はFIRE志望者の本来の老後の準備としては力不足だと認識することができる**のです。

また、FIREを目指す人は転職をする可能性が高いと思われますが、退職金をそのつど受け取っては細切れになってしまいます。この点でも本来の老後に備える大きな財産に育ちにくい悩みがあります。転職経験者は意識的に退職金受取額を残しておくようにしてください。

年収1年分以上もらっての早期退職はFIREにはチャンス

一方で、FIRE希望者にとってチャンスが訪れることもあります。それは、会社が早期退職者の募集をかけたときです。

日本の労働法制では指名解雇は難しいので、自発的に退職を促すために退職金の割増支給を行うことがあります。

FIREによる退職金への影響

退職金のモデルは企業によって大きく違う

自分の会社のモデル水準を把握する

退職金なしの会社も	中小企業モデル 500～1000万円	大企業モデル 2000万円超

退職金は一般に、長期勤続者が優遇されている

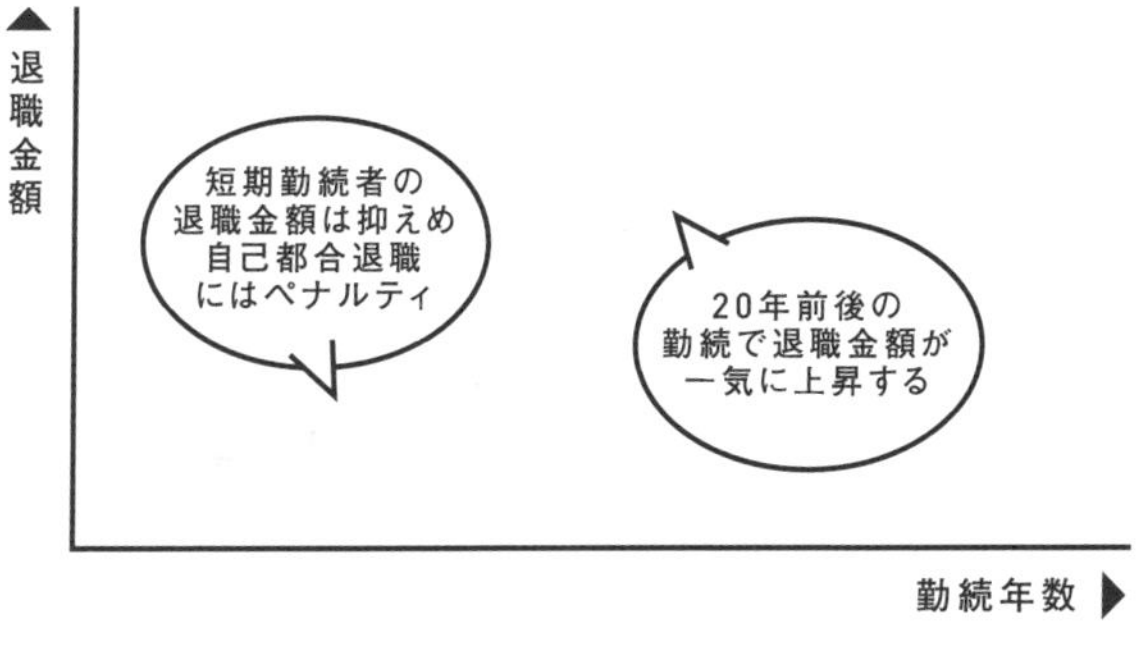
退職金額
短期勤続者の退職金額は抑えめ自己都合退職にはペナルティ
20年前後の勤続で退職金額が一気に上昇する
勤続年数

会社の設定にもよりますが、この上積みが年収1年分を上回ることがあります。たとえば2019年に富士通が行った早期退職制度では、年収約2年分相当が割増退職金として上乗せ支給されたと報じられています。

もちろん早期退職をすることで、勤続年数が短くなる分、満額の退職金をもらうことはできません。しかしFIREを考えているのならそれは織り込みずみであるはずです。むしろ年収1年分以上のまとまった金額を受け取ることができるチャンスは、FIRE希望者にとってはありがたい収入となります。

ちょうどFIREのタイミングを見計らっていて、この割増退職金の提示があったのなら、これは渡りに船となるでしょう。

難しいのは、割増退職金はもらいたいが今すぐFIREするわけではない、というケースです。次の仕事を探してまだもう数年は働きたいと考える場合、せっかくの割増退職金に手をつける前に次の内定を見つける必要があります（一般に、早期退職の募集はいきなりなので、内定を取ってから早期退職に応じるのは難しい）。転職経験がない場合、雇用保険の支給日数内で次の会社が見つからない場合もあり、注意したいところです。

10 70歳現役社会、あるいはそれ以上の変化はFIRE計画にどう織り込むべきか

リタイア年齢はこれからも上がっていく

FIREを目指すとき、考えるべきライフプラン上のテーマがひとつあります。それは**「自分の65歳到達時、標準のリタイアは果たして65歳であるか」**という問題です。

「今」の標準的リタイア状況についてはすでに説明しました。前世紀であれば60歳リタイアが当たり前でしたし、戦後すぐの頃には50歳あるいは55歳に定年年齢が置かれていました。

これはつまり、**標準的なリタイア年齢は徐々に上がっていく**ということです。今、年金生活に入っている世代の感覚をいえば「自分が入社したときのリタイアの標準より5歳あるいは10歳上がったな」という感じです。

これは社会の高齢化と長寿社会への移行に伴うもので、避けようがない変化のひとつです。つまり、私たちがこれからＦＩＲＥを目指し、あるいはＦＩＲＥを実現したとき、数十年あとにやってくる「標準的なリタイア年齢」がさらに後ろに移動する可能性を、マネープラン上、織り込む必要があるということです（なお、ここで年金破たん論は持ち出す必要はありません。破たんリスクのないことは本章で説明をしました。そもそも、前世紀の公的年金が引退後10年程度の支給を想定していたものが、今では平均的に23年ほどもらっており、むしろ長寿社会を支える年金制度の充実度合いは高いといえます）。

70歳現役社会の到来は確実、75歳現役時代も

実は２０２１年は70歳現役社会の元年とされています。２０２１年４月に法改正が施行され、企業には70歳雇用確保が努力義務として課せられることとなりました。努力義務なのでできる会社から順次、ということになりますが、これは当然将来の義務化を見据えての第一歩です。

厚生労働省の調査などを見ていると、実は現場が先行している部分もあります。65歳を超えて働ける会社はすでに33・4％あり、むしろ大企業より中小企業のほうが実施割合は

高かったりします。この流れが進めば、2社に1社が70歳まで働ける世の中は、まもなくやってくると思われます。

法律が現場のあとを追う形になって、10～20年後には70歳現役社会になることは間違いありません。そして、75歳現役社会へ向けた動きがあってもおかしくありません。

とはいえ、「死ぬまで働かされる」と考えるのは誤解です。寿命も延びますし、近年は健康寿命の延びが平均寿命の延びを上回っており「元気に動ける時間」が延びています。仮に引退が70歳になっても、10～20年の自由な時間をエンジョイするくらいの長さはあるでしょう。

この問題、FIREを目指す人は織り込んでおくべきです。「65歳リタイアよりは早く仕事を辞めたい」と考える理由のひとつは、それでは引退後の自由な期間が短いと思うからです。たとえば45歳でリタイアすれば65歳より20年早いリタイアプラス20年ほどの標準的老後、ということになります。

しかし、**寿命の延びに伴い老後も延びるとなれば、40歳代でのリタイアは、想定以上の自由時間の延伸を意味します。**20年のつもりが30年早いリタイアになり、かつ老後もまだまだ20年以上残っているとなれば、「人生の半分がまだ残っているのに仕事をしない時間を始める」ということになります。

FIREのタイミングをどこに設定するか、自分の未来の「リタイア年齢の変化」も考えに入れておく必要がありそうです。

公的年金は65歳からもらえるが、遅くもらうこともできる

70歳現役社会が実現するというニュースは「年金受給開始も70歳になるに違いない」という憶測とほぼセットで語られます。公的年金はどうでしょうか。

おそらくほとんどの人は「70歳リタイアへの移行は70歳年金受給開始のプロローグ」と考えていると思います。今までがそうだったからです。

65歳時点でもらえる年金を100として、70歳から100の年金をもらうようにスライドするのが受給開始年齢の引き上げです。たしかに60歳から65歳まではそうした引き上げをしてきました。

しかし、国は「60～75歳のあいだの好きな時期に年金は受け始めればよい」というスタンスにあります。高齢期の健康は人それぞれで差が大きいからです。

一律の受給開始年齢引き上げを予定していない理由には、すでに給付水準の調整が織り

寿命の延びに従い FIRE後の年数はどんどん増える

	標準的なリタイア年齢	標準的なセカンドライフ	45歳FIREから標準的リタイア年齢までの年数
現在	65歳	20〜25年	20年
	70歳	20〜25年	25年
未来	75歳	20〜25年	30年

（リタイア年齢は徐々に上がっていく）

（平均寿命、健康寿命の延びで老後は減らない）

（FIREした時点では予測しない長期間に及ぶ可能性）

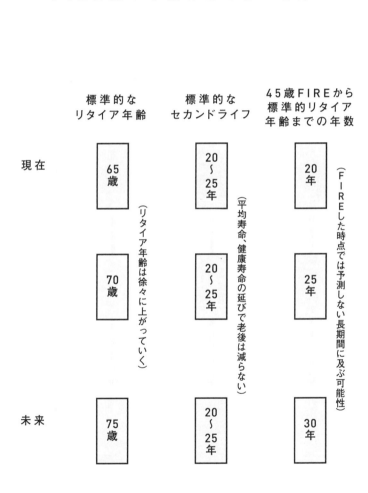

込まれていることにあります。国全体での年金給付水準と保険料収入の水準を長期的にバランスさせる仕組みで、全体の年金額を調整します。これをやることで基本的に年金制度は破たんすることがなくなります。

ただし、当面は給付水準の引き下げが予定されています。マクロ経済スライドという手法を用いて、物価上昇ほど年金額の引き上げを行わない改定を続けていきます（ぱっと見、年金額は下がらないが、年金の価値は落ちていきます）。

これに対し、**65歳より遅く年金を受け始めると（繰り下げ）、年金額を増額させることができます。**1年遅らせるごとに8・4％年金額を増やし、一生涯その額が反映されます。65歳以降も働くのは、年金を増やす選択肢にもなるわけです。

なお、FIRE達成者の年金の受け取り方については第7章で詳しく考えてみます。

FIREを目指す、あるいはFIRE後は社会の変動を把握しながら資産管理する

FIREは、成功してリタイア生活に入ったらおしまいというわけではありません。社会の変化、税制改正、社会保障制度の見直しなどを踏まえて、資産管理やライフプランの軌道修正が必要になってきます。

会社員であれば会社から説明があったり、勝手に対応をしてくれることもありますが、ひとりでFIRE後の生活をしているあなたは自分のお金の問題は自分で解決していく必要があります。

必要に応じて、税金のアドバイザー（税理士）、お金のアドバイザー（投資助言会社かファイナンシャルプランナー）、公的な諸手続きの専門家（行政書士など）にお金を払って対応していくことも必要ですが、やはり自分自身が基本的な枠組みを理解しておくことが必要です。

特に証券税制については見直しが絶えないところですし（近年ではNISA制度の創設は大きな変革でした）、こうした改正をどう活用するかはFIRE後の生活にも大きな影響を及ぼします。

特に65歳や70歳前後をどう乗り越えていくかはFIRE達成者の大きな課題となっていくでしょう。

第6章

FIREを実行する3つのパターン

1 FIREの計画の立て方

ここまで「より多く稼ぐこと」「できるだけ節約すること」「より高い利回りで増やすこと」について検討をしてきました。また最低限必要な関連知識や検討のポイントもなぞってきました。本章ではまずFIREを目指すための計画の立て方を説明し、次に3つのルートを見てみたいと思います。

STEP 1 FIREする年齢を仮置きする

計画において最初に考えるのは**「何歳でFIREしたいか」という目標の年齢をイメージする**ことです。

目標はある程度夢を見てもいいでしょう。つまり若い年齢でのFIREです。一方で、早すぎるFIREは、そのための資金準備額が高くなり、準備期間も短くなるのでハードルは上がります。

かといって、最初から小さい目標にしてしまうのももったいないところです。本書では確実に実現可能な夢として「プチFIRE」、つまり標準的なリタイアより5年早い引退を確実に実現することを目指しますが、FIREを目指す人が最初に見る夢はもっと大きくてかまいません。むしろ大きな夢を持つことで、仕事で稼いだり、日々の節約に取り組むモチベーションも生まれてきます。

できれば、**早期リタイアしたら何をやりたいか、あわせてイメージしておく**といいでしょう。「ただ仕事を辞める」ではなく、「たくさんある時間で何をするか」具体的なイメージを持てる人ほど、FIREに向けてつらい日々を乗り越えられるからです。

STEP 2

FIREの必要額を見積もる

次に目標とするFIREのためにいくら必要か概算額を見積もってみます。

本書では**「標準的な老後を暮らすための資産確保」**と**「FIREにより早期リタイアした期間を暮らすための資産確保」**の2つに分けて準備額を検討する提案をしています。

FIREの夢がしばしば、標準的な老後のやりくりを抜きにして語られていることは疑問です。今では65歳の男性が約20年、女性は約25年の老後を過ごします。そして年金生活者は運用リスクを抑えて資産管理することになります。いくらあれば老後の安心が確保できるかも同時に考えておくことが大事です。

そのうえで、FIREする年齢と標準的なリタイア年齢とのあいだでいくら必要かを考えます。FIRE本ではよく、運用益でずっと暮らせ資産も減らないという説明がされますが、これはそもそも実現可能か、またいくらあればいいかはこのあと検証します。

STEP 3

稼ぎ、支出を削り、増やす

計画がある程度見えたら、FIREに向けたチャレンジがスタートします。ここまで紹介してきた、より多く稼ぎ、より少ないコストで暮らし（支出を削り）、投資で資産を増やすサイクルを回し始めます。

ただし、**計画は常に流動的であることを意識することが大切**です。年収が思ったより早く増えなかったり、逆に思ったよりいいペースでキャリアアップできたりと、予想と現実はなかなかイコールになりません。

生活コストも、計画の青写真どおり節約できるとは限りません。やってみたらストレスが激しく妥協することもあります。

運用もそうです。固定的に年5％稼ぎ続けるようなことはあり得ません。下落相場の時期を何年か過ごすこともあります。しかし雌伏の時期の投資継続が重要です。

独身であることを想定したチャレンジが、スタート時には予想もしなかった出会いと結婚により、軌道修正となることもあります。とはいえ、人生とはその不確実さがおもしろいところでもあるので、あまり堅苦しく考えず、柔軟に対応することが大切です。

STEP 4

定期的に、計画の修正を行う

次のステップはPDCA（計画・実行・評価・改善）モデルでいうところのCA部分です。つまり計画の進捗を確認し、必要に応じて軌道修正を行うことです。

先ほど述べたように、キャリアアップ計画が予定どおり進捗していない場合、理由を検証し、必要ならアクションを起こします。

節約が予定どおり進捗していない場合も、目標実現のために何が欠けているか家計を見直し、改善を図ります。

キャリアについて毎日検証することは現実的ではありません。しかし、伸び悩みの時期はさらなる上昇が期待できるか時々検証してみたいものです。

投資については、中長期的に老後資産形成を目指すのであれば見直しは数年に一度でもいいでしょう。投資手法や運用商品の見直しに力を注ぐよりは、計画全体を俯瞰してチェックすることのほうが大切です。

資産運用においては、短期的に含み損が出ている下落相場において損失確定をすることはあまりおすすめできません。むしろ市場の低迷期を数年、割安の新規積立投資をする時期として活用できれば大きなリターンとなって将来返ってきます。

すでに持っている資産については損失確定をしたら、「その時点より値下がりしたときにもう一度買う」必要があり、これはなかなか困難です。むしろ保有資金については市場が回復するまで持ち続けるほうがいいかと思います。

それよりも、見直しにおいて重要になるのは、**「貯蓄額の増額」**です。あなたの年収がアップしたり貯蓄力が高まった場合、貯蓄額もそれに応じて増やすべきですが、積立貯蓄や積立投資の金額は「額」で指定するので、自動反映されません。

ここで増額を数年怠ってしまうと、FIRE実現のペースを早めるチャンスを逸してし

FIREの計画の立て方

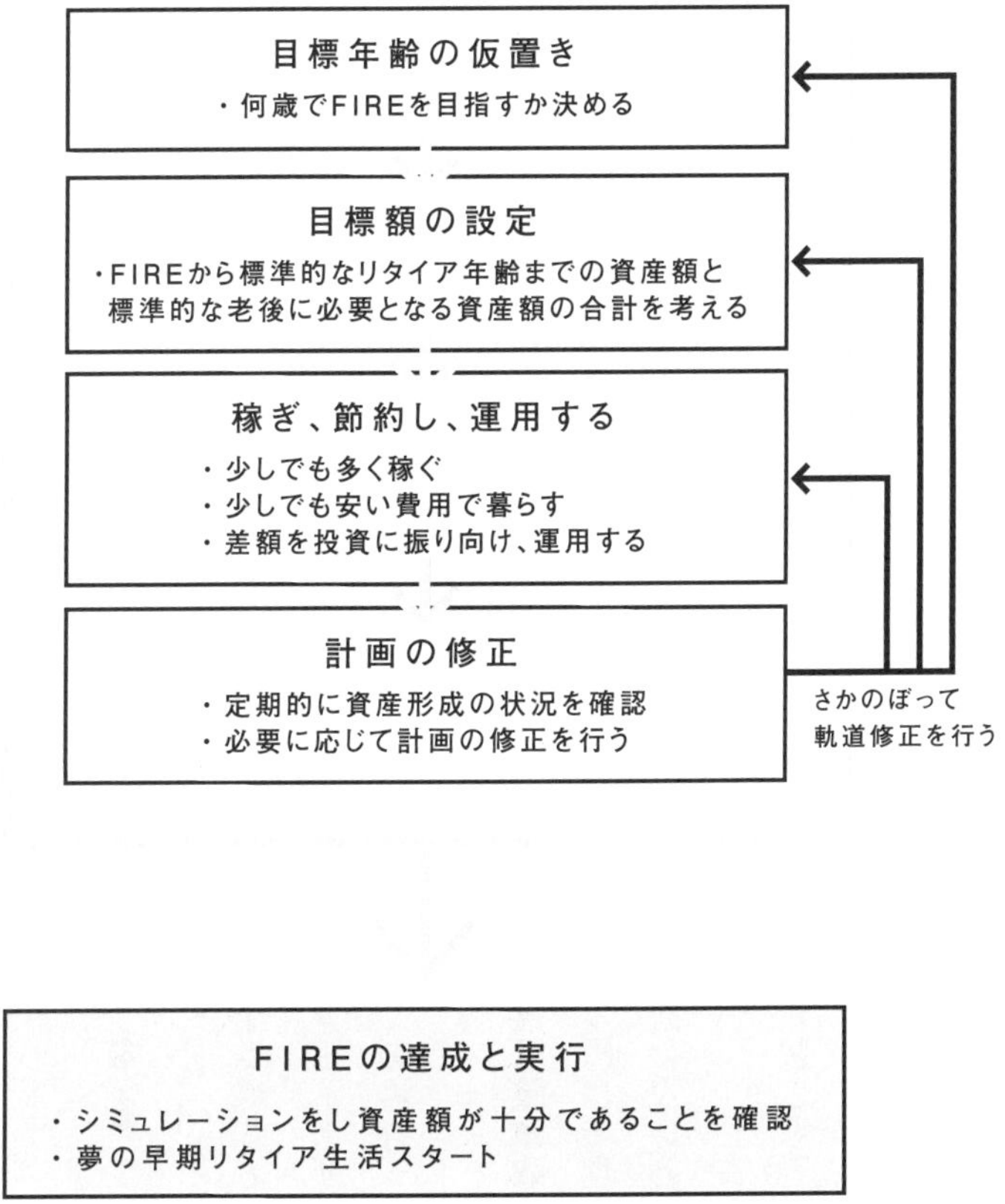
目標年齢の仮置き
・何歳でFIREを目指すか決める
目標額の設定
・FIREから標準的なリタイア年齢までの資産額と標準的な老後に必要となる資産額の合計を考える
稼ぎ、節約し、運用する
・少しでも多く稼ぐ
・少しでも安い費用で暮らす
・差額を投資に振り向け、運用する
計画の修正
・定期的に資産形成の状況を確認
・必要に応じて計画の修正を行う
さかのぼって
軌道修正を行う
FIREの達成と実行
・シミュレーションをし資産額が十分であることを確認
・夢の早期リタイア生活スタート

まいます。年に一度くらいは「貯蓄額の増額見直し」をする必要があります。

STEP 5 十分な金額が確保できたことを確認し、FIREする

FIREの実行にあたっては、慎重に試算を繰り返し今仕事を辞めても本当に大丈夫か確認をします。一度リタイアをして無職生活を始めて、10～15年後に資金ショートのリスクが発覚、あわてて再就職活動をするのは非常に難しいことになります。多くの場合、年収で妥協して職を選ぶことになるでしょう。これは絶対に避けたいところです。

資金準備がまだ十分でないと判断したなら、目標の実現を遅らせるという選択肢が取れます。FIRE実現の時期は、柔軟に変更してもかまいません。「年400万円は無理だが年300万円なら今からFIREできるので40歳で踏み切る！」という判断はないわけでもありませんが、あまりおすすめをしません。

そこから一生涯ずっと、生活水準を低く設定することになるからです。結果としてそれはFIREの満足度を下げてしまいます。

それでは、何度か説明してきた3つのFIREルートを検討してみます。

2 ルートA：プチFIREを目指す

1章で、次の3つのFIREのパターンを提示しました。

40歳代でのFIRE（夢がありますが、難易度は高い）

50歳代でのFIRE（日本のFIRE本に多い）

プチFIRE（標準的な引退年齢より5年早いリタイアを目指す）

まずは、実現可能性がもっとも高い「プチFIRE」から考えてみましょう。

プチFIREにはメリットが大きい

標準的な退職年齢が将来変化しうることは少し説明しました。現在であれば65歳が標準的ですが、70歳に移行し始めていることはもう織り込んでいくべきです。あるいは数十年先に75歳現役社会になってもおかしくはありません。

とはいえ、自分の引退年齢は自分で決めればよく、その最終決定要因は自分自身の資産状況です。**プチＦＩＲＥは、「その時代の標準的な引退年齢」より5歳若いリタイアを目指します**。

ここで紹介する3つのＦＩＲＥルートのうち、もっとも実現しやすいのはこのプチＦＩＲＥです。ＦＩＲＥを目指す者としては「たった5年」と思うかもしれませんが、実際にその年齢になってみると「周囲より5年早くセカンドライフをスタートさせる」というのは十分に快適なものとなるでしょう。

いかに老後が伸びているといっても、**体力的にも精神的にもまだ余裕があるタイミングで自由になれることはあなたの人生の選択肢を広げます**。

「長すぎない」という点でも悪くない選択肢です。あまりにも早くＦＩＲＥすると、自由をもてあまし、メンタルのバランスを崩す人がいますが、5年先にリタイアするのはむしろメンタル的には充実したものとなるでしょう。

準備においても十分な時間を取ることができます。仮に65歳リタイアを標準とした60歳のプチＦＩＲＥを目指すとすれば、準備期間は38年（22歳入社として）を確保できます。資産形成としては十分な時間があり、実現の可能性は大いにあります。

そして必要額も押さえることができます。

プチFIREなら、2000万円＋2000万円から実行可能

プチFIREを目指す場合、5年をやりくりすれば十分なので、運用収益のみで暮らすような1億円の資産がなくても大丈夫です。

仮にその5年間を年400万円で過ごすのなら、2000万円があればいいことになります。標準的な年金生活者の水準と同程度かやや豊かな生活を設定することができます。5年の生活ですから、運用益で暮らして資産は取り崩さない、と無理をしなくてもいいでしょう（実際、高い運用リスクは取らないほうがいいでしょう）。

ただしこれだけでは十分ではありません。本書では繰り返し「本来の老後のための資産形成」も必要だとしていますが、いわゆる「老後に2000万円」も確保しておきたいところです。これは公的年金だけでは生きがいやゆとりのための予算が確保できないため、月5〜6万円を生涯にわたって確保するというイメージです。

なお、プチFIREの場合は、十分に厚生年金加入期間がありますので、公的年金が大きく減少しないため、その分老後の準備額を上積みするような必要はありません。

つまり、「5年分」「本来の老後の分」のいずれも最低額でいえば2000万円＋2000万円の4000万円からプチFIRE実行が可能ということになります。

ただし、老後の2000万円を全額、毎月の生活費に上乗せして使ってしまうことは心理的に難しいので、実際に使えるお金は減ってしまいます。本来の老後の分はもう少し多めに確保しておいたほうがいいでしょう。もし、プラス1000万円を用意し、これは手をつけないとすれば、**5000万円以上の確保が、プチFIREを安心して実行できる分岐点**ということになります。

ここは自分にとっての上乗せをどれくらいしておくと安心か考えつつ最終決定をすることになります。

退職金や企業年金の時価を織り込み相殺する

さて、この必要額から退職金・企業年金の金額を引いたものが自力で準備する目標額となります。すでに退職金・企業年金の概略については説明しましたが、自分の会社のモデル水準を把握することが必要です。

そもそものモデル水準でも500万円程度の中小企業があれば、2000万円を大幅に上回る大企業もあります。また、あえて退職金なしとしているIT企業などもあります（その分給料を多く払っています）。

自分の会社の退職金・企業年金の水準を把握することがプチFIREの大前提です。

60歳定年の会社なら、その満額をしっかりもらうことができます。65歳定年の場合、さらに加算されることもあります。共働き正社員夫婦は2人分退職金がもらえます。

仮に5000万円を目標としたとき、退職金が1000万円見込めるのか2000万円見込めるのかでは、まったく意味合いが違ってきます。上場企業の会社員がしばしば60歳でプチFIREしているのは、退職金の水準が高いことに理由があります。

退職金制度については企業の業績が低迷している時期などは引き下げをすることがあります。日本では2000年代にそうした事例が多く見られました。ただし、当時と比べて今は退職金の引き下げを断行する例は少なくなっています。企業年金の積立不足もほとんどないため、モデルの額がまったくもらえないという心配はないでしょう。

注意したいのは転職を繰り返したFIREチャレンジャーです。退職金のモデルは、ひとつの会社で新卒採用から定年退職まで勤め上げた人の金額なので、転職経験者はその満額をもらうことができません。自分の勤続年数を見ながら、おおむねどれくらいもらえるかを見積もります。

iDeCoとつみたてNISAを満額積み続けるだけで夢に近づく

退職金・企業年金制度からの収入を控除し、目標額が見えたところで、どれくらい積み立てればいいかいくつかプランを考えてみましょう。

本気でFIREを目指すのであれば、とにかく貯蓄率を25％以上に引き上げようと話をしてきましたが、**プチFIREの場合は、目の前のある税制優遇口座を「満額積立」することからスタートする**とイメージがつきやすいと思います。

まずiDeCoです。企業年金のない会社員の場合、月2・3万円の積立が行えます。これにつみたてNISA（年40万円）を月あたり3・3万円積み立てたとすれば、年間67・6万円です。

これを22歳から60歳まで満額続けることができれば、実はこれだけで2569万円の元本確保になります。これをシンプルな分散投資を行い年4％の収益確保に成功したとすれば、合計で6018万円となり、退職金と加えて十分なプチFIREの軍資金となります。スタートが少し遅くなってしまい、30歳スタートだったとしても、最終受取額は3910万円になり、退職金も加味してプチFIREは達成可能ということになります。年67・6万円の積立は貯蓄率として25％以上ということはないでしょう（仮に年収400万円とすれば17％、年収800万円とすれば8・5％）。

世帯年収が600万円として、67・6万円を貯めるということは、貯蓄率は10％ちょっとです。それほど高いものではありません。**本気でFIREを目指す人にとってはおそらくプチFIREはほぼ確実に達成可能です。**

iDeCoとつみたてNISAの上限額を超えて積立ができる場合は気にせずどんどん資産形成を行っていきましょう。夫婦でダブルiDeCo、ダブルつみたてNISAにすれば一気に資産額を増やすことができ、30歳代半ばのスタートでも間に合います。

プチプチFIREもあり。61～64歳での引退

とはいえ、子育てや住宅ローンの返済を継続しつつ、年67・6万円を積み立てるのはギ

リギリ、という人もいるでしょう。あるいはスタートが40歳以降であったりして時間が足りず積み上がりが伸び悩むこともあります。しかし、あきらめる必要はありません。

60歳はひとまず継続雇用で働きつつ、資産管理を行ってみて、「5年の無収入」ではなく「2年の無収入」ならいける、と判断できれば、63〜64歳でのプチFIREを選んでもいいわけです。いってしまえば**「プチプチFIRE」**というところでしょうか。

これはこれで、同僚より数年早い引退をする、というのはちょっと愉快です。「え、お前辞めて大丈夫なの？」といわれてもニッコリ微笑んで「やりたいことがあるんでね」と返せばいいのです。

継続雇用を選んだものの、仕事がつまらないなら、見切りをつけるというのもいいでしょう。せっかくのキャリアを活用せず閑職に追いやる高齢者雇用を行う会社がまだ残っているので、そうした会社はサヨナラすればいいのです。

プチFIREをまず実現。人生の選択肢を広げていく

国が用意したiDeCoとNISAをしっかり活用することができれば、プチFIREは十分に可能です。

プチFIREの必要額を見積もってみる

【FIRE分】

5年分の生活コスト

【標準的な老後の分】

標準的老後の生きがいや交際費等

標準的老後の日常生活コスト
＝公的年金収入で生涯にわたり
相殺できるので準備額から引く

年400万円×5年
＝2000万円

＋

月5～6万円×最低25年分
＝「老後に2000万円」－（退職金・企業年金）

長生き、介護や医療、リフォーム
などへの備えを上乗せする

退職金額にもよるが4000～5000万円を想定

プチFIREを実現することができれば、それはあなたの経済的自由の第一歩です。そこから世界が広がり始めます。

まず、「さらに5年早いリタイアへ」と目標を大きくしていくことができます。若いうちにプチFIRE可能な経済的安定を確保できたら、そこで歩みを止めることなく資産形成を継続していきます。すでに「5年早い引退」は可能になっているのだという自信を胸に秘めつつ、さらに5年、ないし10年の早期引退に向けてがんばっていくことができます。

ここから先は、iDeCoやつみたてNISAの満額を超えてきますから、一般NISAに切り替えたり、証券口座を活用していくことになります。

また、「やっぱり標準的なリタイアで」という選択も取れます。もちろん「仕事が楽しく、やりがいがあるなら」という条件が整えばです。

多くの人が「あと5年働く」選択をするのは経済的基盤を確立していないからこそです。団塊世代などは「仕方なく65歳まで働く」という雰囲気が見え見えでした。プチFIREを達成していれば、賃金がやたらと低い条件は拒否してリタイアする、というような選択肢を持つことができます。「たった5年分の資産」が会社員人生の最後に、あなたと会社の関係を逆転させることができるのです。

プチFIREの資金準備を考えてみる

22歳スタート

iDeCo
月2.3万円×38年＝元本1049万円
年4%の収益で2457万円

つみたてNISA
月3.3万円×38年＝元本1520万円
年4%の収益で3561万円

38年、月5.6万円の積み重ねで
合計6018万円のFIRE資金準備が実現

30歳スタート

iDeCo
月2.3万円×30年＝元本828万円
年4%の収益で1596万円

つみたてNISA
月3.3万円×30年＝元本1200万円
年4%の収益で2313万円

30年、月5.6万円の積み重ねで
合計3910万円のFIRE資金準備が実現

＊つみたてNISAは2021年10月現在、2042年の開設（運用期間は2061年末まで）までが認められている。試算は制度が継続されることを想定。

3 ルートB：50歳代でのFIREを目指す

次は10～15年早いリタイアを目指してみる

プチFIREは決して不可能ではないとわかってきたところで、もう10年早いリタイアを目指してみましょう。目標は50歳、現在の標準のリタイア年齢より15年早いFIREです。ただし、ここでは50歳ぴったりにこだわるわけではなく、「50歳代」と幅広く置いておきたいと思います。

今後、徐々に70歳現役社会となっていきます。そうなると55歳リタイアでも15年早いリタイアとなります。今30歳代から40歳代で本書を読んでいる人にとっては「今の50歳FIREは自分の55歳FIREとほぼ同じ」と考えていいわけです。

一方で50歳代FIREは、プチFIREと比べて難易度が上がります。**10年の積立期間と投資期間がなくなり、同時に10年多く取り崩しを行う無収入期間を長く設定することになる**からです。

プチFIREのときに示した「iDeCo＋つみたてNISA満額」が年62・6万円でしたが、10年積立が短いということは元本ベースで626万円の積み上がりがなくなります。一方で、年400万円の生活を10年としても必要額は4000万円増えることになります。収支のバランスが一気に変わります。

退職金額が60歳まで働く人の満額より少なくなることも注意すべきポイントです。プチFIREの場合は、基本的に満額もらって老後の財産分とできるところ、退職時期が早いほど退職金額は少なくなります。

50歳FIREの場合はフルの退職金モデルから25％以上は目減りすると考えておいたほうがいいでしょう（勤続期間が25％以上短いうえ、自己都合退職者は10％以上減額することが多い）。

なお、FIRE時期を55歳などにすると、減額率がほぼゼロで、モデル退職金額もほぼ満額になることもあります（会社としては55歳以降はいつ辞めても退職金制度で不利益にはならないよ、というメッセージを出しているため）。

目標額は取崩期間の運用利回りによって変わる

さて、15年分の生活費用を見込んでみましょう。仮に年400万円として6000万円ということになります。本来の老後に2000万円以上を確保することとすれば、少なくとも8000万円、できれば9000万円がほしいということになります。

一方で、**標準的な老後に到達するまで15年の猶予があるわけですから、この間も資産運用を継続することができます。** これにより取り崩しペースを抑えるという計画を立てることもできます。自分が可能だと思う運用利回りを設定して積立目標を下方修正してかまいません。ただし保守的に見込むことをおすすめします。

年2%の運用収益なら7000万円

仮に年2%の運用収益を確保し続けると見込むのであれば、ざっくり7000万円あれば15年間運用益を得つつ取り崩しを行い、65歳時点で2400万円ほど残すことに成功します。もうちょっとほしいところではあるものの、目標額は8000万円より引き下げることができます。また、このくらいの運用目標なら、資産の半分くらいを投資に回すポートフォリオでも十分成立します。

年4%の運用収益なら6000万円

年4%の運用収益を毎年確保し続けると見込む場合、約6000万円あれば15年後の残高は2700万円となり、なんとか老後もやりくりできる、ということになります。

分散投資をした無理のないモデルなら、資産のほとんどを投資に回す必要があります。とはいえ、強気の運用見込みが外れたときに生活水準を下方修正することはあまり好ましいことではありません。リーマンショッククラスの低迷が2~3年続くだけで、取り崩すべき資産の価値が大きく減少してしまうことを考えると、資産のほとんどを投資に回すことはあまりおすすめしません。

低い金額のゴールを設定すると、目標到達は楽になるものの、その後のFIRE生活の安定性には欠けます。**目標設定については、できれば高めの設定をすることを提案します。**

iDeCoひとり分ではやや不足。一般NISA満額を活用

プチFIREのケースでは、22歳からiDeCoとつみたてNISAに対して、27・6万円、40万円の合計で年67・6万円を積み立てたケースを紹介しました。50歳でのゴールということは28年の積立期間ということになります。

元本としては、1893万円となり、年4%の収益確保を見込めば3480万円の資産

となって50歳に到達します。プチＦＩＲＥのモデルと比べて大きく積立額は減少しました。10年の積立期間が短いことは元本でも運用益の確保の点でも強く影響が出るのです。

もしこのゴールで７０００万円を目指すのであれば積立目標を増やすことになります。夫婦がそれぞれ満額で積立をしていれば、その2倍ということで、先ほどの約７０００万円になります。年間の積立ペースは１３５・2万円ということになります。

あるいは、つみたてＮＩＳＡではなく一般ＮＩＳＡを使って、ＮＩＳＡの積立ペースを年１２０万円に引き上げる方法も考えられます。この場合はひとりだけで約７６００万になります（年間積立額は１４７・６万円）。

一般ＮＩＳＡは5年目の末に非課税投資口座から通常の課税が適用される証券口座に移されるので、それ以降の利益については課税されるのが難点ですが、資産形成のペースは明らかに増します。

夫婦が結婚前からiDeCoとＮＩＳＡに満額積立するというのはちょっと非現実的です。ＦＩＲＥへの挑戦開始年齢にもよりますが、つみたてＮＩＳＡより一般ＮＩＳＡを使うほうが目標実現には近づくことになるでしょう。

20年の非課税期間を活かしつつ、40万円をつみたてＮＩＳＡ、80万円分を課税される総合口座で投資をし、年間合計１２０万円にする手もあります。どちらにするかは好みで選んでください。

なお、iDeCoの解約は法律上の制限により60歳以降ですから、FIRE生活には使うことができません。これは実際のリタイア生活に用いる「老後に2000万円」の分として考えておくといいでしょう。

前提となるキャリアアップ・節約の取り組み

夫婦とも、つみたてNISAとiDeCoの満額を積むということは、毎月10万円以上の積立を必要とします。これは貯蓄率を25%以上に高めることができれば不可能ではありません。年収が600万円以上に高まってくれれば、その25%でおおむね積立目標を達成できます。

しかし年収400万円以下ではなかなか苦しいペースです。そうなると**20歳代での早期のキャリアアップと、20歳代での積立未達分を30歳代以降で上乗せする調整が必要**となってきます。

まずキャリアアップです。新卒の段階で、毎月20万円程度の月収にボーナスを乗せてもまだまだ年収300万円前後です。ここから年150万円を貯めるのは50%ではなく、手取りベースで考えると70%貯める感覚になります。これはなかなか難しいでしょう。まずは手取りの20%以上を確実に貯めつつ、早期のキャリアアップを目指します。

今の会社で400万円以上になるメドがつくのか、またそれは600万円以上になる道に通じているのか、早期に見極め、どうも無理そうだとなれば転職も視野に入れます。

ただし、入社半年での転職などは年収増には結びつかない可能性が高いので（評価できる経験や資格があれば別ですが）、20歳代の転職は仕事に専念し自分のスキルを磨く時間とのバランスで実行することが大切です。

節約については、どんなに少なくとも25%以上を目標にする必要があります。年収の25%ということは、手取りベースでは35%くらいの覚悟が必要です。

すでに説明したとおり、貯蓄率25%を超えての節約はかなり本気を出して取り組む必要があります。ムダな支出はほとんどゼロにすること、年収が高くても日常生活では贅沢は慎むことが欠かせません。

なお、FIREのために必要なのが「最低年120万円」であっても、貯蓄率はもっと高くしておく必要があります。

ライフイベントの資金整理も必要

ライフイベントの資金整理も必要です。というのは、住宅購入や子の学費準備などのお金のかかるライフイベントを同時進行でクリアしていくことにもお金が必要であり、実際に貯めるお金は、年120万円では足りません。

プチFIREの場合、むしろそうした資金繰りは織り込みずみとなっており、住宅ローンの完済や教育資金準備を踏まえての資金準備を試みます。

しかし、**40歳代あるいは50歳代でのFIREについては、FIRE達成時に、住宅ローンは完済し、子どもの教育資金準備も完了しておくことが求められます。**

すでに説明しましたが「家の確保」は必要です。FIRE後に家賃を払うのは現実的ではありません。つまりFIRE資金とは別に家を購入する計画を建てなければなりません。

住宅ローンの返済が50歳（あるいは50歳代のFIRE希望年齢）になるよう、返済計画を立ててローンを組む必要があります。そのためには少し早めの持ち家取得と、返済額を高めに設定することが必要になります。

50歳FIREということは子どものあるなし、人数もほぼ確定してきますから、子育てにかかるお金、特に教育資金を織り込みます。子どもが生まれたらすぐ、「子育てで生じる貯蓄率のダウン」をまず検討し、計画を修正します。また、「高校受験から大学卒業までの7~8年間」の資金確保を目指します。

すでに説明したとおり、1000万円プラスアルファを子どもひとりあたりと考えます。50歳FIREということは多くの場合、FIRE達成後に子どもが大学進学することになります。「私は早期リタイアして悠々自適だが、君は奨学金を取りなさい」というロジックは説得力がありません。FIRE前に、教育資金も確保しておくことが大切です。

実現可能性はある。ただし油断はできない

50歳が厳しいと思うなら、55歳のFIREを目指すのも選択肢です。22歳で就職するとして55歳のリタイアを目指すのであれば、33年の時間があります。これは資産形成に使うには十分な期間です。

ビジネスキャリアを育てる時間も十分に確保できます。できれば早期に年収を高めておきたいところですが、30歳代にしっかり自分のキャリアを開花させることができれば遅いことはありません（その分、アラフォーの時期にたくさん貯める必要がありますが）。

50歳FIREの必要額を見積もってみる

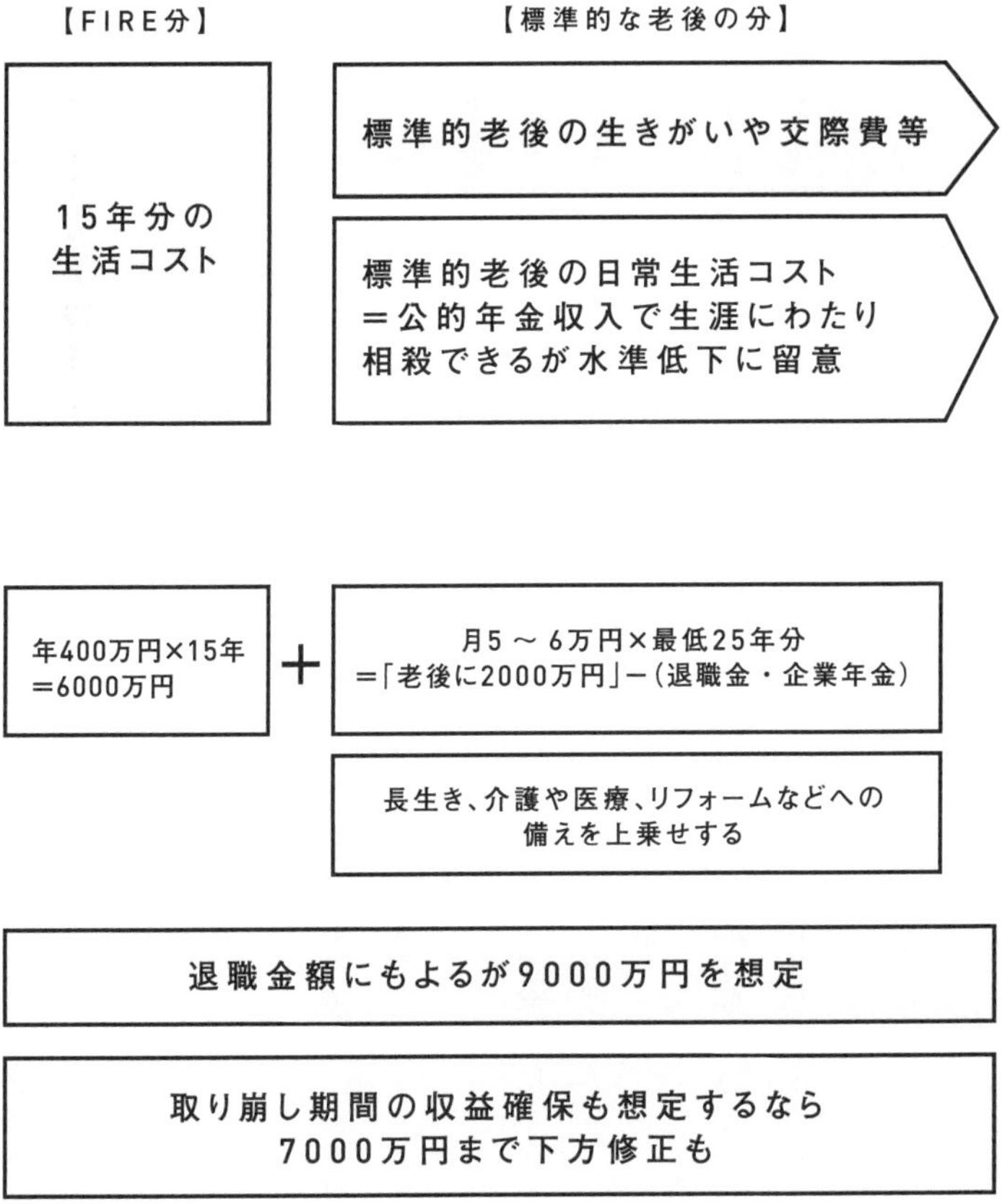
【FIRE分】
【標準的な老後の分】
15年分の生活コスト
標準的老後の生きがいや交際費等
標準的老後の日常生活コスト＝公的年金収入で生涯にわたり相殺できるが水準低下に留意
年400万円×15年＝6000万円
＋
月5～6万円×最低25年分＝「老後に2000万円」－（退職金・企業年金）
長生き、介護や医療、リフォームなどへの備えを上乗せする
退職金額にもよるが9000万円を想定
取り崩し期間の収益確保も想定するなら7000万円まで下方修正も

資産形成においては、節約との兼ね合いもありますが、**年収の伸びとともに貯蓄額の伸びもあわせて実行していくことで資産を増やしていくことができる**でしょう。

また、ここまでのモデルでは全期間を通じてNISAやiDeCoを満額積立するものとしていますが、満額にこだわることはありません。むしろ最初は数万円程度でもいいので積立を行い、とにかく資産形成を始めることが大切です。毎月が1～2万円であっても、その積立額を数年遅らせることのほうがもったいないことです。ゴールの目標額からすれば年20万～40万円程度であっても、最初の一歩目を刻むことに大きな意義があります。すぐに口座開設をすることが肝心です。

そして、年収が増えるごとに積立額を増額し続けることがFIREの夢実現につながっていくことになるでしょう。

50歳代のFIREはそれなりにハードルがあるものの、決して不可能な夢ではないと思います。プチFIREを実現できるメドが立ったら、そこからさらに10年早いリタイアを目指してチャレンジしてみてください。

50歳代FIREの資金準備を考えてみる

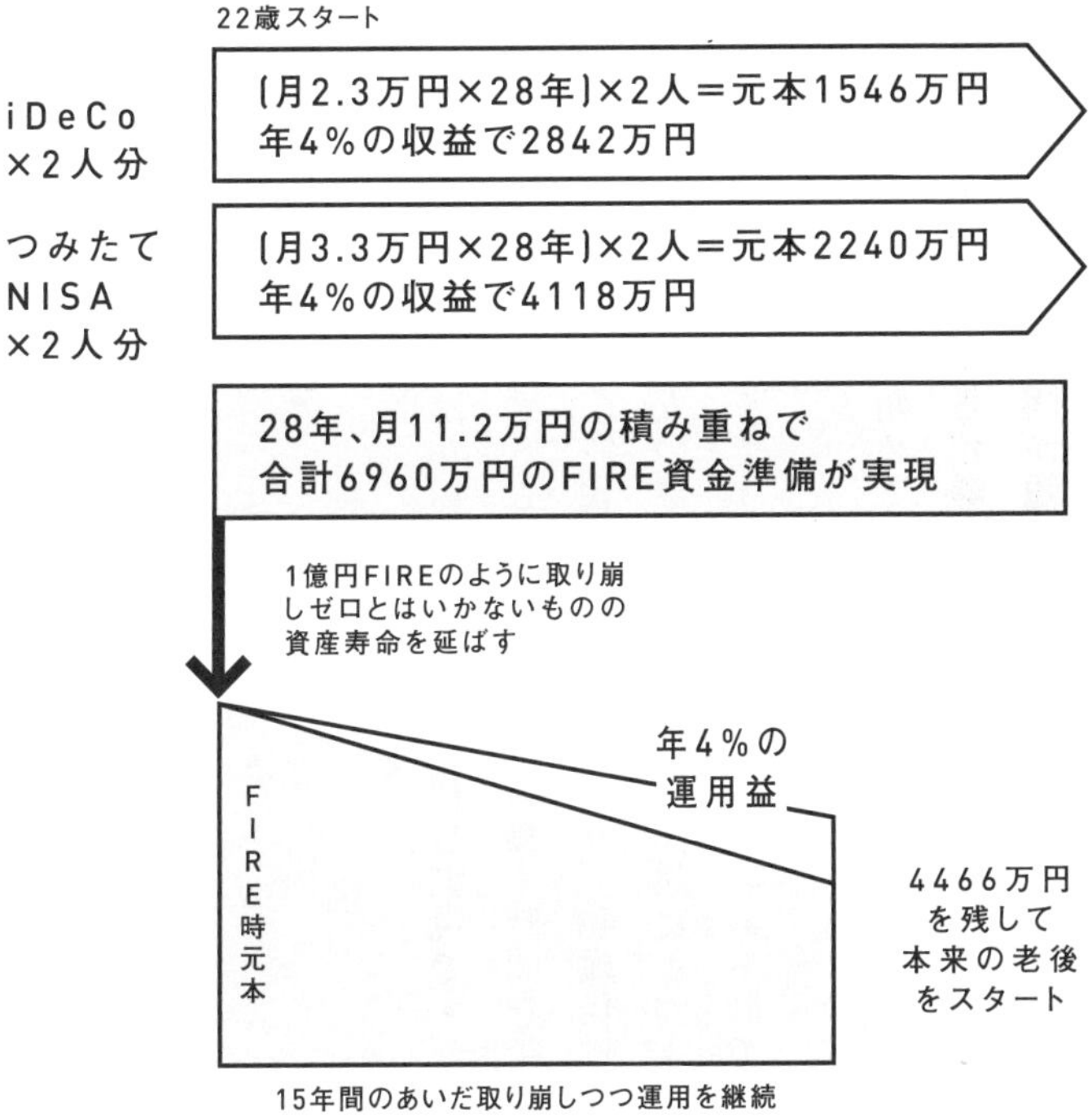
22歳スタート
iDeCo×2人分
(月2.3万円×28年)×2人＝元本1546万円
年4%の収益で2842万円
つみたてNISA×2人分
(月3.3万円×28年)×2人＝元本2240万円
年4%の収益で4118万円
28年、月11.2万円の積み重ねで
合計6960万円のFIRE資金準備が実現
1億円FIREのように取り崩しゼロとはいかないものの資産寿命を延ばす
年4%の運用益
FIRE時元本
4466万円を残して本来の老後をスタート
15年間のあいだ取り崩しつつ運用を継続

4

ルートC：夢の40歳代FIREに挑む

夢はやはり40歳代FIRE

FIREを語るとき、注目されるのはやはり40歳代でのFIRE実現です。22歳で社会人になって40歳代でリタイアするというのは、本来働く時間を半分で終わらせることになります。今では65歳リタイアの時代がやってきており、40歳代は社会人人生の折り返し時期にあたります。また、日本人の寿命が80歳を超え90歳に近づきつつあることを考えても、人生の真ん中で仕事をしなくてすむ、というのは夢のある話です。

ただし、FIRE実現をプランニングし始めると、40歳代での達成はなかなかハードルが高いことがわかります。**40歳代のFIREが厳しいハードルとなるのは、なんといっても、稼ぐ時間、積み立てて投資で増やす時間が短くなる**ことです。20年程度でゴールに達するのですから、普通の人の生涯賃金を稼ぐとすれば、毎年2倍稼ぐことを求めます。

また、仕事をしない時間が長期に及ぶことは、そのための資金準備額を高額にすることでもあります。すでに述べてきたプチFIREはシンプルに5年分の生活資金を確保するイメージですが、**40歳でもしリタイアするなら、25年の生活資金が必要になります**（おそらくその頃には70歳リタイアの時代になっており、30年分の資金確保が必要かもしれません）。

そこで無理をして目標をたぐり寄せようとする人が多く、資産運用に無理な目標を課すケースがしばしばです。結果として資産を大きく損なうことになる人もいます。これでは目標から遠ざかることになります。

とはいえ、ハードルの高さを確認することがまず必要です。ハードルを直視したうえで、どこまで実現可能性があるか考えてみましょう。

40代FIREの準備期間の短さはいくつものハードルとなる

40歳代FIREが、資産形成期間が短いということはいくつものマネープラン上の問題とつながっています。

キャリア形成をする時間の短さ

能力を高め、徐々に年収を増やしていく時間を待つ余裕がありません。40年の社会人人生なら、数年くらい成長のための仕込みをする期間があってもいいのですが、年収が横ばいになる時間があると40歳代FIREの計画には支障が出ます。

当初積立額の少なさ

20歳代で少なくともiDeCoやつみたてNISAを満額にする程度の資産形成がスタートできないとゴールに近づくことができません。しかし新卒や新卒数年の年収で、年60万円以上を積み立てるのはなかなか大変です。

運用で複利効果を得る期間の短さ

運用収益をさらに投資に回し「利息が利息を稼ぐ」状態を複利効果といいますが、複利効果がパワーを発揮するのは長期の運用が成立したときで、具体的には20年以上継続して以降です。20年でゴールに達しようとすると、複利効果の力は期待できません。

退職金の上積みをする時間の短さ

第5章で確認しましたが、40歳代での自己都合退職者がもらえる退職金は少額になります。新卒から定年退職まで働いた人の半分あるいはそれ以下しか退職金に期待できないため、自力での資産形成を多く見積もる必要があります。

厚生年金の加入期間の短さ

第5章で確認したとおり、40歳代でFIREを実現して退職したとしたら、厚生年金額は標準の半分くらいだと考える必要があり、その分老後の必要額が増します。

標準的老後の準備額も高額になる

退職金と公的年金の水準が低いことは、標準的な老後の準備額をかなり高く上方修正する必要がある、ということです。

なかなかハードルが高いわけですが、ひとつチャンスもあります。FIRE後にも20年以上を確保できるので、標準的な老後の準備額については、その間に増やしていくこともできるのです。

1億円の資産、4%ルールは本当に有用か

FIRE本でしばしば取り上げられるものに「25年分の生活資金確保」と「4%ルール」があります。これを組み合わせると、若い時点でFIREをしても「資産1億円（年400万円×25年分）を達成し、年4%の収益を確保すれば、取り崩しは永遠に不要となる」と説明されます。

まず25年分の生活資金をあらかじめ確保しようというのは、相当の無理が生じます。日常生活がほとんど存在しないかのような節約生活が必要になりますが、度を超すと無感動な人生になります。そのあとFIREしたら感情豊かな生活にいきなり切り替えられるものでしょうか。

毎月の積立額を最大化することの達成が難しいとなると、無理をして高利回りの確保に走ることになります。これも危ういところがあり、**リスクを極大化してしまうため、失敗したときの損失可能性が大きくなります。**FIRE挑戦者は自信過剰な傾向があるので、リスクを過小評価してしまう問題があるのです。一握りの成功者と同じことを万人が再現できると考えないほうがいいでしょう。

取り崩し中の運用についても注意が必要です。たしかに運用収益の確保は資産の寿命を延ばすうえで重要です。「運用収益（配当を含む）＝年間取り崩し額（生活費）」となれば、資金はまったく減らないまま翌年を迎えることができます。4％ルールが主張するところです。

国内外に分散投資をすれば、決して不可能な利回りではない、と思われますが、**短期的な値下がり局面では弱みが出ます。**資金追加がない時期に投資を継続するため、目の前の下落がそのまま資産価値の減少となり、回復を待つしかありません。しかもそこから取り崩しをすることになるので、資産額の目減りが進みます。

運用をするべきではない、というわけではありません。むしろ、「運用をしながらそれを取り崩す」ということを前向きに捉えるべきだと思うのです。

FIRE本の多くは、資産が永遠に残り、金持ちであり続けることを主張するのですが、私は**資産を取り崩すことを選択肢とすれば、FIREがむしろ実現しやすくなると思います**。運用のリスクをコントロールしつつ、計画的にリスクを取り、資産を取り崩せば1億円にこだわらなくてもよくなるからです。

なお、4%ルールの危うさとして、インフレがあります。4%稼げても、物価が4%上がったら、それは「実質的な運用としてはプラマイゼロ」ということです。実はアメリカはインフレが継続していますから、高利回りが実現しているといっても、その数%分は、物価上昇に相殺されている面があるのです。現在の日本のように数十年間、ほとんどインフレしなかったというのはまれなケースです。

特に40歳代FIREはその後の人生がまだまだ長く、40~50年くらいを想定すべきですが、そうなるとインフレの影響は無視できません。実は**「インフレ率＋4%」にしないと4%ルールが主張する「資産が減らない」はウソ**なのです。それはかなりハードルの高い目標設定になってきます。

すべての財産を投資できないなら期待リターンは下がる

また、リスク管理の問題もあります。私はFIRE達成者が全額を投資に回すかどうか疑問を感じています。

FIREを実現し、リタイア生活に入った人が、今さらリーマンショック級の急落に立ち会いたくはないと考えるのは自然な発想です。たとえば、財産の半額は銀行預金や個人向け国債で保全し、半額でリスク投資を継続するというのは合理的な選択です。むしろそれ以上の資産を安全性の高いものにシフトすることも考えられます。

FIREを実行した場合、仕事の収入を獲得しない選択をするわけです。これはマネープラン上の大きな制約条件です。リスク管理として、大きく下げる可能性を縮小したいと考えるなら、投資資金の割合を低くすることが選択肢となります。

リスクを抑えることはすなわち、期待リターンを下げることでもあります。資産の期待リターンを年4%と見込むなら、資産の半分を保全すれば「全体」での期待リターンも年2%に半減します。しかし、急落時の影響も半分に限定されるわけです。

たしかに、FIRE後も投資に資金を突っ込む人が多いのは事実です。FIRE実現後も資産のほとんどすべてを個別株投資に注ぎ込む人たちはそもそも投資が好きだからです。自由時間は増えますし、専業の個人投資家となったようなものです（実はこれはリタイアではなく個人投資家への転職だと思います）。

しかし**普通の人がＦＩＲＥをしたら、「投資はもういいや」となることを織り込んでおくべき**だと思います。万人にＦＩＲＥのアプローチを広めていく際には、この点について必ず触れておくべきでしょう。

運用収益と取り崩しを織り込む やはり１億円を目指す必要あり？

さて、そのうえで40歳でのＦＩＲＥの目標額を考えてみましょう。

まずは年４００万円の生活資金確保を考えます。40歳から65歳まで25年分ですからこれが１億円となります。なお、年４００万円というのは所得税・住民税が課税されないこと、厚生年金保険料を納めないことを考えれば、社会人の年収５００万円に相当する生活になるでしょう。

さらに、標準的な老後の生活のために２０００万円の確保を考えます。しかし、40歳代ＦＩＲＥの場合は厚生年金額が半分くらいにダウンすることを考え、年60万円、25年分くらいを上積みする必要があります。これで1500万円が上積みされます。

バッファーとして1000万円は用意しておくことを考えると、老後の分として4500万円となり、なんと「FIREには1億4500万円が必要」となります。

こうみると、FIREはまず無理！ということになりますが、40歳から25年のあいだも**「運用を継続すること」と「資産の取り崩しを認めること」により、準備額は下方修正することが可能になります。**

まず、65歳時点で4500万円を残す、として、そこまでは取り崩しを許す計画とします。65歳以降は運用をストップするものとしますが、FIRE以降はインデックス運用によるシンプルな分散投資のみを行い、年4%を得るものとします（本来なら投資比率を下げたり、相場の上下動を織り込んだりするべきなのですが、まずは試算をさせてください）。

そうすると、なんと8000万円あれば、なんとか25年をやりくりし、65歳時点で4500万円を確保できることになります。初年度は320万円を稼ぎ、80万円を取り崩す、という感じで徐々に資産を減らしていきますが、毎年400万円を減らすわけではなく、資産の減少ペースを緩やかにしつつ65歳まで資金管理するイメージです。

試算は意外な結果になりました。なんと、ちゃんと老後の資金計画も織り込みつつ、1億円を下回る金額でFIREできることになったのです。

厳しい可能性だが年収の極大化と支出の極小化を

1億円がなくてもFIREできる、としても話はそう簡単ではありません。準備をするほうで今度は苦戦が待っています。50歳FIREより「準備期間が10年さらに短い」ということは思った以上に苦しいプランになるからです。

何せ22歳の就職だとすれば、最短で18年（最長で28年）での夢実現となりますから、年1000万円程度の積立ではゴールにたどりつけません。

まず第一段階としては20歳代後半に**積極的なキャリアアップを仕掛けて年収を早期に600万円以上へ持ち込む必要がある**でしょう。できることなら30歳代の途中には年収1000万円を目指したいところですが、これはかなりハードモードのチャレンジです。相当の努力が必要ですし、チャンスも逃さずつかまなければいけません。若い社員でも優秀な場合、ちゃんと年収を上げてくれる会社に勤めていることも大前提です。

ちなみに、8000万円を18年で目指すとした場合、年4％の収益を得た場合で毎月25・3万円（年304・2万円）、年8％の収益を得た場合で毎月16・7万円（年200・0万円）が貯蓄ノルマとなります。**貯蓄率50％以上を考えたほうがいい**でしょう。節約でもハードモードが強いられます。

年収600万円を獲得して、年300万円を貯めるというのはかなり大変な貯蓄率です。これが年収800万〜1000万円となれば実現の芽も出てきます。節約とキャリアアップは同時進行で目指してみてください。

高い貯蓄率、特に50%以上を目指すとき、生活のバランスも取る必要があります。無理をしすぎてメンタルを崩さないようにしたいところです。

運用でどこまでリスクを高めて準備するか

運用については通常より高い期待リターンの確保を目指す必要があります。ここのさじ加減もまた、悩むところです。

先ほどの積立目標について年4%の収益確保を目指すのであれば、国内と海外の株式に分散投資をした投資信託でチャンスは十分にあります。メンテナンスの負担もほとんどありません。しかしどうしても毎月の積立額が高くなってしまいます。

年8%を目指す場合、国内外、株式や債券などにシンプルな分散投資を行うことだけではなかなか実現が難しく、中長期的なインデックスの成長率を上回るリターンを獲得する必要があります。どのような手法にするかは工夫が必要になります。たとえば米国株を中心に据えて国内より高い成長率に期待する方向感、同様に新興国だけにかける方向感、あるいは成長企業にのみ集中的に投資を行うアクティブ運用の方向感などがあるでしょうか。

一方でFXや数部屋の資産価値だけに集中する不動産投資、ビットコインなどの暗号資産などは仮に利回りがよくてもリスクが高すぎるでしょう。

インデックスを超える利回りを得ようとするときの悩みは、苦労は必ず増える一方で、失敗する可能性は減らず（むしろ増えます）、失敗した場合にはインデックスに大幅に負ける可能性があることです。しかし、ゴールから遠ざかってしまったとしても、それを取り戻そうとさらに高いリスクを取らないことが大切です（損を取り返そうと賭け金を増やすのは、ギャンブラーがよくやる失敗パターンですね）。

40歳代のFIREは本音ではあまりおすすめしたくないのですが、その最大の理由は、過剰なリスクテイクを必要とするとき、いろんな悪徳業者が甘いささやき（と彼らにとって高い利益を含む金融商品）を売り込んでくる隙を与えるところにあります。十分に注意をしてください。

夢の40歳代FIREの
必要額を見積もってみる

【FIRE分】

25年分の
生活コスト

【標準的な老後の分】

標準的老後の生きがいや交際費等

厚生年金の不足分

標準的老後の日常生活コスト
＝公的年金収入とはならない

年400万円×25年
＝1億円

＋

月5～6万円×最低25年分
＝「老後に2000万円」－（退職金・企業年金）

長生き、介護や医療、リフォームなどへの
備えを上乗せする

退職金額にもよるが8000万～9000万円を想定

取り崩し期間の収益確保も想定するなら下方修正も

45歳あるいは40歳代後半のFIREを目指すもあり

ここまで見てみると、40歳代のFIREは目標額の高さはもちろんですが、準備期間の短さが難易度を大きく上げていることがわかります。

しかしすぐにあきらめるのではなく、あくまで「40歳代」のFIREと広く考えてチャレンジしてみてはどうでしょうか。45歳での実現を目指せば、積立と運用の期間が5年延び、取り崩し期間は5年短くてすみます。

5年遅らせることで目標額はあまり下がらず7500万円くらいですが、準備期間を5年増やすことができるほうの価値は大きくなります。年200万円貯められれば準備額のほうが1000万円アップします。計画実現に大きく近づきます。

また、40歳代FIREを目指しつつ、着地点を50歳にするのも悪い話ではありません。40歳代でのFIREを本気で目指していた人の多くは、50歳ないし50歳代前半でのFIREは実現可能ではないかと思います。

40歳代での早期リタイアは大きな夢です。あきらめずに挑戦をしてみてください。

5 スタートが30歳代以降でもFIREは可能か

スタートが22歳でないからとあきらめる必要はまったくない

ここまで新卒、新社会人の年齢からチャレンジするモデルを紹介してきましたが、読者の皆さんが本書を手に取ったとき自分は新卒ではない、あるいはすでに30歳代、40歳代に入っていることが多いと思います（新卒でFIREを目指してばく進する人はむしろ珍しい）。

しかし、22歳ではないからFIREはあきらめるしかないのか、と考えるのは誤解です。FIREへの道はどんな年齢にも開かれています。**FIREに必要なのはほどほどの知識と実行する意欲です。**むしろ自覚を高めて本気を出せるのはそれなりにキャリアを積み始めてからかもしれません。

ビジネスキャリアを高めていく意識が高まってくるのは、やはり社会人となって数年後くらいでしょう。**25歳くらいになってきて、自分のキャリアを意識し、自分が今働く会社の限界を悟って転職活動をするような場合、それはFIREに向かって一歩目を踏み出すいいタイミングでもあります。**

自分はどんなビジネススキルで年収を高めていけるのか真剣に考えてみてください。今の会社で自分を高めていくのか、違う会社に飛び出してチャレンジをするのか、そもそも自分はもっと年収をもらうだけの能力を持っている人材といえるのか、自問自答することが、次のキャリアステップにつながっていきます。

また、節約の意識を持てるのも、入社して数年経ってからだと思います。計画的に暮らし、またボーナスも含めた年単位でのお金のやりくりを覚えてきたら、そこからどこまで削ることができるか考えてみてください。

あなたがつみたてNISAの口座を開設して積立投資をスタートしたら、それはもうFIREへの第一歩になります。

30歳代からのチャレンジでもFIREは十分に可能

30歳代でも問題ありません。私はよく、45歳までにはiDeCoに加入して自分の老後に備

スタートが30歳代以降でも FIREは可能

Start! Challenge! FIRE!
新卒即、FIREチャレンジ開始
気づきが早く、スタートが早いほど有利になることは間違いない
Start! Challenge! FIRE!
30歳代でのFIREチャレンジ開始
社会人になってしばらくしてFIREの意義に気がつくのは普通のこと
アラサーのチャレンジなら十分にFIREは可能
Start! Challenge! FIRE!
40歳代でのFIREチャレンジ開始
スタートが遅かったとしてもプチFIREは十分に実現可能
経済的安定が確保された老後25年がまだ残っている

えようとアドバイスします。月数万円程度の積立も、20年（65歳まで積む場合）あれば、「老後に2000万円」の財産に育ちます。つみたてNISAを満額まで追加すれば20年で800万円の積立元本と運用益を手にします。その先にFIREの道が見えてきます。

30歳代は自分のビジネスキャリアが見えてくる年です。今の会社でいけるか、もう頭打ちかもわかるはずです。もちろん自分の能力ももう一段階伸ばせる年代です。

また、家計においても貯蓄力を一気に高める覚悟をし、徹底的な見直しを行ってみてください。年収の20%以上を貯められる人は、30歳代でスタートしてもFIREに向けた資産形成が可能になるでしょう。

もちろん40歳でのFIREは難しいと思いますが、まだまだ時間はあります。**まずは確実なプチFIREのための資金確保を行い、そこからさらに5年早いリタイアを行う資金確保に挑んでみてください。**

40歳代からのFIREチャレンジ。まずはプチFIREを確実に手に入れよう

一般的な老後資産形成のスタート年齢として45歳があるとしたら、40歳からのFIREチャレンジは遅すぎるということでしょうか。そんなことはありません。

一般的な老後資産形成はiDeCoの満額を確実に積み上げて、これに退職金を加えれば「老後に2000万円」はなんとかなりますよ、というところにとどまります。

40歳代から本気でFIREに挑むのなら、それ以上の貯蓄の上積みは欠かせませんが、そこから始めてもまだ間に合います。生活水準はある程度固定化していますのでこれをもう一段引き下げ、年収についてはもうワンランク上を目指してみます。転職もそろそろ最後のチャレンジです。住宅ローンや教育費準備などをこなしつつも、年収の30%以上を貯めていけると資産形成のペースは相当加速していきます。

しっかりがんばれば、プチFIREは実現範囲として見えてくるはずです。たかが5年と思うかもしれませんが、5年あれば相当のことができます。

おそらく**「70歳が標準のリタイア年齢」となる時代に「60歳で引退」となるのでFIREの華麗なイメージとはかけ離れるように思いますが、今でいう50歳代のFIREに近いイメージ**ではないでしょうか。

しかし、そんな夢も、**チャレンジした人だけが手に入れられる世界**です。某国民的バスケ漫画でも「あきらめたらそこで終了」といっていますが、あきらめずに挑み続けた人だけが、人より早い引退、FIREを勝ち取ることができるのです。

第7章

FIREに成功したあとのメンテナンス術

1 FIRE実行前後の手続きともらえるお金

会社を辞めれば、とりあえずFIRE生活の始まりだが

あなたが経済的安定を確保し、引退しても標準的なリタイア年齢までやりくりが可能であること、年金生活に入ってからもやりくりが可能であることのメドが立っていることが確認できたのなら、いつでも仕事を辞めることができます。

おめでとうございます！　夢のFIRE生活のスタートです。これからは経済的不安のない自由な時間が待っています。

といっても、FIRE生活を始めるにあたっていくつかの手続きは必要になります。またFIRE後の生活がどのようにやりくりされるのかも知っておく必要があります。

特に税金や社会保険料などの一定の負担が求められる部分については、自分で適切な手

続きを取っておかないと、あとから追納などを求められる恐れもあります。

さて、最初のステップは辞表の提出です。このとき、**FIRE生活に入ることは特に触れないほうがいいかもしれません。**「一身上の都合」と書けばよく、根掘り葉掘り退職後のことを聞かれたら、「ストレスがあって、少しのんびりするように医師に助言された」「親の体調が悪いので故郷に帰って同級生の会社にお世話になる予定」など、相手がそれ以上追求しにくい答えを用意しておいてもいいでしょう。

こんなところで「FIRE? 何年かしたら泣くに決まってる」なんて笑われてもおもしろくありません。無難に退職手続きを終わらせておくことをおすすめします。

退職をしたら、ハローワーク（雇用保険関連）、市区町村役場（健康保険、年金保険関連）に手続きをしていきます。

もらえるお金は確実にもらっておこう

まず、退職に伴って「もらえるお金」を確認しておきましょう。FIRE挑戦者の多くは「こんな制度、入っていたなんて知らなかった」ということはなく、織り込みずみだと思いますが、手続きはしっかりしておきましょう。

退職金（企業年金）

退職時に受け取ります。退職一時金の場合は現金で一括振込されます。企業年金については一時金として受けるか年金受け取り（老後まで据え置き。一般に勤続20年以上に限る）を選べます。会社が説明を行いますので、振込口座などを指示する書類を提出します。

退職金については勤続年数をもとに退職所得控除が受けられ、全額が課税対象になるわけではありません。勤続20年までは年あたり40万円、それ以降は年あたり70万円の非課税なので、30年勤続なら1500万円まで非課税という具合です。これを超過した分も課税対象となるのはその半額となりますので、無税もしくはごくわずかの課税で受け取ることができます。退職時にきちんと書類を書けば、その時点で税制上の手続きは完了します。不備があれば確定申告で書類を出してください。

雇用保険（求職者給付）

若くして退職した人は再就職の意欲があれば雇用保険の給付を受けられます。ただし自己都合退職者は2カ月＋7日は待期期間となり、それ以降に支給されます。

給付日数、給付額は年齢、賃金、雇用保険に加入していた期間によって異なりますが、勤続期間中の賃金の45〜80％が目安です。給付期間は雇用保険の加入期間により「10年未満：90日、10〜20年未満：120日、20年以上：150日」となります（自己都合退職者で65歳未満の場合）。雇用保険の給付は非課税です。

ただし、これは「再就職活動中」であることが前提です。4週間ごとに2回以上は求人に応募をしたり企業説明会への参加などをすることが必要で、定期的な報告が求められます。認定日に報告をし給付がもらえる仕組みです。

結果としてFIRE生活に至るとしても、給付をもらいたいのであれば、就活はしておきましょう（内定を得たが、条件が整わず辞退することは差し支えない）。

リタイアがもう確定しているのに就活をすることが、偽装をしているようでスッキリしないなら、給付をもらわないのも選択肢です。判断はお任せします。

企業型の確定拠出年金やiDeCoの資産

会社の企業年金制度として確定拠出年金（企業型）が採用されていた場合は、60歳まで受け取れない仕組みなので、iDeCoに資産を引き継ぎます。企業年金連合会に移して運用は任せ、老後の終身年金にすることもできます（2022年5月より）。

すでにiDeCoをやっていて、会社から天引きされていた場合は個人口座からの引き落としへ変更し、また会社を退職したことで資格が変わったことを手続きします。

その他、会社に関連して積み立てていた資産など

財形貯蓄や社内持ち株会、グループ保険など、社内制度を用いた積立等については退職に伴い解約手続きを取ります。

FIRE生活でかかるお金、かからなくなるお金

ところで、FIREを実行した場合、あなたはどんな税金を納め、どんな社会保険料を支払う義務が残るでしょうか。これも確認しておきたいところです。

払わなくていいもの

所得税

高い年収の仕事を辞めれば税金はドカンと下がることになります。ブログ運営のアフィリエイト収入などがあればそうした収入は所得税の対象として申告と納税が必要です。

厚生年金保険料

会社員や公務員を辞めれば、厚生年金保険料を納めなくてもよくなります。年収の9・15％（本人負担分）なので大きな負担減少になります。

払わなければいけないもの

住民税

会社員でなくなった場合、所得に応じた住民税は負担しなくてよくなりますが、最低限度払わなければならない均等割負担が残ります（所得基準を満たすと、均等割も非課税になる）。また前年の収入に応じて翌年の住民税がかかるため、住民税が下がるのは2年目からです。

■健康保険料

会社員でなくなった場合、国民健康保険に加入することになりますが、所得比例の負担部分が減少する一方で、家族の人数などで決まる均等割の負担があります。所得状況に応じた減免もありますが家族の人数が多い場合、それなりの負担が続きます。

会社の健保組合ないし協会けんぽに対し任意継続の手続きを行い、会社負担分も含めて保険料負担をすれば、退職前制度の健康保険に2年間とどまることもできます。協会けんぽの場合では、給与が月30万円以上なら保険料計算は30万円を上限にするなど一定の配慮もありますので、自社の制度と負担額を確認し、任意継続するか決定します。

■国民年金保険料

厚生年金に加入しない場合は国民年金保険料を納めます。夫婦ともリタイアなら2人分納める必要があります。月16610円（1人あたり。2021年度）なのでそこそこの負担です。

■運用益の課税

iDeCo口座、NISA口座以外の運用収益については20・315％の課税（復興特別所得税込み）が課せられます。

持ち家の固定資産税、マイカーがあるなら自動車税などマイホームについてはリタイアしても固定資産税がかかります。その他、マイカーの維持費などは変わらず生じます。

退職したときのいろいろな手続き

離職後の手続きは以下のようなものがあります。それぞれ役所に出かけて手続きをしてください。

雇用保険の手続き

離職後に会社から雇用保険被保険者離職票が届いたら、ハローワークに出かけて、雇用保険の手続きをします。これは前述の求職者給付の受け取り手続きになります。手続きをしに行った日から数えて2カ月と7日間待たないと、自己都合退職者は給付開始となりませんので、退職したらまずはハローワークに行くといいでしょう。

健康保険、年金保険の手続き

次に行くべきは市区町村の役場です。総合受付などで、会社員ではなくなった旨を伝えると、健康保険や年金保険の手続きをするよう指示され、窓口番号などを教えてもらえます。若い人が離職をして保険料を払えない場合、免除の手続きもできますが、FIRE達成者はきちんと保険料を納めてください。

健康保険については国民健康保険、年金保険については国民年金制度のそれぞれ手続きをしてください。特に病気やケガをしたときは健康保険証がないと適切な医療が受けられませんので（全額自己負担になる）、これも退職したらすぐ手続きをしておきましょう。

起業などをする場合は税務署に届け出

その他、個人事業主の登録をする場合は、税務署に開業の届け出を行います。ただしこちらは、しっかり準備をしてから届け出をすればいいでしょう。

年に一度、確定申告をする

会社員の多くは確定申告をしませんが、FIREを目指していた人は、住宅ローン設定時、副業をしていた場合、運用収益の課税処理を必要とした場合など、確定申告をした経験があるかもしれません。

会社員は会社が年末調整の作業をするので個人が確定申告を行わなくてもいいわけですが、**FIRE後は基本的には毎年、確定申告を行います**。2月16日から3月15日が所得税の確定申告期間で、昨年の1～12月分の所得を申告します。

個人事業主として登録をする場合は、その申告も必要になります。この場合は経費や売上を諸表にまとめてあわせて提出します。開業の手続き、税の手続きは専門性が必要になる部分でもあり、クラウドの書類作成サービスや行政書士、税理士などの専門家をうまく活用したいものです。

まったく収入がないなら、国税庁のホームページで必要事項を入力すれば確定申告書が簡単に作成できます。オンライン提出をしてもいいですし、PDF印刷をして郵送提出をしてもかまいません（もちろん行列に並んで提出してもけっこうです）。

標準的なリタイア年齢に到達し、年金生活に入ると、税手続きの負担は少し軽くなります。年金生活者の確定申告手続きは簡略化されており、また公的年金などの収入から自動的に源泉徴収（あらかじめ納税相当額を引いておくこと。公的年金では65歳未満で108万円以上、65歳以上で158万円以上の場合、源泉徴収される）されているので、脱税の問題はほとんど発生しません。医療費控除など追加の項目がある場合など、払いすぎてしまった税額については確定申告で還付してもらえます。

ＦＩＲＥ達成者は、社会的にも注目（ねたみやひがみも含めて）されているので、脱税や未納を話題にされるのは好ましくありません。しっかり手続きをしておきましょう。

FIRE実行後に お金を整理する

もらえるお金	かからなくなるお金	ずっとかかるお金
退職金	所得税（事業収入あれば負担）	住民税
雇用保険給付（ただし就職活動が前提）	厚生年金保険料	健康保険料（介護保険料）
社内制度の解約分		国民年金保険料
企業型の確定拠出年金はiDeCoへ移す		運用益課税
		マイカー維持費や持ち家の固定資産税など

2 FIRE後は定期的な資産状況チェックが欠かせない

FIRE後、投資資金のお金の流れが変わる

FIREを目指している時期、どこまで投資アカウントのチェックをするかは人それぞれです。短期トレードを行っていた人はひんぱんにチェックしていたでしょう。インデックス投資メインの場合はあまりにもログインしなかったので、WEBサイトのパスワードが見つからず困ってしまったという人もいるかもしれません。

FIRE実現後は、資産運用状況の管理と資金の出金管理、つまり引き出しの管理が必要になってきます。どれくらいのペースでウォッチすべきかは考えておくべきです。

まず、FIRE前後のお金の流れの変化を確認しておきましょう。

FIREを目指してばく進していた時期は、「ハイペースな入金と、厳しく制限された

出金」が基本構図です。一方で、**FIRE生活がスタートすると「入金は基本的にストップし、定期的な出金」という基本構図になります。**まったく逆転します。

これは資産運用においても大きな変化です。入金がなくなるということは、積立投資が行われなくなるということです。特に株式市場等が急落してしまったとき、長期積立投資のメリットである「今が安く買えるチャンス」「市場の回復を待つ時間的余裕」という要素がなくなります。むしろ、定期的な出金（つまり何らかの解約）が必ず求められることになり、リスク管理上大きな課題となります。

運用方針ではリスク許容度は低くなることを踏まえた対応が必要になります。「お金の流れの変化」と「リスク許容度の変化」が起きるのがＦＩＲＥの前後なのです。

市場の急落時、FIRE達成者はどうするべきか

ＦＩＲＥに向けてチャレンジしてきた人は、マーケットの急落や急騰を何度か経験してくることになります。一般的には10年も投資経験を積めば、急落の時期と急騰の時期を2回くらいは経験することになるでしょう。

そして短期的な急落に焦らず投資を続ける経験もしているはずです。積立投資はそれこ

そが効果を発揮し高いリターンの源泉となります。

しかし、FIRE生活に入ったあとは、新しいお金が入金されないことを踏まえた投資スタンスが必要になります。

定期的な入金がない投資口座が、定期的な生活資金の取り崩しを行う口座でもある、という状況変化を踏まえ、FIREをスタートさせる人は「マーケットが急落したときどうすべきか」方針をしっかり決めておくべきです。

一般論としては市場が回復するまで取り崩しも控えたいわけですが、なかなかそうはいきません。いくつかの合わせ技が求められます。

たとえば、次のような方針を決めておきます。

マーケットの回復期間は預貯金のほうから優先的に取り崩して投資資金については手をつけない

一定割合の資金を銀行預金にしておけば、市場の回復を待つあいだは預金の取り崩しを優先させることができます。ただし回復に時間を要した場合、投資資金の割合が高まってしまいリスクを取り過ぎた状態になる問題も抱えます。

マーケットの回復期間を意識しつつ、投資資金からの取り崩しは控えめにする

FIRE達成者の場合、相当の含み益が生じており、最初の下落相場ではまだ含み益は残っているはずです。全面的に預金解約に切り替えることはせず、投資資金からの取り崩しは行うも、解約金額は少し控えめにする方法が考えられます。

元本割れの状態であっても、投資資金を取り崩す

資金のほとんどないしすべてを投資資金としている場合、下落していようがいまいが、定期的に取り崩しを投資資金から行っていくしかありません。この場合、含み損が出ていた場合は、大きく資産残高を減らすことになります。

資産の一定割合を預金にすることも投資戦略の一部ですが、FIRE生活においても当てはまります。FIREチャレンジ中より多めに預金を持っておくといいでしょう。

自動的な解約、取り崩しサービスを活用してみる

FIRE生活は、自分で自分に給料を支払うかのように一定額を取り崩していくことになります。これにはできるだけルールを決めておくことが大切です。

手作業で一定額を出金すると、ルール変更をする誘惑と戦うことになります。「もうちょっと多く下ろしちゃおうか……今月だけね」と考えてしまうわけです。また臨時支出を無制限に認めていると、ズルズル資産残高が減っていくリスクがあり、これは避けたいところです。

可能であれば「毎月いくら」と「ボーナス月にいくら」のように設定しておくと、旅行や家電買い換えなどの予算を捻出しやすくなります。仮に「年400万円」と決めた場合でも「月25万円＋ボーナス50万円」と決めておいたほうがやりくりも楽です。

このとき、銀行口座も「資産が積んである口座」と「日常生活費として管理する口座」は分別するほうがいいでしょう。口座管理術はすでに基本を説明してありますが、メインバンク（給料は入ってこないが）からサブバンクに一定額を引き落とす感じです。

投資資金については、運用を継続しつつも定額について定期的に受け取るような選択肢があります。

たとえば楽天証券の定期売却サービスでは投資信託を対象に月1回、指定日に指定金額（あるいは指定率）を定期的に解約し、入金してもらうことができます。これは資産運用を継続しつつ、毎月の生活費を取り崩したい人にとってはとても便利なサービスです。

注意点は下落相場であろうとも機械的に解約を繰り返すことと、思ったより取り崩しペースが早くなったとき、自分で修正しなければ取り崩しが加速してしまうことです（定額の場合）。

SMBC日興証券、SBI証券なども同様のサービスを提供しており、今後も増えていくと思われます。FIRE実践者が投資を継続しつつ解約を行う選択肢としてこうした金融機関を選べば、**「自分で自分に払う給料」のような仕組みをつくることができる**のです。

資産管理アプリを活用しよう（家計簿アプリでOK）

以前、節約の話をしたとき家計簿アプリの活用をおすすめしました。これは使い方を変えると資産管理アプリにもなります。登録することのできる口座に、証券口座やiDeCoの口座などが含まれているため、資産を一覧することもできるからです。

ＦＩＲＥを目指すうちは、証券口座などを登録しないほうがいいかもしれません。というのは、「日常の家計」と「ＦＩＲＥ目標の資産」を一覧できるようにすると、資産残高がものすごくあるように見えてしまい、節約の緊迫感に欠けてしまうからです。

資産が数千万円あることを可視化しつつ、毎日の家計を１００円削ることに必死になるのはなかなか苦しいものがあり、あえて日常の支出管理だけの「家計簿アプリ」とするのも一考です。

しかしＦＩＲＥ後は、資産全体の把握ができることが重要なので、証券口座もすべて登録をしておくといいでしょう。

投資資産であることを前提とした管理アプリもあります。たとえば、野村證券がマネーフォワードと提携して開発したOneStockなどは、証券の管理に特化しています。資産寿命をシミュレートする機能なども付随していて、ＦＩＲＥ実践者には活用の妙味があるかもしれません。また、ＦＩＲＥにチャレンジしている人の「資産運用分の管理」として使ってみるのもいいでしょう。

FIRE後の定期的な資産状況チェック

FIRE挑戦中

入金が中心、取り崩しはほとんどない

相場下落にあわてて対応する必要がない

相場上昇時も基本的にそのままでいい

FIRE実行後

取り崩す額のペースは今のままでいいか管理していく必要がある

市場急落時の対応をどうするか考える必要がある

相場上昇時は部分的に利益確定をするか検討する必要がある

定期的な資産状況のチェックが欠かせない

3 FIRE後、資産運用にどの程度手をかけるべきか

FIRE後の資産運用はどこまで手をかけるか

FIRE達成者の資産運用は、ステージが大きく変わります。それは「定期的な入金がなくなる」ということです。

入金がなくなるというのは運用戦略上大きな変化です。株価の下落基調期には、すでに保有している資産は含み損を抱えて待つしかありませんが、新しい投入資金は割安で購入するチャンスとなります。積立投資をした人は、含み損を抱え始めた株価水準より低いところで含み益に転じますが、保有資金のみで運用する場合そうはなりません。リスク管理のステージがFIREチャレンジ中とFIRE実行後では異なるわけです。

もちろん、取り崩しを行うための資産管理も必要です。4%ルールのように、運用収益を獲得してそこから生活費を捻出しようとする場合、一定のリスクを取り続ける必要があ

りますし、運用結果にかかわらずFIRE生活のために資産運用に資産から一定額を引き落としていく必要があります。

ここまで一定程度の投資経験を有しているFIRE実践者のことですから、それほど投資に不慣れということはないでしょうが、FIRE生活に入ってからの運用についてはあらかじめ考えておくほうがいいでしょう。ここでは3つの投資スタイルを紹介します。

STYLE 1

あえて高いリスクを取り、個別株をウォッチし続ける（ハイリスク・ハイリターン）

ここまで得られた投資経験、知識があるわけですから、積極的な投資を継続する方法が考えられます。仕事を辞めたのでむしろ投資にかけられる時間は増えますし、ヒマな時間をもてあますくらいならマーケットウォッチをしたほうが楽しいという人もいるでしょう。

これはこれでFIRE後の運用方法のひとつです。多くのFIRE実践者は積極的な投資により目標を達成しているため、FIRE後も投資を継続する傾向が強いようです。

ただし、「投資資金の多くを高リスクの商品に振り向け続ける」ということは価格変動のリスクを大きくすることであり、特に大きな元本割れのリスクと向き合う必要が出てきます。ビットコインで億り人になった人が同じビットコイン相場で資産を半減する失敗をするリスクもあります。

投資が好きである、という場合はそれもよいでしょうが、そうでない場合は無理に高いリスクをとり続ける必要はありません。毎日、日経新聞と「モーニングサテライト」を見るのがしんどいなら、見なくていい投資スタンスにすればいいのです。

あるいは「資産の一部は安全資金として確保したうえで、部分的に高いリスクを取る」という検討もしておきましょう。4％ルールを採用したとしても、年8％以上を確保する自信があるなら、資産の半分を安全資金にしてもいいわけですし、投資に失敗したときはその安全資金が大きな助けとなります。

STYLE 2

インデックス運用程度は行う（ミドルリスク・ミドルリターン）

インデックス運用は、個別株投資やその他の高いリスクのある投資商品と異なり、期待リターンは下がるもののリスクも抑えられ、かつメンテナンスの労力が大きく軽減されるところに妙味のある運用方法です。期待リターンが下がるといっても年4〜6％の利回りが期待できるなら、悪い話ではありません。

ですから、FIRE後はインデックス運用は継続する、というのが第2の選択肢になります。この場合、ここまでの資産運用スタンスにもより、次の2つのパターンが考えられます。

A：今までもインデックス運用メインだったので、これからも継続する

この場合は特に投資スタンスを変えることなく継続していくことになります。先ほど述べたとおり、資金の一部を預金等にシフトしたり個人向け国債などで元本割れリスクを回避する検討もあっていいでしょう（その分、資産全体の期待リターンが下がることに留意）。

B：今までは高リスク運用だったが、FIREを機にインデックス運用メインに切り替える

個別株投資や暗号資産などで積極的な売買を行ってきた人が、FIREを機に自由な時間を確保するためにインデックス運用に切り替えるという選択肢です。毎日投資情報収集に励んできた人にとっては、あまりの管理の楽さに驚くかもしれません。

いずれの場合も、インデックス投資では市場の急落時には自然な回復を待つことになり、短期的にはリターンが上がらない時期もあることだけは織り込んでおきましょう。

STYLE 3

リスクを取る運用からは完全に降りる（ノーリスク・ノーリターン）

最後の選択肢は、リスクを取った資産運用から完全に「卒業」してしまうことです。リスク商品はすべて現金化し、銀行預金にします。これで元本割れリスクはなくなります。運用に関する負担、特に下落市場に陥ったときのストレスをFIRE生活では抱え込みたくないというならリスクを取る運用を終わらせてしまうのも選択肢です。

ただしこの場合は資産が減らないという選択をした一方で、資産が増えないという選択をすることでもあります。仮に金利上昇局面になったとしても、おそらくインフレを伴うため同程度の利回りにとどまるでしょう。

この場合、収益を取り崩しに用いる4%ルールのようなアイデアは活用できませんので、**取り崩しが確定し、資産は順次減少していくことを踏まえた資産管理になります。**

ただ、1ないし2の選択をした人も、途中から3の選択肢に移ってくることは考えられます。たとえば標準的な年金生活年齢に達したので、もう資産運用は終わりにしたいと考

FIRE後の資産運用 3つのスタイル

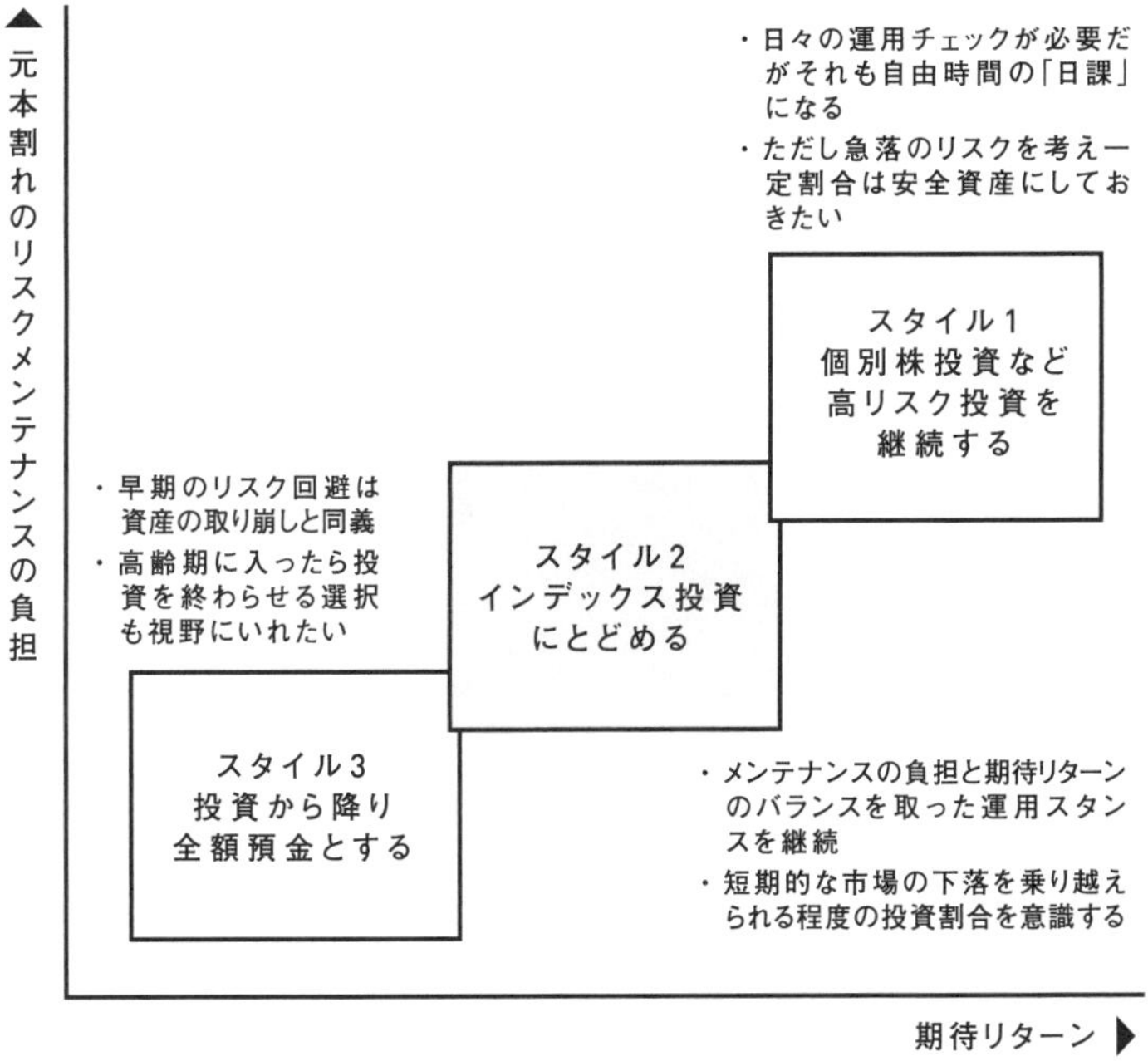
元本割れのリスクメンテナンスの負担
期待リターン
・日々の運用チェックが必要だがそれも自由時間の「日課」になる
・ただし急落のリスクを考え一定割合は安全資産にしておきたい
スタイル1 個別株投資など高リスク投資を継続する
・早期のリスク回避は資産の取り崩しと同義
・高齢期に入ったら投資を終わらせる選択も視野にいれたい
スタイル2 インデックス投資にとどめる
スタイル3 投資から降り全額預金とする
・メンテナンスの負担と期待リターンのバランスを取った運用スタンスを継続
・短期的な市場の下落を乗り越えられる程度の投資割合を意識する

えたり、70歳代以降になって認知能力の衰えが顕在化する前に（あるいは顕在化したので）投資資金を現金化しておくというのはあるべき判断です。

また、リスクがないといっても、銀行の破たんリスクだけは残ります。昨今はメガバンクの破たん可能性は後退したものの、リスクがゼロとはいえない金融機関はまだあります。**1行に全額をまとめておくのではなく、複数行に分散して預けたり、個人向け国債などにもお金を分けておくような最低限の管理は必要です。**

4 実は難問？ FIRE実行後の「生きがい」探し

普通のリタイアでも自由時間は約11万時間。FIRE後は2倍に

現役時代の自由時間と、普通の老後に待っている自由時間はどちらが長いでしょうか。

現役時代、平日3時間、週末に12時間の自由時間があるとします。年金生活に入ってからは毎日が12時間の自由時間です。

22歳から65歳まで働くとして、現役時代の自由時間は概算で8・7万時間です。これに対し、標準的な老後（女性の65歳平均余命25年で計算）は10・9万時間もあります。

過ごす時間は現役43年に対し老後は25年とずいぶん短いようですが、自由時間については老後のほうが多いわけです。

年金生活に入った人がよくいう自虐ギャグに「サンデー毎日」という言葉があります。毎日が日曜日になって、あまりにも時間が多くやることがないというニュアンスです。

あなたがＦＩＲＥに入るということは、この「毎日が日曜日」の生活を何年も早くスタートすることです。

5年のプチＦＩＲＥをしたら、現役時代7・7万時間、ＦＩＲＥ後13・1万時間となります。50歳でＦＩＲＥしたら、現役時代5・7万時間、ＦＩＲＥ後17・5万時間となります。40歳でＦＩＲＥできたとしたら、なんと現役時代3・7万時間、ＦＩＲＥ後21・8万時間となります。

アーリーリタイア後の自由時間は、標準的なリタイアの例と比べて2倍にもなります。

FIREすることは、たくさんの時間をもてあますほどに手にするということです。あなたはこの圧倒的な自由時間をどう過ごすでしょうか。

生きがいのないＦＩＲＥはただの仕事からの逃避

一見すると自由時間が無限のようにあるなんて夢がある話のようです。あるいは「何をやるかは、ＦＩＲＥしてから考えればいいよ」と思うかもしれません。

しかし、生きがいを見つけられずFIREに踏み切ることには一抹の危うさがあります。数日、あるいは数週間程度の「何もしなくていい時間」は快楽です。おそらく昼寝をしては、3時頃から缶ビールを空け、サブスクで映画を見てはその気持ちよさに浸ることでしょう。普通の会社員生活ならGWや夏期休暇がそんな感じです。

それも何日か続けるうちに「この生活をこのまま続けるのだろうか」と恐怖が訪れます。私の父親は67歳まで働いてリタイアしたのですが、最初の1年悩んでいたのは「日暮れまで缶ビールを空けずにどう過ごすか」だったそうです。

では夜になるまで何をして過ごすか。**自分なりに毎日どう過ごすかアイデアを出せるでしょうか。**缶ビールを前に日暮れを待つのがFIREの末路なら、これは悲しいことです。

やりたいことを早めに見つけておくほうがいい

FIREにチャレンジしている人はまじめな人が多い印象があります。一直線に目標をかなえようと努力しています。年収600万円を若いうちに上回り稼いでいる人、家計の25%以上を節約して貯蓄する人は、真剣そのものです。趣味に時間を振り向けるヒマなんかない、という感じもあるでしょう。

しかし、FIREの夢をかなえて確実にやってくるのはありあまる自由時間です。**FIREを目指すと同時に、「自分がやりたいことは何か」考える時間も少しつくっておきたい**ところです。

標準的リタイアをする会社員向けに、会社がリタイアメントプランセミナーを開催することがあります。私も講師に呼ばれることがありますが、趣味や生きがい（とお金）の話をすると多くの50歳代の会社員は困った表情を浮かべます。10万時間も夢中になれることがあるか、想像がつかないからです。

趣味はリタイアしてから探してもかまいませんが、早く見つけておくに越したことはありません。スポーツか、歴史などの学術的な趣味か、絵画や陶芸のようなアートか、考えてみましょう。

ちなみに、**「終わりがある趣味」は「ロス」を生み出しますので注意しましょう**。お遍路さんとか旧東海道を歩いて京都に行くとか、「最終回」があるものは終わればやることがなくなります。ペットロスがつらいことは誰でも知っていることです。

長い時間を通じて、続けられる趣味、少しずつ極めていける趣味があれば理想的です。

FIRE実行後の趣味や生きがいを見つけておこう

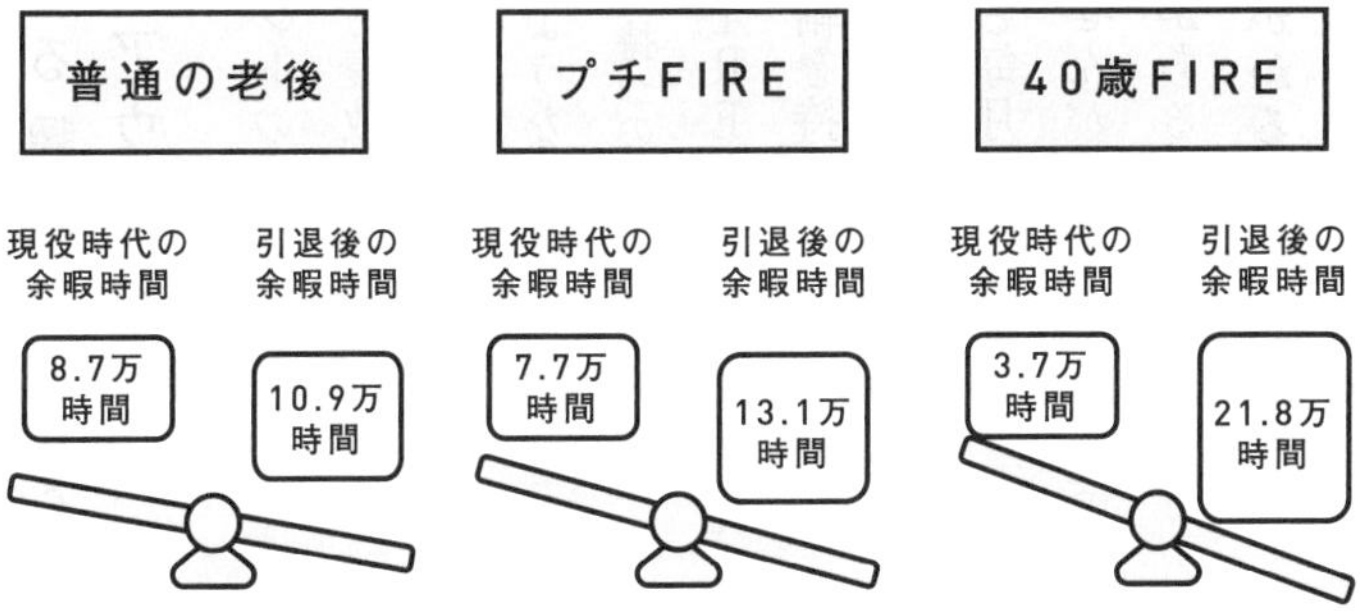

ありあまる時間、
何をする?

一生つきあえる趣味や生きがいを見つけよう

- 終わりがある趣味 続けられる趣味
- 金がかかる趣味、かからない趣味
- ひとりでやる趣味 グループでやる趣味
- インドアの趣味 アウトドアの趣味

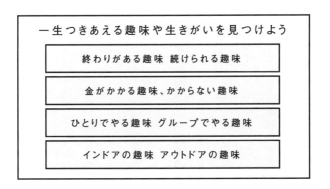

お金がかかる趣味、かからない趣味、インドアかアウトドアか、ひとりの趣味か

経営コンサルタントの大前研一氏は、趣味についてインドアの趣味とアウトドアの趣味、ひとりでやる趣味と複数人でやる趣味で「2×2」の表をつくって、それぞれ2つずつ見つけておけば一生困らない、と述べていました。

これは私も似たようなことを講演でネタにしていたのでそのとおりと思います（ただし一般人は8つの趣味を持つのは難しそうですが）。

もうひとつ、FIRE的な視点で追加するなら**「お金のかかる趣味」**と**「お金のかからない趣味」**という軸を持っておくといいでしょう。

たとえば読書とか郷土史の研究などはほとんどお金がかかりません。一方で宝塚の観劇にハマったりすると毎月10万円以上注ぎ込む人が現れたりします。ハマり具合にもよるので一概にはいえませんが、FIRE生活は予算が限られていますから、趣味の予算管理も意識しておく必要があるでしょう。

ただし、お金がかかることは悪いことではありません。むしろ賢く上手にお金を使い、趣味を楽しんでいくのがリタイア生活の神髄なのです。

5 FIRE後にあえて「また働く」選択肢もある

人とつながるところに「生きがい」がある

仕事は人とのつながりでもあります。職場の同僚と何気ない雑談をしたり、クライアントと話して笑顔で仕事のお礼をいわれることが、ちょっとした生きがいとなっています。社畜となってしまったり、やりがいを搾取されないようにする必要はあるものの、私たちの人生の張り合いの一部が仕事によって得られていることは間違いありません。

子育てのために退職したり、育休を取得したりして子育て中の女性が鬱になりやすいのも、子どもと自分だけの時間が長すぎて社会との接点が少なくなることが要因のひとつといわれます。

同様のことはテレワークが増えた職場でもあるそうです。外出をして人と話すことはストレス解消の要素でもあるわけです。

ひとつ前の節では「趣味」という生きがい探しの話をしましたが、**「働きがい」による生きがいをロストしてもいいのか**という問題はFIREを決断する前に、少し考えてみてもいいテーマです。

資産を持ちながら働き続けるという「世界」

仕事をあえて続けることは、FIRE、特に「経済的独立」を果たした人が考えていいテーマです。

お金を気にせず働く、というテーマとして、以前私が聞いたお話をひとつ紹介してみます。それは**「宝くじで3億円当てたが、誰にも内緒にしたまま地味な会社員を続けている」**というエピソードです。

この人は宝くじに当たったことを周囲には完全に伏せ、何事もないかのように仕事を続けています。年収400万円程度だそうですが、3億円の残高がありますから生活にはまったく困りません。特に生活を華美にするわけでもなく、その年収で困ったときや、本当に時々少額だけ使って旅行などをしているそうです。

ただし仕事において無理はしていません。昇格昇給には自然体で取り組み、むしろ残業がほとんどないことや職場環境でストレスがないことを強く意識しているそうです。

辞めてもかまわない仕事であっても、それを続けることで精神的には落ち着くことができ、その人にとっては意味のある「社会とのつながり」なのかもしれません。

これも一種のFIREかもしれません。あなたのFIREにおいても、「あえて働き続ける」というオプションはあっていい選択ではないかと思います。

報酬が大幅減でも細々続ける選択肢も

FIREを目指しているときは、「こんな仕事に追われる生活から逃れたい！」というのがチャレンジの動機になっているわけですが、おもしろいことに**高年収を稼げるようになると、仕事そのものに対する充実感が高まってくる**ことがしばしばです。

年収が100~200万円台で働いているときは、仕事に誇りも持てずストレスも大きいため、働くことへの嫌悪を感じています。ところが年収が大きく上昇すると、ストレスはあるものの年収の伸びほどには増えたりせず、むしろ減少することもあります。そして

FIREを達成する頃には会社でもそこそこのポストにあって、今の仕事にやりがいを感じている、なんてこともあります。こういう人は仕事をそのまま続けていけばいいでしょう。

あるいは、**報酬にまったくこだわらずに働く**という手もあります。経済的に不安がないということは、極端な話、仕事で稼げても稼げなくてもいいということです。

年金生活に入って中小企業向けのコンサルティング会社をつくった人が、とんでもない安値で相談に応じていることがあります。そもそも年金収入があって日々の生活に困っていないから提示できるプライスです。そして、顧客先企業からは「先生」と呼ばれる満足を味わうこともできます。

FIRE達成者の多くが、ブログや講演、書籍執筆等を行うのも、社会とのつながりを残していきたいという表れなのだと思います。

起業は楽しいがリスクは取らないこと

一方で、FIRE後に慎重になるべきは起業です。何か事業のアイデアがあって、それが大好きなことであり、マイペースで取り組んでみたいと考えることがあるかもしれませ

FIRE後にあえて「また働く」選択肢もある

経済的には独立し夢のFIRE実行可！

でもあえて働くという選択肢も

今のまま働き続ける

働きがいを楽しみながら、
資産をさらに増やす生き方

低賃金で働く

労働時間を大きく減らし、負荷のない
働き方で社会と緩くつながり続ける

純粋に生きがい・趣味として働く

・やりたい仕事を年収にこだわらず続ける
・仕事が純粋に楽しめるかもしれない

資金を注ぎ込んでの「起業」

・資金を取り崩し、ビジネスが失敗する
恐れもあり、安易な起業は慎むほうがいい

ん。

時間は無限にあり、お金もあるわけですから、起業をしてはどうか、と考え始めます。それはそれでけっこうなことですが、心構えとしては**「リタイア気分で起業はしない」**ようにしてください。

自分の会社を持つのは楽しいところがあります。誰にも急かされませんし、自分のやりたいことだけできます。特に時間的制約から解放される心地よさは大きいでしょう。

しかしながら、商売は商売です。なんらかの維持費がかかり、仕入れの費用がかかり、それらを回収しさらに収益を上げていかないといけません。立ち上げ時は大幅なマイナスになることもあります。どこまであなたのFIRE資金を使っていいのか真剣に線引きしないとズルズルになる恐れがあります。

素人が飲食店を始めるとき、成功するかどうかの分岐点は「味」より「借金する額」「ランニングコスト」なのです。

FIRE達成者が起業することはおすすめします。しかし、お金は極力かけず、最初は人は雇わずにスタートしてみてください。そして、きちんとビジネスだという覚悟を持って取り組んでみてください。資産を大きく取り崩したり、巨額の借金を抱えなければ、またFIRE生活に戻ることもできるのですから。

6 もしも：FIREできなかったとしたら

FIREが予定どおり実行できないと思うならためらわず延期する

FIREを目指してがんばってきた人が、自分の目標の年齢に達したとき、計算をしてみることがあるでしょう。「X千万円の資産があるのだから、なんとかFIREできるのではないか……」と考えます。

しかし、無理をしたFIREは禁物です。すでに金額をどう見込むかについてはいくつかのアイデアを示していますが、「目標のリタイア年齢」と「現実の資産額」がうまくマッチしていなかったときは、FIREの実行を延期することが賢明です。

FIREの実行を延期するのは心理的には苦しいものがあります。ここまでがんばってきた心が折れそうになることもあるでしょう。しかし、**FIREは一方通行になる可能性が高く、「うまくいかなかったからまた働く」とは簡単にいかない**ことを考えておく必要があります。

決断は、熟慮に熟慮を重ね、後悔がないようにしなければならず、そのためなら延期をためらう必要はありません。

見切り発車のＦＩＲＥは50年の後悔になることも

40歳代のＦＩＲＥは誰でも憧れるものです。しかし、一度踏み切って失敗をした場合、取り返しのつかない後悔をすることになります。

たとえば、40歳で無理をしてＦＩＲＥをしたとします。資産額５０００万円くらいでＦＩＲＥに無理に踏み切ったとして、「これまで年利回り８％稼いできたからこれからもできる」と強気の計画を立てます。これなら年４００万円を確保できる計算です。

こうした場合、資産をフルインベストする選択を取ると思います。ところが株式市場が30％くらいの急落に見舞われたとします（時価が３８００万円に低下。リーマンショックレベルならありうる）。それでも生活費相当の年４００万円は解約をしなければなりませんので、そこから3年くらい計１２００万円を崩してしまえばどうなるでしょう。その後、市場の回復が見られたとしても資産が2000万円台に低下することは避けられないでしょう。これはFIRE継続に赤信号です。

あわてて再就職しても年収はFIRE前より大幅ダウンする結果となり、やむをえず標準的なリタイア年齢まで働くことになったとしたら、最初からFIREを遅らせればよかったということになってしまいます。「あのときの決断は間違いだった」と、50年以上後悔をすることになるでしょう。

40歳代→50歳代→50歳代半ば→プチFIRE……と実行時期は遅らせながらチャンスをうかがう

本書では主に3段階のFIREを考えてきました。「40歳代FIRE」「50歳代FIRE」「プチFIRE」です。年齢が若い、早期のFIREを目指してみたものの、「もう少し資金があったほうがいい」と思えるなら、まずは**「5年刻み」で再チャレンジの目標を設定し直してみましょう**。

40歳代の前半をまずは後半に、次は50歳、55歳のようにもう一度軌道修正をしながら、それでもFIREの夢実現に邁進します。最終的には60歳リタイア（65歳が標準リタイアの場合のプチFIRE年齢）を確実にものにするようにします。

おそらく、40歳代ＦＩＲＥや、50歳代の前半でＦＩＲＥを目指してきた人はプチＦＩＲＥを実現することは確実だと思います。プチＦＩＲＥなら資産目標のノルマもＦＩＲＥ期間も短いからです。

結果として15年あるいは25年の自由時間が得られなかったとしても、5年ないし10年の自由な時間を、後顧の憂いなく確保してリタイアするほうがストレスがないと思います。ＦＩＲＥの最後の決断をするとき「自分はもう後悔しないだろうか」と、しっかり自問自答してから開始するようにしてください。

ＦＩＲＥに向けた挑戦はムダにならない。圧倒的な経済的余裕で「標準的老後」を楽しもう

ひとつ前の節では「あえて働く」という話をし、今は「あえて遅らせる」という話をしていますが、これはＦＩＲＥの失敗なのでしょうか。

私はあえて働き続ける選択も、あえてリタイアを遅らせる選択も、失敗と位置づける必要はないものと考えます。

あなたが生涯にわたって経済的安定を確立させることが大目標であり、その目標を実現することは、とても素晴らしいことです。自覚的に取り組むことも素晴らしいことで、普

FIRE実行時期は状況を見て柔軟に決める

見切り発車のFIRE
・株式市場の急落などが生じたとき無理な資金計画があだとなって足をすくわれる
・あわてて再就職してやり直すのは困難かつ後悔につながる
5年ないし10年遅らせてFIRE
・経済的安定の確保がまだだと判断したらFIRE時期をためらわず延期する
結果として引退が標準リタイア年齢
・結果として普通のリタイア生活になったとしても、経済的余裕は大きく、豊かな老後を楽しめる

通の人は定年退職のその日まで、自分の老後をやりくりできるか認識していません。セカンドライフもこのままやりくりが可能か不安を抱えつつぼんやりと暮らしています。

そんな無計画の生活に比べればFIREが少し遅れたとしても、あるいは結果としてFIREをせずに働き続けたとしても、まったく問題ではありません。FIREにチャレンジした人の経済的優位性と精神的安定はチャレンジしなかった人とは大違いなのです。

FIREを意識したことで手に入った経済的余裕は、普通に暮らして普通にリタイアする人と比べて圧倒的です。もしかしたら、同じ老後を2倍の経済的余裕で過ごすことができるかもしれません。

元同僚がうらやむ豊かなセカンドライフになれば、たとえFIREできなかったとしても素晴らしいことではないでしょうか。

7 本来のリタイア生活が始まる前後、どうするか

「同僚もリタイアする頃」第2のステージがやってくる

現在であれば65歳が標準リタイア年齢です。学友なども年賀状で「今年でようやく自由になります」というようなメッセージを送ってくるかもしれません。

この「標準的なリタイア年齢」はＦＩＲＥを実行したあなたにとっても重要な節目の年です。**「FIRE第2のステージ」**がスタートすることになるからです。

現在の法律にもとづけば65歳で満額の受給を開始できます。

これより早くもらった場合は、繰り上げ受給として給付水準が減額されます（60歳からもらった場合、30％減少。２０２２年4月からは24％減少に改善）。

しかししっかり資金計画ができているＦＩＲＥ達成者はあえて繰り上げをする必要はな

いでしょう。むしろ経済的安定が整っているなら、1年あたり8・4％の増額が実現する繰り下げを検討していいと思います（70歳まで繰り下げで42％増、75歳まで繰り下げで84％増）。

年金は、隔月で振り込まれ、生涯もらい続けることのできる定期収入です。過去の加入履歴（納付履歴）によって年金額が決まります。FIRE生活をしてきた人からすれば、定期収入を約束してくれるありがたさがどれほど大きいかわかるはずです。

夫婦の年金は段階的に満額になる

現状では65歳が満額の受給開始年齢となりますが、これは「自分の年齢」です。夫婦でもし年の差があった場合、それぞれの65歳がそれぞれの満額の年金をもらう年となります。人口統計データによれば夫婦の年齢差は平均的に2歳で、女性が年下のようです。

このケースの場合、次の2段階で年金が増え、確定することになります。

夫65歳：妻63歳　夫の年金満額受給＋加給年金
夫67歳：妻65歳　夫婦とも満額受給

加給年金というのは、扶養配偶者や子がある者が先にリタイアしたとき支給される扶養手当のようなものです。ただし厚生年金の加入が20年以上必要なので、40歳FIRE（22歳から18年加入）の場合は受けられないので注意が必要です。

同学年のカップルなら同じ年度に満額受給開始なのでライフプランは難しくありませんが、年齢差が開いている場合、満額になるタイムラグがあることを考慮する必要がありま す。5年以上あると、そのあいだ思わぬ取り崩しが発生することがあります。

配偶者の年金がしっかりもらえてからが本格的な年金生活のスタートです。

公的年金収入は課税。確定申告生活は変わらず

年金生活に入ると、FIRE生活と何か変化があるか、手続きを確認してみましょう。

公的年金という「定期収入」が手に入ったことで、「収入に対する負担」も必要になります。すでに持っていた資産の取り崩しには基本的に課税がありませんが、年金収入には一定の課税がされることになります。

控除枠はあるものの、厚生年金をもらったら「少しだけ課税」になると考えてください。65歳以上なら年110万円以上の年金に税金がかかります。公的年金から源泉徴収がされるので確定申告で精算を行います。

「社会保険の負担」も変化していきます。社会保険については年金保険料の負担がゼロになります（国民年金保険料の負担は60歳まで）。一方で、健康保険と介護保険負担だけは残ります。といっても公的年金収入に応じた負担ですから、わずかですみます。統計的には年金生活夫婦の税金が月1・2万円、社会保険料が月1・9万円となっています。

そして「確定申告」の義務は引き続き生じます。年金生活者は年金収入についての申告と医療費などの還付を目的としたシンプルな申告となります。

年金受け取りは繰り下げするか悩んでみたい

先ほどから何度か繰り下げ受給のメリットを紹介してきました。最初の数年間、無年金無収入で暮らすものの、以降は増額された年金を死ぬまで受けられるというのは「金融商品」として考えた場合、どうでしょうか。

基本的には平均寿命と同じくらい長生きをすれば何歳からもらっても大差ありません。しかし、それ以降もその増額が継続されるので、長生きする人ほど得をします。

自分が平均寿命よりも長生きする自信があるなら、数年以上は繰り下げしておく価値は

本来のリタイア生活が始まったときのお金の変化

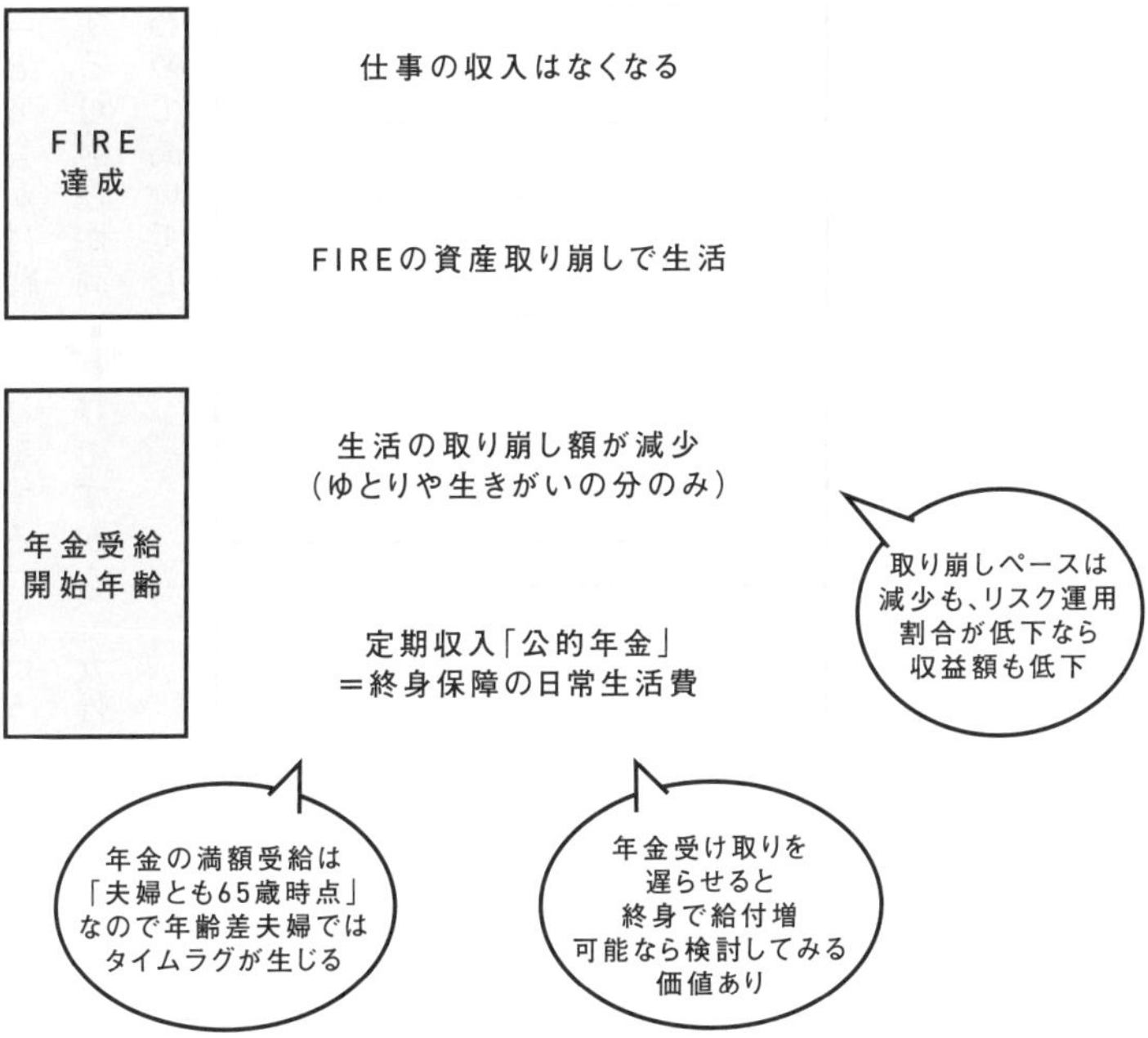
FIRE
達成
仕事の収入はなくなる
FIREの資産取り崩しで生活
年金受給
開始年齢
生活の取り崩し額が減少
(ゆとりや生きがいの分のみ)
定期収入「公的年金」
=終身保障の日常生活費
取り崩しペースは
減少も、リスク運用
割合が低下なら
収益額も低下
年金の満額受給は
「夫婦とも65歳時点」
なので年齢差夫婦では
タイムラグが生じる
年金受け取りを
遅らせると
終身で給付増
可能なら検討してみる
価値あり

あります。夫婦であれば「どちらかは繰り下げをする」という選択肢もあります。確率論でいえば女性が長生きをする可能性が高いわけですから、女性が繰り下げを選択することはお得になる可能性がきわめて高いでしょう。

あるいは夫婦の年齢差を考慮して、若いほうの65歳まで高齢のほうが繰り下げをするというパターンも考えられます。夫が年上であれば妻の65歳を年金生活のスタートと定め、そこまでは繰り下げしていく感じです。

ちなみに、公的年金にはマクロ経済スライドという給付水準の引き下げの仕組みがあります。これを実行することにより、制度全体の収支のバランスを取るわけですが、個人レベルでは年金額の水準低下が気になります。

国の年金財政検証の資料では、2019年に65歳で年金を受け始めた世代の水準を、20歳であった若い世代も67歳まで働き年金を受け始めればカバーできるとしています。つまり「2~3年くらいの繰り下げ」は、今のお年寄りの給付水準とほぼ同等の年金をもらう、という意味でも意義があるわけです。

繰り下げは自分の寿命を「かける」要素もありますので、FIRE生活終盤の資産状況なども勘案しつつ、可能なら検討してみるといいでしょう。

おわりに

周囲の雑音に負けず堂々とチャレンジしよう

本書はいかがでしたか。あなたの夢「日本版FIRE」を実現するヒントが手に入ったでしょうか。

最後に2つだけアドバイスをしておきたいと思います。

まず、周囲の雑音に負けてFIREへのチャレンジをあきらめないでほしいということです。

あなたがFIREに挑戦しようとがんばっているとき、そんなあなたを否定的にとらえる人が周囲に必ず現れます。尊敬に値すると思っていた年長者が、いきなりあなたのFIREチャレンジをバカにしてくることがあります。友人や同僚も、FIREに取り組むあなたをあざけることがあるかもしれません。親や兄弟姉妹もおそらく眉をひそめることでしょう。

FIREは「当たり前」ではない生き方を選ぶということです。レールが敷かれた人生と異なり前例のないチャレンジをすることをほとんどの人は否定します。しかし、あなたは気にすることはありません。

特に年長者がネガティブにFIREを捉えるのは「自分ができなかったことを若い世代が実現するのはシャクだ」という嫉妬が混じっているからです。「自分は定年まで身を粉にして働いたのに、40歳代でリタイアなんてけしからん」という感情です。「そんなに早く辞めたって、何もすることがないに決まっている」というのも余計なお世話で、自分が趣味も持たず年金生活を持て余しているだけのことです。

こうしたネガティブな意見をいちいち気にする必要はありません。もしあなたがFIREを実現したとすれば、「普通の人が40年働いて貯める以上のことを、短い時間でやり遂げた」ということです。早く辞めたところで何も恥じ入ることはないのです。堂々とFIREに取り組み、またFIREに踏み切ってみてください。

そしてもうひとつ、最後のアドバイスは「実行」です。

FIREをどんなに夢見ても、実際に行動を起こして貯蓄を始めなければゴールは一歩も近づきません。転職アプリのインストール、家計簿アプリを使って節約チャレンジ、iDeCoやつみたてNISAの口座開設など、何かひとつでもいいので実行に移してみてください。

今月1万円貯めた人は、本だけ読んで何もしなかった人と1万円の差がつきます。その小さな違いの積み重ねが1年、10年と経つほどに大きく開いていきます。ひいてはFIREできるかできないか、というところまで拡大していくことになるのです。

資産形成に関しては「思い立ったら吉日」です。この本を読み終えた今日この日が、チャレンジのスタートであり、あなたのFIRE記念日にしてほしいと思います。

最後に謝辞を。書籍出版の話を持ちかけていただき、担当編集者として書籍化まで共に苦労していただいた谷中卓さん、大竹朝子さん、デザインを手がけてくださったkrranの西垂水敦さん、市川さつきさん、moai の岩永香穂さん、出版までお世話になりました。また、全国の書店に本書をプッシュいただく営業担当の皆さん、そして本書を店頭に並べていただく現場、全国の書店担当者の皆さんにお礼を申し上げます。

もちろん、最大の感謝は本書を購入いただいたあなたへ。この本が、あなたの人生を、少しでも楽しい方向にシフトする力となれば嬉しく思います。

2021年7月　山崎俊輔

普通の会社員でもできる 日本版FIRE 超入門

発行日 2021年 7 月20日 第1刷
2021年12月 3 日 第5刷

Author 山崎俊輔
Illustrator 芦野公平
Book Designer カバーデザイン 西垂水敦 市川さつき(krran)
本文デザイン 岩永香穂(MOAI)
Publication 株式会社ディスカヴァー・トゥエンティワン
〒102-0093 東京都千代田区平河町2-16-1 平河町森タワー11F
TEL 03-3237-8321(代表) 03-3237-8345(営業)
FAX 03-3237-8323
https://d21.co.jp/
Publisher 谷口奈緒美
Editor 大竹朝子 谷中卓

Store Sales Company
安永智洋 伊東佑真 榊原僚 佐藤昌幸 古矢薫 青木翔平 青木涼馬 井筒浩 小田木もも 越智佳南子 小山怜那 川本寛子 佐竹祐哉 佐藤淳基 佐々木玲奈 副島杏南 高橋雛乃 滝口景太郎 竹内大貴 辰巳佳衣 津野主揮 野村美空 羽地夕夏 廣内悠理 松ノ下直輝 宮田有利子 山中麻吏 井澤徳子 石橋佐知子 伊藤香 伊藤由美 葛目美枝子 鈴木洋子 畑野衣見 藤井かおり 藤井多穂子 町田加奈子

EPublishing Company
三輪真也 小田孝文 飯田智樹 川島理 中島俊平 松原史与志 磯部隆 大崎双葉 岡本雄太郎 越野志絵良 斎藤悠人 庄司知世 中西花 西川なつか 野﨑竜海 野中保奈美 三角真穂 八木眸 高原未来子 中澤泰宏 俵敬子

Product Company
大山聡子 大竹朝子 小関勝則 千葉正幸 原典宏 藤田浩芳 榎本明日香 倉田華 志摩麻衣 橋本莉奈 牧野類 三谷祐一 元木優子 安永姫菜 渡辺基志 小石亜季

Business Solution Company
蛯原昇 早水真吾 志摩晃司 野村美紀 林秀樹 南健一 村尾純司

Corporate Design Group
森谷真一 大星多聞 堀部直人 村松伸哉 井上竜之介 王廳 奥田千晶 佐藤サラ圭 杉田彰子 田中亜紀 福永友紀 山田諭志 池田望 石光まゆ子 齋藤朋子 竹村あゆみ 福田章平 丸山香織 宮崎陽子 阿知波淳平 伊藤花笑 岩城萌花 岩淵瞭 内堀瑞穂 遠藤文香 王玮祎 大野真里菜 大場美範 小田日和 金子瑞実 河北美汐 吉川由莉 菊地美恵 工藤奈津子 黒野有花 小林雅治 坂上めぐみ 佐瀬遥香 鈴木あさひ 関紗也乃 高田彩菜 瀧山響子 田澤愛実 巽菜香 田中真悠 田山礼真 玉井里奈 鶴岡蒼也 道玄萌 富永啓 中島魁星 永田健太 夏山千穂 平池輝 日吉理咲 星明里 峯岸美有 森脇隆登

Proofreader 文字工房燦光
DTP 株式会社RUHIA
Printing 日経印刷株式会社

https://d21.co.jp/inquiry/
ISBN978-4-7993- 2767-8